Studium trifft Beruf

Bildung und Pastoral
Herausgegeben von
Reinhard Feiter und Judith Könemann

Band 6

Ulrich Feeser-Lichterfeld / Kai G. Sander (Hg.)

Studium trifft Beruf

Praxisphasen und Praxisbezüge aus Sicht einer angewandten Theologie

Matthias Grünewald Verlag

Für die Verlagsgruppe Patmos ist Nachhaltigkeit ein wichtiger Maßstab ihres Handelns. Wir achten daher auf den Einsatz umweltschonender Ressourcen und Materialien.

Bibliografische Information der Deutschen Nationalbibliothek
Die Deutsche Nationalbibliothek verzeichnet diese Publikation in der Deutschen Nationalbibliografie; detaillierte bibliografische Daten sind im Internet über http://dnb.d-nb.de abrufbar.

2. Auflage 2019

ein Unternehmen der Verlagsgruppe Patmos
in der Schwabenverlag AG, Ostfildern
www.gruenewaldverlag.de

Umschlaggestaltung: Finken & Bumiller, Stuttgart
Umschlagabbildung: © shutterstock.com / Textures and backgrounds
Druck: CPI – buchbücher.de, Birkach
Hergestellt in Deutschland
ISBN 978-3-7867-3150-4

Inhalt

III Perspektiven

Vorwort

Man kann zu den mit dem sogenannten Bologna-Prozess einhergehenden Studienreformen unterschiedlich stehen. Unstrittig dürfte aber sein, dass Praxisphasen und Praxisbezüge seither spürbar an Bedeutung gewonnen haben. Gleichzeitig ist das konkrete Austarieren von Wissenschaftlichkeit hier und Arbeitsmarkt- und Beschäftigungsdienlichkeit dort noch immer ein komplexes Unterfangen. Von daher dürften die konkreten Konzepte zum (Praxis-)Theorie-Praxis-Transfer so unterschiedlich sein wie die vielen Studiengänge und Hochschulstandorte selbst.

Das Studium einer angewandten Theologie legt von jeher besonderen Wert auf das, was hochschulpolitische Debatten aktuell vehement einfordern: Die curriculare Integration der Praktika und praxisorientierten Studienprojekte. Theologische Lehr-Lern-Prozesse können im Hinblick auf die von den Studierenden angestrebten Berufsfelder in Schule und Seelsorge durch die Orts- und Perspektivwechsel, die mit den Praxisphasen beispielsweise des Bachelorstudiengangs Religionspädagogik an der Katholischen Hochschule Nordrhein-Westfalen (KatHO) verbunden sind, nachhaltig profitieren. Dafür bedarf es allerdings neben hochschuldidaktischem Geschick in der Verknüpfung von Theorie und Praxis auch intensiver Dialoge über sich wandelnde Studierendengenerationen sowie die ebenso im Umbruch befindlichen pastoralen und religionspädagogischen Berufsbilder und Einsatzfelder. Vor allem wollen Praktika und Praxisphasen mit ihrer alle beteiligten Akteur*innen herausfordernden Mehrfach-Bezüglichkeit zu Studium, Praktikumsort, Berufsrealitäten und last not least zum persönlichen und beruflichen Entwicklungsprozess der Studierenden aufmerksam in den Blick genommen werden.

Zur Idee dieses Buches in der derzeitigen Situation des Fachbereichs Theologie der KatHO

Der Bachelorstudiengang Religionspädagogik der KatHO ist ein durch viele Faktoren geprägtes, seit annähernd 50 Jahren bewährtes und doch niemals abgeschlossenes Projekt im Dienst der Ausbildung von angehenden Gemeindereferent*innen aus zahlreichen Diözesen der römisch-katholischen Kirche Deutschlands. Ein solches anwendungsbezogenes theologisches Studium, das den akademischen Teil der Berufsvorbereitung künftiger Seelsorger*innen darstellt, muss eine Fokussierung auf die künftige berufliche Praxis besitzen – und damit auch Sensibilität für die aktuellen Entwicklungen in Kirche und Gesellschaft, in Schule und Kultur. Das schließt auch eine Aufmerksamkeit für das ein, was man mit den recht unscharfen, aber wichtigen Begriffen „Zeitgeist“ und „Lebensgefühl“ umschreiben kann.

Daraus ergibt sich der Anspruch, dass die Lehrenden und Studierenden sich ihrer eigenen Zeitgenossenschaft bewusst sind und die konkrete Ausgestaltung der Lehr- und Lerneinheiten des Studiums auch die Gestaltungsräume dafür bietet, dieser je konkreten Form des „Aggiornamento“ (des Heutig-Seins und Heutig-Werdens) von Theologie Rechnung zu tragen.

Auch wenn sich in der Berufsvorbereitung der Studienabsolvent*innen an das derzeit dreijährige Studium nochmals eine ebenso lange Berufseinführungsphase in Trägerschaft der Diözesen anschließt, ergibt sich aus der Zielsetzung, die der Fachbereich Theologie der KatHO mit seinem grundständigen Bachelorstudium verfolgt, dass bereits ein solches Studium an einer Hochschule nur dann zielführend sein kann, wenn es in konstruktiver und vertrauensvoller Zusammenarbeit mit den diözesanen Ausbildungsverantwortlichen ausgewertet, kritisch begleitet und weiterentwickelt wird, um wirklich eine effektive Passung zum spezifischen „Arbeitsmarkt“ zu bieten bzw. – um es theologisch auszudrücken – Menschen zu einem authentischen, nachvollziehbaren und reflektierten Glaubenszeugnis für Jesus Christus im Dienst der Communio zu befähigen. Dazu hat der Fachbereich zahlreiche Kooperationsebenen eingeführt, z. B. eine jährliche Konferenz von Lehrenden und Studierenden mit den Ausbildungsleitungen, die institutionalisierte Zusammenarbeit im Bereich der Ausgestaltung der Praktika oder den Austausch zwischen Hochschule und Bistümern im alljährlichen Bewerbungsverfahren der Studierenden.

Neu ist seit 2017 eine weitere „Institution“ dazu gekommen: das „Paderborner Symposium zu pastoralen Lehr-Lern-Prozessen“, das jeweils zu einem bestimmten thematischen Fokus Referent*innen und Teilnehmer*innen aus Theologie, seelsorglicher Praxis und kirchlicher Ausbildungsverantwortung versammelt. Besonders eingeladen sind die Studierenden und die ihre Praktika begleitenden Mentor*innen. Im Austausch miteinander kann der Praxisbezug theologischen Lehrens und Lernens reflektiert und weitergedacht werden. Wir schätzen uns glücklich, dass dieses Forum auf reges Interesse stößt und dass wir hiermit einen Dokumentationsband der ersten beiden Symposien aus den Jahren 2017 und 2018 vorlegen können. Wir hoffen sehr, dass die Reihe der Symposien verstetigt wird und dementsprechend auch weitere Publikationen folgen werden.

Neben dieser intrinsischen Motivation für das vorliegende Buch spielen derzeit aber auch verschiedene äußere Faktoren für die Selbstreflexion des Fachbereichs Theologie der KatHO eine wichtige Rolle:

- Die Laufzeit der Akkreditierung des derzeitigen Bachelorstudiums Religionspädagogik endet 2020, so dass im Blick auf die zweite Reakkreditierung eine gründliche Bestandsaufnahme und die Umsetzung der aus der beständigen Evaluation gewonnenen Einsichten erforderlich ist.

- Dazu kommt – und das ist seit einigen Jahren ein Grund zu besonderen Hoffnungen und Erwartungen bezüglich unserer Zukunft – der unmittelbar bevorstehende Start des Bachelorstudiengangs als Fernstudiengang, also in Form eines kompletten grundständigen Studiums als „blended learning", so dass neben den bisherigen Studierenden aus 13 Diözesen der nördlichen Hälfte Deutschlands nun eine neue Zielgruppe erschlossen werden kann: Fernstudierende aus dem gesamten deutschen Sprachgebiet. Gedacht ist an Frauen und Männer, die aufgrund beruflicher, familiärer oder anderer persönlicher Gründe kein Präsenzstudium an einer Hochschule absolvieren können, aber dennoch die Voraussetzungen und die Neigung zu einem Hochschulstudium mitbringen, aufgrund dessen sie dann einen kirchlichen Dienst (z. B. als Gemeindereferent*in oder Ständiger Diakon) übernehmen wollen. Dass wir uns dieses Angebot zutrauen können, verdanken wir auch der konstruktiven Zusammenarbeit mit „Theologie im Fernkurs" der Würzburger Domschule e.V., dem langjährigen und bewährten Anbieter einer praktisch-theologischen, berufsqualifizierenden Ausbildung in Form von Fernlehre.

All diese Anlässe zur Standortbestimmung und Perspektiventwicklung unseres Studienangebotes haben gezeigt, dass vor allem der Bereich des „Praxis-Lernens" eine schnell wachsende Baustelle ist, die der besonderen Aufmerksamkeit bedarf. Natürlich ist auch in allen anderen „Fächern" des Studiums ein Weiterdenken angesagt – nicht zuletzt auch deshalb, weil mit dem berühmt-berüchtigten „shift from teaching to learning" im Zusammenhang mit der Modularisierung aller Studiengänge eine alte Plausibilitätsstruktur von Theologie hinfällig wurde, nämlich der Bezug zu einem autarken „Kanon" theologischen Wissens, und an dessen Stelle nun die Kompetenzorientierung steht, so dass in den angezielten „learning outcomes" der Ausweis der Relevanz der Studieninhalte zu suchen ist. In unserer fachbereichsinternen und fachbereichsübergreifenden Entwicklungsarbeit hat sich dabei eindeutig erwiesen, dass gerade das Verständnis des Praxisbezuges unseres Studiengangs der eigentliche Schlüssel zur perspektivischen Entwicklung des Ganzen und aller seiner Teile darstellt.

Zum Begriff der angewandten Theologie

Im Zusammenhang mit dem Begriff des Praxisbezugs wurde deshalb nicht nur über die noch besser in den gesamten Lernprozess einzubettende Funktion und Ausgestaltung der Praktika nachgedacht, sondern auch über den spezifischen Fokus des gesamten Studiengangs. Hier kam der Begriff der „angewandten Theologie" in unser Blickfeld, der verdeutlichen kann, dass es in einem akademischen Studium keine unmittelbare Vorbereitung auf berufliche Fertigkeiten geben kann (und soll), aber eben doch – gerade bei einer Hochschule, die sich „Catholic University of Applied Sciences" nennt – eine bewusste Orientierung an künftigen „Anwendungskontexten", was sich dann sowohl auf Lehre wie auf Forschung und Transfer auswirkt. So wie „angewandte Philosophie" auch „richtige" Philosophie ist, aber eben eine außerakademische Tätigkeit der Absolvent*innen anzielt, und „angewandte Mathematik" auch richtig rechnet, aber eben im Blick auf Anwendungsbezüge, so soll angewandte Theologie „mehr" sein als nur „praktische Theologie" (sofern damit die konkrete gleichnamige theologische Fächergruppe bezeichnet wird), sondern genauso auch biblische, systematische und jede andere „klassische" theologische Disziplin umfassen, ergänzt um andere wissenschaftliche Fächer und Perspektiven, aber ihren Fokus doch darin finden, theologisches Wahrnehmen, Denken, Urteilen und Handeln zu erschließen und zu vermitteln in Bezug auf die gesamte Bandbreite künftiger Tätigkeiten und existenzieller Befindlichkeiten in Seelsorge, Verkündigung, religiöser Bildung und sozialer wie kultureller Aufgabenfelder.

Zu den einzelnen Abschnitten des Buches

Das breit gespannte Panorama des vorliegenden Buches versucht, die dargestellten Aspekte in drei gedanklichen Durchgängen einzuholen.

Zuerst geht es um „Grundsätzliches" zur Theorie-Praxis-Korrelation in der akademischen Ausbildung angehender kirchlicher Mitarbeiter*innen. *Ulrich Feeser-Lichterfeld* erschließt in seinem Beitrag „Identität und Kompetenz" die hochschuldidaktischen Herausforderungen eines kompetenzorientierten Studiums im Blick auf eine angezielte Persönlichkeitsentwicklung. Dazu führt er auch die wegweisenden pastoralpsychologischen Überlegungen des nur wenige Monate vor dem 1. Paderborner Symposium verstorbenen Hermann Stenger zur „Architektur personaler Identität und pastoraler Kompetenz" an. *Oliver Reis* untersucht die „Schlüsselfunktion von Praktika" im Blick auf die angezielte Kompetenzentwicklung, indem er den Studiengang Religionspädagogik einer hochschuldidaktischen Revision unterzieht. Von *Thomas Franz* als dem Leiter von „Theologie im Fernkurs“ wird ein Einblick in das Theorie-Praxis-Verhältnis im derzeitigen Würzburger Fernkurs gegeben; dieser Reflexion gibt er den programmatischen Titel „Lob der Theorie“. *Kai G. Sander* setzt die Begriffe „Orthodoxie und Orthopraxie“ in einer systematisch-theologischen Reflexion zueinander in Beziehung und leitet daraus korrelierende Orientierungen ab. *Werner Wertgen* untersucht in philosophischer Analyse, wann im angezielten Kontext von „Praxis oder Poiesis“ zu reden ist, weil Praxis notwendig nach ethischer Verantwortung ruft. Und *Reinhard Feiter* fragt grundlegend: „Wann ist Praxis pastoral?“ und beschreibt so den Rahmen dafür, was sich aus der erlebten Praxis für künftige Pastoral lernen lässt.

Ein zweiter Zugang greift nun einzelne „Konkretionen“ und damit ganz unterschiedliche Konzepte des Praxis-Lernens in ihrer exemplarischen und paradigmatischen Bedeutung auf. Auf dem Hintergrund seiner Tätigkeit als Koordinator eines universitären Netzwerkbüros „Theologie & Beruf“ weist *Andree Burke* darauf hin, dass bei Weitem nicht alle Theologiestudierenden bereits im Studium eine klar definierte berufliche Praxis anzielen, sondern teilweise mit den Praktika die Erwartung verbinden, dass gerade diese „Praktika zur beruflichen Entwicklung beitragen“ sollen. *Carina Caruso* kann anhand einer empirischen Studie nachweisen, inwiefern das Praktikum bei Lehramtsstudierenden überhaupt eine nachweisbare Auswirkung auf die theologisch-religionspädagogische Handlungskompetenz und die diesbezügliche Selbsteinschätzung von Studierenden hat. *Martin Ostermann* knüpft an seine Erfahrungen als Studienleiter bei „Theologie im Fernkurs“ an und berichtet von den Chancen des „blended learning“ im Praxislernen, das günstiger Weise gelingen kann als Synthese des „Besten aus zwei Welten“. *Elisabeth Vanderheiden*, die sich ebenfalls auf reiche Erfahrungen in der Fernlehre bezieht, zeigt auf, dass die „Verbindung von Theorie und Praxis“ gerade dann im „blended learning“ gelingen kann, wenn digitale Lernszenarien auch ansprechend gestaltet sind. Und die an den Studienpraktika im Bachelorstudiengang Religionspädagogik der KatHO aktiv als Lehrende beteiligten Kolleg*innen *Ulrich Feeser-Lichterfeld, Michaela Labudda, Bergit Peters, Wilhelm Tolksdorf* und *Alexander Saberschinsky* legen in einem Werkstattbericht dar, wie Praxislernen konkret organisiert werden kann und muss, um seinen Zielanspruch einlösen zu können. In diesem Zusammenhang zeigt sich abermals, dass im Präsenz- wie erst recht im Fernstudiengang die Zusammenarbeit mit den zahlreichen Mentor*innen, den Ausbildungsverantwortlichen der Diözesen und den anderen praktisch und supervisorisch qualifizierten Bistumsmitarbeiter*innen für den Erfolg ebenso unerlässlich ist wie die hochschuldidaktische Reflexion und ständige Evaluation und Nachsteuerung.

Zur Abrundung des Diskurses werden im dritten Zugang einige wegweisende „Perspektiven“ dargestellt. Durch *Katharina Karl* und *Jan Woppowa* wird der Blick darauf gelenkt, dass die berufsorientierten Praktika in einem theologischen Studium auch den Bereich der Spiritualität betreffen. Während *Katharina Karl* grundlegend danach fragt, ob sich „Spiritualität lernen lässt“ und „wie die Jugend das tut“, untersucht *Jan Woppowa*, inwiefern es eine „spirituelle Kompetenz“ gibt, worin diese besteht und wie sie sich dann in den Praktika lernen lässt, wobei er auch einen Einblick in den ökumenischen Vergleich gibt. *Ute Leimgruber* beschreibt das Praxislernen als konstitutiven Teil des durch Fernkurs wie Studium zu erreichenden „Professionalisierungsprozesses“. *Alexander Saberschinsky* befasst sich mit dem „individuellen und gemeinschaftlichen Lernpotenzial von Wort-Gottes-Feiern“ und reflektiert so auch einen Aspekt des liturgiewissenschaftlichen Curriculums des Studiengangs Religionspädagogik. Und *Wilhelm Tolksdorf* beschreibt „Gemeinde als bleibende Herausforderung“ für das pastorale Handeln aufgrund ihrer derzeitigen Transformationsprozesse und liefert dazu einen umfassenden Blick auf die diesbezügliche aktuelle Fachdebatte in der Pastoraltheologie.

Studium trifft Beruf – dieses Motto möchte die vielen Beteiligten im Studium und in der Ausbildung von Theolog*innen einladen, einmal mehr über die Auswirkungen der sich wandelnden pastoralen Herausforderungen der Gegenwart für die künftigen kirchlichen Aufgaben und Berufsrollen nachzudenken und hierbei die Praktika und Praxisphasen als Brücke zwischen der Hochschule und den unterschiedlichen Tätigkeitsfeldern ihrer Absolvent*innen zu erkennen und zu nutzen. Wer weiß, welche ungeahnten Entwicklungs- und Zukunftsperspektiven sich ergeben könnten, wenn diese Brücke noch entschlossener geschlagen würde als bisher?

Allen Mitwirkenden, die am Zustandekommen des Buches unverzichtbaren Anteil haben, danken wir herzlich. Mit den Autor*innen, die zu diesem ersten Band beigetragen haben, sind wir der Überzeugung, dass die hier entwickelten Perspektiven nicht nur für die Lehre in „unserem“ Studiengang wegweisend sind, sondern auch vielen anderen Frauen und Männern, die in der einen oder anderen Funktion mit der theologischen Ausbildung angehender kirchlicher Mitarbeiter*innen befasst sind, eine Einladung zur Reflexion und eine Inspiration zur zukunftsfähigen Weiterentwicklung geben können. Unsere studentischen Mitarbeiter*innen Sarah Didden, Anna Lena Drees und Markus Toelstede haben dankenswerter Weise alle Manuskripte sorgsam Korrektur gelesen. Dem Grünewald Verlag und seinem Lektor Volker Sühs verdanken wir die unkomplizierte und angenehme Realisation dieses Publikationsprojektes, Reinhard Feiter und Judith Könemann die Aufnahme in die von ihnen verantwortete Reihe „Bildung und Pastoral". Den Leser*innen wünschen wir interessante Einblicke in die Chancen und Herausforderungen pastoraler Lehr-Lern-Prozesse und zahlreiche weiterführende Anregungen.

Paderborn, in der Osteroktav 2018

Ulrich Feeser-Lichterfeld
Kai G. Sander

I Grundsätzliches

Identität und Kompetenz[1]

Ulrich Feeser-Lichterfeld

Jede Zeit hat ihre typischen und prägenden Sprachspiele. Wer gegenwärtig von „Identität" spricht, zumal im wissenschaftlichen Kontext, nutzt eine eher der Moderne zuzuordnende Vokabel. Dagegen erscheint das Stichwort „Kompetenz", vor allem aufgrund seines zentralen Stellenwertes innerhalb der aktuellen hochschulpolitischen Diskussionen und der dort favorisierten Transformationen und Paradigmenwechsel, als ein spät- oder gar postmoderner Begriff. Solche Zuordnungen halten dem genaueren Blick nicht stand, prägen aber gleichwohl Diskurse.

Der vorliegende Beitrag stellt sich bewusst dieser vermeintlichen Ungleichzeitigkeit der zwei im Titel stehenden Begriffe. Ausgelotet werden soll, wo ihr Wert – nicht mehr, nach wie vor, mehr denn je – liegt für die Gestaltung pastoraler Lehr-Lern-Prozesse im Allgemeinen und der im Studium einer anwendungs- und transferorientierten Theologie angesiedelten Praktika und Praxisphasen im Besonderen. Systematisches und praktisches Interesse greifen im Folgenden also ineinander und relativieren sich zugleich wechselseitig.

1 Krisen und Konjunkturen zweier Begriffe

Spätestens seit den 1990er-Jahren gilt „Individualisierung" als ein zentrales Signum der entfalteten bzw. vollendeten Moderne, welche je nach Gustus der Zeitanalytiker*in auch als Spät- oder Postmoderne tituliert wird. Weil Individualisierung aber für intra- und interindividuelle Pluralisierung sorgte, geriet die philosophische, soziologische oder psychologische Rede von Identität in die Defensive.[2] Aktuell wächst offenbar wieder stärker das Bedürfnis nach einem gemeinsamen Grund und Nenner angesichts der

---

[1] Dieser Beitrag fußt auf dem gleichnamigen Referat des Verfassers am 26. 1. 2017 auf dem 1. Paderborner Symposium zu pastoralen Lehr-Lern-Prozessen. Damals ging es nicht nur um einen Diskussionsimpuls, sondern auch und vor allem um eine Würdigung des wenige Monate zuvor verstorbenen P. Prof. Dr. Hermann Stenger CSsR (1920–2016). Die Druckfassung dieses Vortrags folgt demselben Interesse und möchte ein Beitrag zur bleibenden Erinnerung an diesen (auch für die eigene Biographie mit ihren Identitäts- und Kompetenzentwicklungen) sehr bedeutsamen Pastoraltheologen und Pastoralpsychologen sein.

[2] Vgl. zum Überblick: Rolf Eickelpasch – Claudia Rademacher, Identität, Bielefeld [4]2013.

stark ausdifferenzierten Sinnhorizonte und Lebensstile[3], ohne dass sich dadurch der zwischenzeitlich etablierte Primat eines „Lebens als Projekt“[4] und die damit verbundene Multioptionalität relativiert würden. An die Stelle einer (vor-)modernen, umfassenden und stabilen, die jeweilige Person kennzeichnenden und ihr Selbstbewusstsein stiftenden Identität ist weithin eine lebensbereichs- und lebensphasenbezogene Fülle von (Teil-)Identitäten getreten. Chancen und Risiken dieser Entwicklung liegen nahe beieinander; wo die oder der Einzelne aus subjektiver Sicht ein Übermaß an Kontingenzen, Diskontinuitäten und Fragmentierungen erfährt, wächst ihr bzw. sein Wunsch und Streben nach Kohärenz.[5]

Wie vielleicht kein zweiter Sozialpsychologe hat Heiner Keupp beschrieben, wie die Entwicklung von Identität unter den gegenwärtigen Gesellschaftsbedingungen gelingen oder auch scheitern kann. Identitätsentwicklung kann dabei längst nicht mehr aus der dem Entwicklungsbegriff inhärenten Fortschrittslogik verstanden werden. Wo es keine oder zumindest weniger „Identitätszwänge“ gibt, sieht Keupp aber die Möglichkeit, sich in normativ nicht vordefinierten Identitätsräumen eine eigene ergebnisoffene und bewegliche authentische Identitätskonstruktion zu schaffen. Solche immer wieder neu, ja alltäglich aufgegebene „Identitätsarbeit“ stellt ein lebenslanges Unterfangen dar und führt in der Regel zu „Patchwork-Identitäten“, bei der die unterschiedlichsten Erlebnis- und Erfahrungsbezüge unverbunden nebeneinanderstehen können. Ihre Stimmigkeit bemisst sich subjektiv an der selbst erfahrenen Authentizität, intersubjektiv wird sie am Kriterium der Anerkennung messbar.[6] Schon hier wird deutlich, „daß die Herstellung von innerem Sinn kein Prozeß des ‚homo clausus‘ ist, sondern in hohem Maße kommunikativ ausgerichtet ist.“[7]

---

[3] Vgl. bspw. die in diese Richtung weisende Ausgabe 3/2017 („Identität“) von εὐangel – Magazin für missionarische Pastoral, abrufbar unter: https://www.euangel.de/ausgabe-3-2017/ [Zugriff: 9. 2. 2018].

[4] Wolfgang Fritzen – Stefan Gärtner, Leben als Projekt, in: Stefan Gärtner – Tobias Kläden – Bernhard Spielberg (Hg.), Praktische Theologie in der Spätmoderne. Herausforderungen und Entdeckungen, Würzburg 2014, 81–86.

[5] Viera Pirker, fluide und fragil. Identität als Grundoption zeitsensibler Pastoralpsychologie, Ostfildern 2013, hat herausgearbeitet, wie sehr die mit dem Identitätsbegriff verknüpften Ambivalenzen diesen zu einem Zentralbegriff der Praktischen Theologie bzw. Pastoralpsychologie machen.

[6] Vgl. Heiner Keupp, Subjektentwürfe heute: Wie kommen wir ohne das „Baugerüst der Moderne“ zurecht? In: Journal für Psychologie (1995) Doppelheft 4/1995 & 1/1996, 5–16; ders., Identitätskonstruktionen. Das Patchwork der Identitäten in der Spätmoderne, Reinbek bei Hamburg [5]2013; ders., Identitätsarbeit heute. Befreit von Identitätszwängen, aber ein lebenslanges Projekt, in: Marika Hammerer (Hg.), Zukunftsfeld Bildungs- und Berufsberatung II: Das Gemeinsame in der Differenz finden, Bielefeld 2013, 49–69.

[7] Keupp, Subjektentwürfe, 15.

Natürlich gilt das für Menschen im Allgemeinen zur Identitätsherausforderung Gesagte auch für jene Frauen und Männer, die sich für einen pastoralen Beruf interessieren oder ihn bereits ergriffen haben. Mehr noch: Die mit der Identitätssuche verknüpften Dynamiken und Verwerfungen scheinen hier im besonderen Maße relevant und professionalisierend zu wirken, zumal wenn die subjektiven Identitätskonstruktionen theologisch und spirituell umfasst und vertieft werden können.[8] Da aber auch solche identitätsstiftende Religiosität längst alles andere als selbstverständlich geworden und wie die Identität selbst zumeist nur als multiple und diskontinuierliche Patchwork-Religiosität aufzufinden bzw. zu (re-)konstruieren ist, reduziert sich der Identitätsstiftungsaufwand für (in welcher Weise auch immer) religiöse oder gläubige Menschen nicht, sondern gewinnt vielmehr an Brisanz und Relevanz.[9] Theologiestudierende sind hier Kinder ihrer Zeit und wählen das als Teil ihrer subjektiven Religiosität, was ihnen glaubwürdig erscheint. Wo sie sich im Zuge ihrer Sozialisations- und Professionalisierungsprozesse allerdings „offiziell" im Rahmen von und als Teil von Kirche bewegen (und die Praktika und weiteren Praxisphasen des Studiums sind genau solche Expositionen), erfahren sie den Verlust des Sinn- und Identitätsmonopols der kirchlichen Institutionen existenziell – und nicht selten bedrohlich. Hier gilt es einzuüben, was Birgit Hoyer bezogen auf die nicht zuletzt durch die verstärkten Migrations- und Fluchtbewegungen in Frage gestellte kollektive Identität des Katholischen angemerkt hat: „Identität wächst, sie ist nicht herbeizuglauben, vielleicht nie eindeutig und endgültig festzustellen. Auf keinen Fall ist sie einsetzbar gegen den, die, das Andere zu Grenzziehung und Ausgrenzung. Die Frage nach Identität windet sich im christlichen Kontext aus nationalen Engführungen in die Weite einer konfessionell und religiös entgrenzten Katholizität und wandelt sich von der Frage ‚Wer bin ich?' oder ‚Wer sind wir?' zur Frage ‚Wer will ich, wer wollen

---

[8] Vgl. z. B. Katharina Karl, Seelsorgebiografien im Fluss. Herausforderungen für die Identitätskonstruktion von Seelsorgenden, in: Erich Garhammer – Hans Hobelsberger – Martina Blasberg-Kuhnke – Johann Pock (Hg.), Seelsorge: die Kunst der Künste. Zur Theologie und Praxis von Seelsorge, Würzburg 2017, 123–130; Manfred Riegger, Persönlichkeit von Menschen in pastoralen Berufen. Ein Beitrag zur Professionalisierung, in: Wege zum Menschen 64 (2012) 477–493; Andreas Rohde, Biographie, Identität, Nachfolge. Leben aus Gottes Anerkennung, in: Theologie und Glaube 104 (2014) 328–343; Jochen Sautermeister, Identität und christlicher Glaube. Option für lebensbejahende Humanität und selbstbejahrende Authentizität, in: Michael Felder – Jörg Schwaratzki (Hg.), Glaubwürdigkeit der Kirche. Würde der Glaubenden, Freiburg/Br. 2012, 292–305.

[9] Vgl. Tatjana Schnell, Religiosität und Identität, in: Reinhold Bernhardt – Perry Schmidt-Leukel (Hg.), Multiple religiöse Identität. Aus verschiedenen religiösen Traditionen schöpfen, Zürich 2008, 163–183.

wir sein?‘ im Sinne einer radikalen Menschlichkeit und zur Frage ‚Was unternehmen wir jetzt?‘, um diese Frage handelnd zu beantworten.“[10]

Spätestens mit der als „Bologna-Prozess“ titulierten Initiative zur Schaffung eines einheitlichen Europäischen Hochschulrahmens und damit seit der Jahrtausendwende steht das Stichwort „Kompetenz“ zentral für einen Paradigmenwechsel vom Lehren zum Lernen. Orientiert an den entsprechenden Vorgaben des „Europäischen Qualifikationsrahmens für lebenslanges Lernen“ nutzt der „Deutsche Qualifikationsrahmen“ (DQR) einen Kompetenzbegriff, der unter Kompetenz „die Fähigkeit und Bereitschaft des Einzelnen“ verstanden wissen will, „Kenntnisse, Fertigkeiten sowie persönliche, soziale und methodische Fähigkeiten zu nutzen und sich durchdacht sowie individuell wie sozial verantwortlich zu verhalten.“[11]

Diese umfassende Handlungskompetenz wird im DQR in den Dimensionen „Fachkompetenz“ (Wissen und Fertigkeiten als Grundlage für die „Fähigkeit und Bereitschaft, Aufgaben- und Problemstellungen eigenständig, fachlich angemessen, methodengeleitet zu bearbeiten und das Ergebnis zu beurteilen“[12]) und „personale Kompetenz“ (Sozialkompetenz und Selbständigkeit, um „sich weiterzuentwickeln und das eigene Leben eigenständig und verantwortlich im jeweiligen sozialen, kulturellen bzw. beruflichen Kontext zu gestalten“[13]) strukturiert. In einer gemeinsamen Stellungnahme bekannten sich der Allgemeine Fakultätentag, der Evangelisch-Theologische Fakultätentag, der Katholisch-Theologische Fakultätentag und der Philosophische Fakultätentag im Jahr 2016 zur Kompetenzorientierung in den Geistes- und Kulturwissenschaften. Die Studierenden rückten so „in den Fokus der Lehr- und Lernprozesse“ und ganz in der Tradition des Bildungsbegriffs ginge es um ihre „Entwicklung hin zu einer Gesamtpersönlichkeit“: „Ein solches ‚Bildungserlebnis‘ als Kern eines geistes- und kulturwissenschaftlichen Studiums ist ein Prozess, der die zukünftige Persönlichkeitsbiographie nachhaltig prägt; aus ihm erwächst die Befähigung, auf ständig wechselnde Anforderungen und Rahmenbedingungen lernend

[10] Birgit Hoyer, Katholische Identität (II): Wer bin ich, wer sind wir und wer muss das wissen? In: εὐangel – Magazin für missionarische Pastoral (2017), H. 3, abrufbar unter: https://www.euangel.de/ausgabe-3-2017/identitaet/katholische-identitaet-ii-wer-bin-ich-wer-sind-wir-und-wer-muss-das-wissen/ [Zugriff: 9.2.2018].

[11] Vgl. das Stichwort „Kompetenz“ im Glossar auf der Homepage zum Deutschen Qualifikationsrahmen (https://www.dqr.de/index.php; Zugriff: 9.2.2018). Die im Jahr 2017 überarbeitete und erweiterte Fassung des „Qualifikationsrahmen[s] für Deutsche Hochschulabschlüsse“ (HQR) findet sich abrufbar unter: https://www.hrk.de/themen/studium/qualifikationsrahmen/ [Zugriff: 19.2.2018].

[12] Ebd. (Glossar-Stichwort „Fachliche Kompetenz“).

[13] Ebd. (Glossar-Stichwort „Personale Kompetenz“).

reagieren, sich selbstständig an der Evolution von Wissen beteiligen und zugleich deren Verlauf kritisch begleiten zu können."[14]

Was hier als Kompetenzorientierung bildungspolitisch formuliert und gefordert wird, braucht selbstverständlich die konkrete Umsetzung in konkreten Lehr-Lern-Prozessen.[15] Für das Ausbilden einer „pastoralen Kompetenz", wie immer man diese auch zu operationalisieren versuchen mag, erscheint die mit dem Kompetenzbegriff einhergehende Verzahnung von kognitiven Facetten wie Wissen, Fertigkeiten, Strategien oder Routinen mit Emotionen, Motivationen und Wertorientierungen gleichermaßen realitätsnah wie zukunftsweisend. „Kompetentes" pastorales Handeln würde sich dann u. a. dadurch auszeichnen, dass es für die Bewältigung nicht vorhersehbarer und von daher auch nicht planbarer oder gar beherrschbarer Situationen befähigt. Können Praktika und Praxisphasen besser genutzt werden als für ein Rendezvous mit solch offenen Welten?

2 Architektur personaler Identität und pastoraler Kompetenz – eine Relecture

Hermann Stenger, der die Auswahl, Aus- und Weiterbildung sowie die Supervision und das Coaching von Mitarbeiter*innen in der Pastoral bereits früh zu einem seiner Tätigkeitsschwerpunkt machte und hier gewichtige fachlich-inhaltliche wie praktische Herausforderungen sah und zu bewältigen suchte, würde wohl auch den Praxisbezügen und Praxisreflexionen im Studium einen hohen Stellenwert zumessen. Für Stenger dient Praxisbegleitung „der Förderung der Identität und pastoralen Kompetenz und damit auch der Entfaltung der Charismen eines jeden, der sich – ob Mann oder Frau – in seiner kirchlich-beruflichen Tätigkeit beraten und begleiten läßt."[16] Dabei hat es, so Stenger, vornehmlich um das „Bestätigen und Verbessern der vorhandenen Fähigkeiten", um „Wahrnahme und Annahme

[14] Die Stellungnahme ist abrufbar unter: kthf.de/wp-content/uploads/2015/10/Stellungnahme_Kompetenzorientierung-2016.pdf [Zugriff: 9.2.2018].

[15] Vgl. aus dem breiten Feld diesbezüglicher Publikation z. B. Rüdiger Preißer, Kompetenzorientierte Hochschuldidaktik, in: Florian Bruckmann – Oliver Reis – Monika Scheidler (Hg.), Kompetenzorientierte Lehre in der Theologie. Konkretion – Reflexion – Perspektiven, Berlin 2011, 17–36; Oliver Reis, Sinn und Umsetzung der Kompetenzorientierung – Lehre 'von hinten' denken, in: Patrick Becker (Hg.), Studienreform in der Theologie. Eine Bestandsaufnahme, Münster 2011, 108–127.

[16] Hermann Stenger, Identität und pastorale Kompetenz. Ein Beitrag zur Lehre von den Charismen, in: Lebendige Seelsorge 35 (1984) 293–300, hier: 293.

der je eigenen persönlich-personalen Identität" und um ein „Wachstum des Glaubens, aus dem das seelsorgliche Handeln hervorgeht" zu gehen.[17]

Das hier in einem Aufsatz von 1984 wohl erstmals angesprochene Zusammenspiel von personaler Identität und pastoraler Kompetenz baute Stenger in den Folgejahren und insbesondere im Rahmen des thematisch bis heute einschlägigen Sammelbandes „Eignung für die Berufe der Kirche"[18] systematisch zu einer differenzierten „Architektur" aus: *Personale Identität* meint dabei für ihn in Rückbezug auf die epigenetische Entwicklungstheorie Erik H. Eriksons ein lebenslanges „In-Bewegung-sein" von Kindheit bis zum Tode.[19] Im besten Fall schafft, so Stenger, der „Ichbildungsprozeß" der ersten Lebensjahre ein „positive[s] Selbst- und Lebensgefühl", so dass der junge Erwachsene „mit einem Gefühl des Ganzseins, der Übereinstimmung mit sich selbst und mit der Umwelt" fähig und bereit werde, „die Aufgaben des Lebens und des Berufes zu übernehmen." Ungünstige Entwicklungsbedingungen sorgen hingegen für eine „Identitätsdiffusion". Und auch ohne solche besonderen Erschwernisse wird es im Leben jeder Frau und jedes Mannes Erfahrungen geben, so Stenger, „welche die bisherige Ich-Synthese in Verwirrung bringen und eine neue Gestalt der Identität vorbereiten." So bleibt die „Identitätsthematik […] also immer aktuell" – und dies insbesondere im steten „‘Balanceakt‘ zwischen dem ‚Ich‘ mit seinen Bedürfnissen, Wertvorstellungen und Idealen einerseits und den Erwartungen der Um- und Mitwelt anderseits."

Wie ein solcher Balanceakt gelingen kann, skizzierte Stenger schon einige Jahre zuvor:[20] Die persönliche Identität und damit das Ineinandergreifen von „individuell-geschlechtlicher Identität", „weltanschaulich-gläubiger Identität" und „berufspraktischer Identität" brauche, damit es nicht zu einer egozentrischen Überbetonung oder sozialen Isolation komme, einen Dialog und die Auseinandersetzung mit den Rollenerwartungen und Rollenzumutungen der Mit- und Umwelt. Die angestrebte Identitäts-

[17] Stenger, Identität und Kompetenz, 293.

[18] Hermann Stenger (Hg.), Eignung für die Berufe der Kirche. Klärung – Beratung – Begleitung, Freiburg/Br. 1988.

[19] Auf Kindheit, Jugend und junges Erwachsenenalter fokussiert Stenger, Identität und pastorale Kompetenz, 294 (alle Zitationen dieses Absatzes beziehen sich auf diese Quelle), wohingegen Hermann Stenger, Frucht noch im Alter (Psalm 92). Von 80 Jahren und mehr, in: Walter Fürst – Andreas Wittrahm – Ulrich Feeser-Lichterfeld (Hg.), „Selbst die Senioren sind nicht mehr die alten …". Praktisch-theologische Beiträge zu einer Kultur des Alterns, Münster 2003, 203–214, hier: 206, auch die (Selbst-)Entwicklung im fortgeschrittenen Alter thematisiert.

[20] Hermann Stenger, Der Beitrag der Theologischen Fortbildung zur Identität der pastoralen Berufe, in: Walter Friedberger – Franz Schnider (Hg.), Theologie – Gemeinde – Seelsorger, München 1979, 146–170, hier: 150–152.

balance vermöge, so Stenger, die Einseitigkeiten der (mit Rückgriff auf George H. Mead so bezeichneten) Pole „I“ und „Me“ hin zu einer souveränen und konstruktiven Ich- sowie Rollendistanz zu überwinden.

Redet Stenger von *Kompetenz*, so versteht er diesen Begriff mit Verweis auf den umgangssprachlichen Gebrauch in zweifacher Weise: Einerseits im Sinne von „für etwas zuständig sein“, andererseits als „zu etwas fähig sein“.[21]

Die erste Variante, Stenger spricht auch von „Zuständigkeitskompetenz“, bezeichnet für ihn im Blick auf kirchliche Berufe zunächst die den unterschiedlichen pastoralen Akteuren institutionell-juridisch zugeordneten Verantwortlichkeiten und Zuständigkeitsbereiche. Hinzu kommt aber auch das in Kirche und Volk quasi in der Luft liegende jeweilige Berufs- bzw. Rollenbild. Beide Perspektiven bräuchten nochmals, so Stenger, die Blickweitung und eine existentiell-gläubige Beachtung der gnadenhaft zuteilwerdenden Berufung des jeweiligen Menschen. „Diese gesamte Zuständigkeitsmitgift“, so Stenger, „wirkt sich auf das pastorale Handeln unweigerlich aus, sei es fördernd oder behindernd.“[22]

Wenn Stenger berufungstheologisch argumentiert, dann vertritt er drei Berufungsdimensionen:[23]

- Erstens die „Ermächtigung zum Leben“, also das Geschaffensein und Gerufensein jedes Menschen aus dem Heilswillen Gottes. Dieser fordert den menschlichen „Werdewille“, so ein von Stenger gern benutztes Wort[24], heraus und sensibilisiert ihn zugleich für seine Verantwortung gegenüber dem Werden der Mitmenschen.
- Zweitens die „Erwählung zum Glauben“ und damit die Berufung, als Christ unter Christen Kirche zu sein und so das Erlöstsein der Menschen zu vergegenwärtigen; hieraus resultiert nicht zuletzt die Mitverantwortung für ein – wie Hermann Stenger es auszudrücken pflegte – „redemptives Milieu“ bzw. „für eine Kirche, die sich sehen lassen kann“[25].
- Drittens die „Berufung zum pastoralen Dienst“, was für Stenger nichts Anderes heißt, als durch Gott beansprucht zu werden zur pastoralen Tätigkeit, also Verantwortung zu tragen für die Aktualisierung des Lebens und Glaubens aller. Dass dies ein solidarisches und kein elitäres Berufs- und Berufungsbewusstsein voraussetzt, dürfte offensichtlich

[21] Vgl. Stenger, Kompetenz und Identität, 32.

[22] Stenger, Identität und pastorale Kompetenz, 294 f.

[23] Hermann Stenger, Kompetenz und Identität. Ein pastoralanthropologischer Entwurf, in: ders. (Hg.), Eignung für die Berufe der Kirche. Klärung – Beratung – Begleitung, Freiburg/Br. 1988, 31–133, hier: 34–39.

[24] Vgl. Hermann Stenger, Werdescheu und Werdewille. Wider die Angst vor der Selbstverwirklichung, in: ders., Verwirklichung unter den Augen Gottes: Psyche und Gnade, Salzburg 1985, 78–83.

[25] Hermann Stenger, Für eine Kirche, die sich sehen lassen kann, Innsbruck 1995.

sein. Stenger selbst betont immer wieder, dass dieser pastorale Dienst sich der Beauftragungsinitiative Gottes verdankt und sich sowohl auf kirchliches wie weltliches Engagement bezieht.[26]

„Fähigkeitskompetenzen", so die zweite Kompetenzvariante, resultieren für Stenger einerseits als berufstheoretische Qualifikation aus wissenschaftlich fundierter Aus- und Fortbildung (neben der Theologie denkt Stenger, der selbst seinem Theologie- ein Psychologiestudium folgen ließ und dies mit dem Diplom abschloss, um dann mit der Arbeit „Die wissenschaftliche Ausbildung des katholischen Seelsorgeklerus in psychologischer Sicht" zum Doktor der Philosophie zu promovieren, hier vornehmlich an die Psychologie und weitere Humanwissenschaften). Andererseits bezeichnen sie im Sinne von berufspraktischer Kompetenz das methodisch-didaktische Können im pastoralen Arbeitsfeld.

Gemeinsam mit der theologischen Bildung sind es drei Basisqualifikationen, die Stenger in der Pastoral für notwendig erachtet:[27]

- Erstens die Fähigkeit, personenbezogen zu kommunizieren, was wiederum eine „attentio" erfordere, eine „Aufmerksamkeit, die sich fern hält von jedem auch noch so subtilen ‚Attentat'"[28] wie z. B. einem Indoktrinieren oder Ideologisieren.
- Zweitens das Vermögen, wirklichkeitsbezogen und dabei insbesondere pluralitäts- und ambiguitätstolerant handeln zu können, d. h. Unterschiede und Spannungen aushalten zu können, ja schätzen und nutzen zu lernen.[29]
- Drittens geht es Stenger darum, botschaftsbezogen mit Symbolen umgehen zu lernen. Es brauche im pastoralen Dienst ein Gespür „für die Bedingungen, die erfüllt sein müssen, damit Symbole transparent für die Botschaft des Glaubens werden können"[30] – statt als „Diabol" zu wirken, das Verwirrung stiftet oder der Botschaft des Evangeliums widerspricht.

[26] Ein Beispiel, wie Stenger beide „Systeme" verknüpft, ist die Rede von der besonderen Berufung der Religionslehrer*innen, vgl. Stenger, Für eine Kirche, 35–39.

[27] Vgl. Stenger, Kompetenz und Identität, 47–65, sowie Johannes Panhofer, Seelsorgeausbildung in der Katholischen Kirche. Eine Skizze, in: Wege zum Menschen 66 (2014) 361–380, hier: 364 f.

[28] Stenger, Kompetenz und Identität, 54.

[29] Vgl. ausführlich hierzu: Hermann Stenger, Pluralitätstoleranz – Ein psychologischer Aspekt pastoraler Kompetenz, in: Pastoraltheologische Informationen 5 (1985) 294–308.

[30] Stenger, Kompetenz und Identität, 61.

Im Verhältnis von Zuständigkeits- und Fähigkeitskompetenzen sind, darauf machte Stenger aufmerksam, unterschiedliche Konstellationen denkbar und in der Pastoralpraxis auch tatsächlich anzutreffen:[31]

- Die 1. Konstellation, Stenger spricht von „Kompetenz der pastoralen Kompetenz", stellt den erstrebenswerten Idealzustand dar, in dem Zuständigkeitsbereiche und dafür benötigte Qualifikationen weitgehend korrespondieren (zu denken ist hier z. B. an Katechet*innen, die begeisternd Sinn und Zweck des Firmsakramentes kommunizieren können).
- Die 2. Konstellation, also die „Kompetenz der pastoralen Inkompetenz" (bspw. wenn eine Sekretärin für die Terminplanung im Pastoralbüro zuständig ist, das hierfür notwendige Zeitmanagement aber nicht beherrscht), gilt es dagegen nach allen Kräften zu verringern – sei es bspw. durch Maßnahme der Personalentwicklung oder einen veränderten Stellenzuschnitt.
- Auch die 3. Konstellation, die „Inkompetenz der pastoralen Kompetenz", kann – so Stenger – auf Dauer nicht befriedigen, ist in der Kirche aber häufig anzutreffen (u. a. wo Laien im pastoralen Dienst nicht predigen dürfen, obwohl sie dafür qualifiziert wären).
- Die Konstellation 4 – z. B. ein Vorgesetzter verfügt nicht über die notwendige Durchsetzungsfähigkeit und verzichtet nach entsprechender Erfahrung auf die Teamleitung – ist dann problemlos, wenn der Kompetenzverzicht auf persönlicher Einsicht und Entscheidung beruht. Schwierig wird es allerdings dann, wenn bei den Betreffenden diese Einsicht fehlt und er bzw. sie auf dem angeblichen Vorhandensein ihrer Fähigkeits- und in Folge dessen auch ihrer Zuständigkeitskompetenz („Inkompetenz der Inkompetenz") beharrt.

3 Auf dem Weg zur Identität als Mensch und Christ

Die von Hermann Stenger gründlich ausdifferenzierte und an dieser Stelle lediglich gerafft in Erinnerung gerufene Architektur personaler Identität und pastoraler Kompetenz[32] hat auch Jahrzehnte nach ihrer Veröffentli-

[31] Vgl. Stenger, Kompetenz und Identität, 32–34.

[32] Für eine gründliche Auseinandersetzung mit dem Ansatz Stengers vgl. z. B. Andreas Wittrahm, Seelsorge, Pastoralpsychologie und Postmoderne. Eine pastoralpsychologische Grundlegung lebensfördernder Begegnungen angesichts radikaler postmoderner Pluralität, Stuttgart 2001, bes. 181–199, die vielfältigen Festschrift-Beiträge zum 80. Geburtstag Stengers in Franz Weber – Thomas Böhm – Anna Findl-Ludescher – Hubert Findl (Hg.), Im Glauben Mensch werden. Impulse für eine Pastoral, die zur Welt kommt, Münster 2000, oder den

chung großes Potenzial für eine wirksame Praxisbegleitung von Theologiestudierenden und pastoralen Akteuren. „Identität" erscheint trotz bzw. gerade wegen der eingangs skizzierten gesellschaftlichen Transformationen weiterhin als ein „Auffindungsbegriff" mit großem heuristischen Potenzial: „er ist ‚fündig' genug, um in der Praktischen Theologie Beachtung zu finden."[33] Von daher wird es der bleibende Auftrag von Pastoraltheologie und Pastoralpsychologie sein, Identitätsfindung und Kompetenzbildung theoretisch wie praktisch zu befördern.

Dabei ist, das sei abschließend noch angemerkt, mindestens drei Missverständnissen zu wehren:

- Ein erstes Missverständnis könnte darin bestehen, dass es bei dem kirchlichen Engagement für Berufung und Beruf allen gegenteiligen Beteuerungen zum Trotz doch letztlich nur um die Berufungen und Berufe der „Pastoralprofis" ginge. Hermann Stenger spricht im Blick auf seine Konzeption von Kompetenz und Identität dagegen nicht ohne Grund von einem „pastoral*anthropologischen* Entwurf"[34]. Er meint damit exakt die vom letzten Konzil insbesondere in der Pastoralkonstitution *Gaudium et spes* heraus- und in die Mitte der Pastoral gestellte hohe Berufung des Menschen an sich bzw. als ein in jeder Hinsicht von Gott geliebtes Geschöpf. Was pastoralgemeinschaftlich im Blick auf die Menschheit und die Menschenwürde insgesamt gilt, nämlich deren Unteilbarkeit aufgrund dieser allen gemeinsamen Berufung, gilt religionsgemeinschaftlich im Blick auf die Kirche ebenso. Kurz nach seinem 80. Geburtstag veröffentlichte Stenger als „pastoraltheologisches Vermächtnis" sein „Hirtenbuch", um – wie er es im Vorwort ausdrückte –

Nachruf von Anna Findl-Ludescher, Was nachklingt – zum Tod von Hermann Stenger, in: feinschwarz.net (29. 8. 2016): http://www.feinschwarz.net/was-nachklingt-zum-tod-von-hermann-stenger/ [Zugriff: 9. 2. 2018].

[33] Stenger, Beitrag der Theologischen Fortbildung, 146.

[34] Das Stichwort „Pastoralanthropologie" verbindet Stenger mit dem umfassenderen Projekt einer sich selbst „zwischen praktischer Theologie und empirischer Humanwissenschaft" verortenden „pastoralen Anthropologie" (so Gottfried Griesl im Vorwort zu: Heimo Gastager u. a. (Hg.), Praktisches Wörterbuch der Pastoralanthropologie. Sorge um den Menschen, Wien 1975, VI). Stenger betont denn auch, „daß in den Gedankengängen [zu Kompetenz und Identität, U.F.-L.] eine Begegnung von Theologie und Humanwissenschaften angestrebt wird. Das Adjektiv ‚pastoralpsychologisch' schien mir zur Charakterisierung des Vorhabens zu wenig weitreichend; geht es doch um ein umfassenderes, wenn auch kein philosophisch und theologisch abgeschlossenes Menschenbild" (ders., Kompetenz und Identität, 31). Vgl. zu diesem Selbstverständnis von Pastoraltheologie: Reinhard Feiter, Einführung in die Pastoraltheologie, in: Clauß Peter Sajak (Hg.), Praktische Theologie. Theologie studieren – Modul 4, Paderborn 2012, 15–63, hier: 54–56; Tobias Kläden, Pastoraltheologie als Pastoralanthropologie im Kontext der Säkularität, in: Pastoraltheologische Informationen 35 (2015) H. 2, 53–58.

„einen Beitrag zur Zukunftsfähigkeit der Kirche als Wegbereiterin des Reiches Gottes zu leisten“[35]. Ihm war es ein Herzensanliegen, nochmals „das gemeinsame Hirtentum aller Christinnen und Christen“ zu beschreiben. Seine Sorge galt der „hirtlichen Basiskompetenz“, in der er „die Voraussetzung für alles amtliche und nicht-amtliche Tun in der Kirche“[36] sah. Ich deute es als positives Signal, dass dieser Gedanke Stengers Eingang gefunden hat in die Arbeitshilfe zu dem im Jahr 2015 veröffentlichten Wort der deutschen Bischöfe zur Erneuerung der Pastoral „Gemeinsam Kirche sein“; dort wurde die „Legende vom verlorenen Hirten“ aus dem „Hirten-Buch“[37] wiederabgedruckt.[38] In ihr heißt es u. a.: „Eines Morgens warteten die Schafe darauf, von ihrem Hirten aus dem Pferch heraus und auf die Weide geführt zu werden. Aber der Hirte kam und kam nicht. Anfangs warteten die Schafe geduldig, dann ungeduldig. Sie begannen jämmerlich zu blöken und die Verwirrung nahm zu. […] Da geschah etwas nie Dagewesenes. Alle hatten den gleichen Traum! Sie träumten, aus ihnen seien Hirtenfrauen und Hirtenmänner, Hirtenmädchen und Hirtenknaben geworden. […] Zunächst waren sie gegenüber der neuen Wirklichkeit misstrauisch, aber bald konnten sie mit ihr einverstanden und auch ein wenig stolz auf sie sein.“ Vielleicht ist solch amtliches Bekenntnis zur gemeinsamen pastoralen Berufung und Verantwortung auch weniger spektakulär, denn schließlich heißt es in „Gemeinsam Kirche sein“ mit Verweis auf Papst Franziskus und seine Enzyklika *Evangelii Gaudium:* „Alle Getauften sind berufen, durch das Zeugnis ihres Lebens Kirche zu bilden, wenige sind freigestellt, um ihnen dabei zu dienen (vgl. EG 201).“[39]

- Missverstanden wäre in meinen Augen der berufungstheologische Ansatz Stengers auch dann, wenn man sein Verständnis von Ausbildung und Entwicklung personaler Identität, das sich stark an moderne Identitätskonzeptionen wie die von Erik Erikson orientierte, in Bausch und Bogen für inkompatibel erklärte mit spätmodernen Pluralisierungen und Patchworks. Auf der Suche nach dem „wahren“ Ich, so kürzlich Hans-Joachim Höhn, bleibe ich auch gegenwärtig im „Daseinsparadox“ gefangen: Jeder ist für sich ein ganz eigener Mensch; um ganz Mensch zu

[35] Hermann M. Stenger, Im Zeichen des Hirten und des Lammes. Mitgift und Gift biblischer Bilder, Innsbruck 2000, 13.

[36] Stenger, Zeichen, 13.

[37] Vgl. Stenger, Zeichen, 15 f.

[38] Sekretariat der deutschen Bischofskonferenz (Hg.), Gemeinsam Kirche sein. Impulse – Einsprüche – Ideen (Arbeitshilfen ; 286), Bonn 2016, 45 f.

[39] Sekretariat der deutschen Bischofskonferenz (Hg.), „Gemeinsam Kirche sein“. Wort der deutschen Bischöfe zur Erneuerung der Pastoral (Die deutschen Bischöfe ; 100), Bonn 2015, 44.

sein, sollte er zugleich mit mehr als nur mit sich selbst etwas anfangen können.[40] Zugleich gilt: Die umfassenden Säkularisierungsprozesse der westlichen Gesellschaften haben dazu geführt, dass eine religiöse Selbstbeschreibung des Ich im Vergleich zu früheren Zeiten und anderen Kulturen seltener und unwahrscheinlicher wird. Religiös konnotierte Rede von der Berufung jedes Menschen und ein entsprechendes Pastoral-Empowerment hat diesem Umstand unbedingt Rechnung zu tragen und im Sinne von Habermas nach „rettenden Übersetzungen" der Berufungsrede zu suchen.[41] Unsere Gegenwart eröffnet jedenfalls „eine unübersehbare Vielfalt von Möglichkeiten, Leben zu deuten und zu gestalten – darunter neben vielen anderen auch die Option, sich selbst von Gott her zu begreifen und Gottes Option für den Menschen zu ergreifen" (Julia Knop[42]).

- Hermann Stenger und eine von ihm inspirierte Theorie und Praxis wären schließlich auch dann gründlich missverstanden, wenn man behauptete, pastoralpsychologisch fundierte Eignungs-, Entwicklungs- und Krisenberatung im Raum der Kirche fokussierten allein auf die einzelne Person und hätten somit keinen Blick für strukturelle und gesellschaftlich bedingte Probleme. Schlimmer noch: Diese würden durch die Individuumsfixierung der Pastoralpsychologie personalisiert, so dass – wie Rainer Bucher einmal kritisch anmerkte – „Kompetenzvermittlung an die Hauptamtlichen als Ersatz für fehlende Innovationsfähigkeit des kirchlichen Systems"[43] herhalten muss. Jeder Psychologe kennt die Verführung, sich einseitig auf das Erleben und Verhalten des Einzelnen zu konzentrieren und überindividuelle bzw. systemische Zusammenhänge zu vernachlässigen. Der Pastoralpsychologe und Pastoraltheologe Stenger hat in seiner Beratungstätigkeit indes – und das sollte uns Vorbild sein – sehr sorgsam darauf geachtet, mittels Organisations- und Personalentwicklung daraufhin zu wirken, dass kirchliche Systeme und Strukturen eine person-förderliche Wirkung haben mögen.[44]

---

[40] Hans-Joachim Höhn, Auf der Suche nach dem „wahren" Ich. Erkundungen in säkularen und religiösen Szenen, in: Internationale Katholische Zeitung „Communio" 45 (2016) 288–298.

[41] Vgl. Reinhard Feiter, Leben gestalten – Berufung lernen, in: Impulse aus der Hauptabteilung Schule und Hochschule des Erzbistums Köln, Nr. 80 / 4. Quartal 2006, 2–6.

[42] Julia Knop, Beim Namen gerufen, in: feinschwarz.net (3.1.2017): http://www.feinschwarz.net/beim-namen-gerufen/ [Zugriff: 9.2.2018].

[43] Rainer Bucher, Nicht Selbstzweck. Pastorale Professionalität in der Transformationskrise der Kirche, in: Herder Korrespondenz Spezial 2009, H. 1, 23–26, hier: 26. Vgl. auch Panhofer, Seelsorgeausbildung, 377 f.

[44] Wie Selbstwerdung der Kirche und in der Kirche zusammenhängen, hat (u. a. mit Bezug auf Hermann Stenger) ausgeführt: Heribert Wahl, Identität und Kirche heute: pastoralpsycho-

„Es gab eine Zeit, da war ein Ritter ein Ritter, ein Bauer ein Bauer und ein Pfarrer ein Pfarrer. Und auch wenn er ein unfähiger oder sogar ein schlechter Pfarrer war, war er dennoch unbestritten für andere und vor sich selbst ein Pfarrer [...]. Inzwischen haben sich die Zeiten grundlegend geändert. Die Ritter sind verschwunden, die Bauern sind dabei, zu Technikern und Ingenieuren zu werden, und die Pfarrer fragen sich, wer sie eigentlich sind. Da und dort gibt es zwar noch die alten Strukturen und Rollen, aber die Identität des Pfarrers, des Priesters, des Seelsorgers ist, mitbedingt durch die gesellschaftlichen Verhältnisse, in Frage gestellt worden."[45] – Dieses auf die pastoralen Berufe und ihre Identität bezogene Fragezeichen, von dem Hermann Stenger schon vor vierzig Jahren sprach, ist zwischenzeitlich nicht kleiner geworden. Immer wieder wurde und wird der Versuch unternommen, das (vermeintlich) spezifische Profil einer Berufsgruppe zu schärfen bzw. das Zueinander der verschiedenen Seelsorgeprofessionen zu ordnen. So verständlich solche Bemühungen um Profilierung auch sein mögen, von Erfolg scheinen sie nicht gekrönt. Vielleicht, so lässt sich in Rückschau auf das Werk Stengers mutmaßen, braucht es in der Pastoral statt konturierter Berufsbilder eher Sensibilität und noch entschiedeneren Einsatz für eine die Unterschiede überbrückende gemeinsame Berufung zur Pastoral.[46] „Auf dem Weg zur Identität als Mensch und Christ" (so der Titel einer von Stenger verantworteten Fortbildungsreihe[47]) wächst, so die Sinnspitze der hier vorgetragenen Überlegungen Stengers, „die Hingabe- und Weitergabefähigkeit [...] für die Erfüllung des spezifischen Botenauftrags, den alle haben, die einer pastoralen Berufung ihre Zustimmung nicht verweigern."[48] Von daher war Hermann Stenger überzeugt und gibt uns die weiterhin konsequent zu verfolgende Richtung vor: „Alle Christen, die eine pastorale Kompetenz beruflich aktualisieren, angefangen bei den Bischöfen über die Priester und Diakone bis hin zu den Religionslehrern und -lehrerinnen, den Gemeindereferenten und -referentinnen, sollten sich durch ein gemeinsames pastorales Berufs- und Berufungsbewußtsein solidarisch verbunden

logische und theologische Überlegungen, in: Internationale kirchliche Zeitschrift 104 (2014) 310–321.

[45] Stenger, Beitrag der Theologischen Fortbildung, 146.

[46] Vgl. hierzu und zu der dazu korrespondierenden Pastoral der Berufung: Ulrich Feeser-Lichterfeld, Berufung. Eine praktisch-theologische Studie zur Revitalisierung einer pastoralen Grunddimension, Münster 2005; ders., Anspruch und Antwort. Berufen zum Dienst an der hohen Berufung des Menschen, in: Herder Korrespondenz Spezial 2009, H. 1, 40–43.

[47] Stenger, Beitrag der Theologischen Fortbildung, 166. Vgl. in diesem Zusammenhang auch Heribert Wahl, Ein Vorschlag zur „Entwicklung pastoraler Identität und Kompetenz" (EPIK). Personalprofessionell-spirituelle Selbsterfahrungs-Gruppen für (priesterliche) Seelsorger, in: Georg Köhl (Hg.), Seelsorge lernen in Studium und Beruf, Trier 2006, 309–316.

[48] Stenger, Beitrag der Theologischen Fortbildung, 167.

wissen. Das Verbindende ist die Vision der permanenten Ekklesiogenese, der alle in gleicher Weise verpflichtet sind.“[49]

[49] Stenger, Kompetenz und Identität, 37.

Die Schlüsselfunktion von Praxisphasen in der theologischen und pastoralen Kompetenzentwicklung

Oliver Reis

1 Einleitung: Praxisphasen in Zeiten der Studienreform

„Theorie ist wie ein Keller, in den eigentlich niemand gerne hineingeht, aber man hat ihn und man ist dann froh, dass man da mal ein paar Sachen ablagern kann. Und ab und zu geht man auch mal runter." Diese Aussage stammt von einer Studentin im Rahmen einer Befragung zur Bedeutung des universitären Studiums für die Lehrer*innenbildung. Lehrende an den Hochschulen schätzen dessen Relevanz natürlich anders ein, gehen je nach Vorstellung davon aus, dass die theoretischen Kenntnisse entweder direkt das professionelle Handeln orientieren oder doch zumindest die Akademisierung als Haltung das professionelle Handeln unterstützt. Für die (Religions-)Lehrer*innenbildung ist aber in Ansätzen klar, dass diese Erwartungen der empirischen Überprüfungen nicht standhalten.[1] Theologische Expertise spielt eine untergeordnete Rolle, während methodisches Können, Gruppen-Management und eine zugewandte Haltung zu den Schüler*innen nach dem Selbstverständnis der Religionslehrkräfte zentral zu den professionellen Erwartungen gehören.[2]

Wenn man auf die praktischen Berufserwartungen, das Leitbild und die Werbung für den Beruf der Gemeindereferent*innen schaut, dann ist der Studiengang „Religionspädagogik" funktional in die übergreifende Berufsqualifikationsphase eingebunden. Die im Studium zu erwerbenden Kenntnisse sowie Fertigkeiten dienen dazu, pastorale bzw. religionspädagogische Aufgaben wahrzunehmen. Das klare Bekenntnis zur Ausrichtung des Studiums auf die *wissenschaftsorientierte Berufsqualifizierung*[3] ist eine Stärke des Studiengangs. Sie bedeutet allerdings auch eine Hypothek: Denn wäh-

[1] Vgl. Oliver Reis, Systematische Theologie für eine kompetenzorientierte Religionslehrer/innenbildung. Ein Lehrmodell und seine kompetenzdiagnostische Auswertung im Rahmen der Studienreform, Münster 2014, 16–21.

[2] Vgl. z. B. Rudolf Englert, Der Religionslehrer – Zeuge des Glaubens oder Experte für Religion? In: Religionspädagogische Beiträge 68 (2013) 77–88, hier: 85–88.

[3] „Es verfolgt vorrangig das Ziel, die für die Ausübung eines pastoralen Berufes in der heutigen Gesellschaft erforderlichen Qualifikationen zu vermitteln." (www.katho-nrw.de/paderborn/studium-lehre/fachbereich-theologie/religionspaedagogik-ba/ [Zugriff: 10.11.2017]). Vgl. außerdem die Seite 39 der KatHO-Broschüre „Menschen stärken – Sachverhalte klären": www.kathonrw.de/fileadmin/primaryMnt/KatHO/Dokumente/Publikationen_div/KatHO_Imagebroschu__re_2014.pdf [Zugriff: 10.11.2017].

rend bei der Aufnahme des Studiums die Motivationsfrage für den Beruf offensichtlich geklärt ist, gilt dies nicht automatisch auch für die akademische Zwischenetappe des Studiums selbst.[4] Das Studium ist in seiner eigenen Praxis ein wissenschafts- und disziplingeleitetes Arbeiten, deren Inhalte und Methoden, deren ganze Arbeitskultur selbst nicht auf die Berufsqualifizierung an sich abzielt, die voraussetzen würde, *dass die vollzogenen Lernhandlungen der Studierenden nach den konkreten beruflichen Anforderungen modelliert sind.* Das Studium der Religionspädagogik an der Katholischen Hochschule Nordrhein-Westfalen (KatHO) gerät damit in die Spannung zwischen Theorie und Praxis, der im Übrigen alle Hochschulen in Deutschland unterliegen. Die Hochschule ist laut Hochschulrahmengesetz ein reflexiver Ort der systematischen Wissensgenerierung (Forschung) und Wissenskommunikation (Lehre),[5] sie ist nicht die Praxis selbst. Sie hat natürlich eine eigene regelgeleitete Praxis, die einen eigenständigen Habitus erfordert,[6] aber die Praxis, auf die hin die Hochschulen – auch die berufsqualifizierenden Hochschulen – besucht werden, bleibt Umwelt.

Damit die beiden Systeme, berufliche Praxis und Hochschulstudium, nicht nur einfach koexistieren, gehört laut Hochschulrahmengesetz die *Vermittlung beider Praktiken* schon zu den Aufgaben der Hochschulen: Die Hochschulen „bereiten auf berufliche Tätigkeiten vor, die die Anwendung wissenschaftlicher Erkenntnisse und wissenschaftlicher Methoden oder die Fähigkeit zu künstlerischer Gestaltung erfordern"[7]. Und weiter: „Lehre und Studium sollen den Studenten auf ein berufliches Tätigkeitsfeld vorbereiten und ihnen die dafür erforderlichen fachlichen Kenntnisse, Fähigkeiten und Methoden dem jeweiligen Studiengang entsprechend so vermitteln, dass sie zu wissenschaftlicher oder künstlerischer Arbeit (…) befähigt werde."[8] Konzepte einer konsequenten Arbeitsteilung zwischen Hochschule und beruflicher Praxis sind damit nicht vereinbar. Hier haben nun berufsvorbereitende Praxisphasen ihren Ort, die im Studium selbst verankert sind und heute über die Idee des forschenden Lernens der gezielten Theorie-/Praxisvermittlung dienen sollen. Frühere Formen von Praxisphasen, bei denen die Studierenden frei gewählte Praktika absolvierten und eine Bestätigung

[4] Vgl. Kai G. Sander, Die Studieneingangsphase in einem „fachhochschulischen" praktisch-theologischen Studiengang, in: Norbert Brieden – Oliver Reis (Hg.), Glaubensreflexion – Berufsorientierung – theologische Habitusbildung. Der Einstieg im Theologiestudium als hochschuldidaktische Herausforderung, Münster 2018, 179–193.

[5] Vgl. § 2 Abs. 1 HRG.

[6] Vgl. Gerhard Portele – Ludwig Huber, Hochschule und Persönlichkeitsentwicklung, in: Ludwig Huber (Hg.), Ausbildung und Sozialisation in der Hochschule, Stuttgart 1983, 97–106.

[7] § 2 Abs. 1 HRG.

[8] § 7 HRG.

der abgeleisteten Zeit gegenüber der Hochschule ausreichten, wurden im letzten Jahrzehnt von hybriden Formen abgelöst, die …

(1) die Verteilung auf die Praktikastellen organisieren und damit formale und inhaltliche Erwartungen an die Praktikumsstellen verknüpfen,
(2) einen formalen Prüfungsrahmen abstecken, der auf die Reflexion der Praxiserfahrung abzielt und damit ein bestimmtes mit Workload versehenes und im Curriculum begründetes Outcome für die Praxisphase formulieren,
(3) die über inhaltliche Kooperationen der Vorbereitung und Begleitung direkt auf das gewünschte Praxishandeln Einfluss nehmen und
(4) die auf Seiten der Praktikumsstelle reflexive Orte aufbauen, so dass im Praktikumskontext unabhängig von der Hochschule eine eigene Theorie-Praxis-Reflexion erfolgen kann.

Diese hybriden Formen können nur erfolgreich sein, wenn sie anders als bei der vorherigen *Koexistenz*, die die Akteure in ihren jeweils vollständig eigenlogischen Handlungsplänen durch ein Regelwerk koordiniert, zu *Kooperation* übergehen und damit die jeweiligen Ressourcen in einen gemeinsamen Handlungsplan einspeisen.[9] Das heißt auch nicht, dass alle alles machen, aber die jeweiligen Anstrengungen werden als Teilstrecken auf ein gemeinsames Ziel – hier die Professionalisierung im theologisch-reflektierten pastoralen Handeln – koordiniert eingebracht.

An der KatHO hat sich für den BA-Studiengang Religionspädagogik in den letzten Jahrzehnten – im Grunde schon sehr früh – mit den Elementen der Supervision, dem Portfolio und dem Mentor*innensystem der Diözesen eine *hybride Form* institutionalisiert, die vor allem auf die Punkte (1) und (4) abzielte. Mit der nun 2016 begonnenen Weiterentwicklung wird Aspekt (2) formalisiert und es wird die Lehre an der Hochschule selbst stärker auf die Praxisphase ausgerichtet (3).[10] Die angestoßenen Reformen arbeiten die hybride Form weiter konsequent aus. Der folgende Beitrag geht das Theorie-Praxis-Verhältnis im Hochschulstudium noch einmal grundsätzlich an, um die Chancen der Vermittlung auszuloten, aber auch, um auf deren Grenzen

---

[9] Vgl. Hans Wocken, Gemeinsame Lernsituationen. Eine Skizze zur Theorie des gemeinsamen Unterrichts, in: Anne Hildeschmidt – Irmtraud Schnell (Hg.), Integrationspädagogik. Auf dem Weg zu einer Schule für alle, Weinheim 1998, 49 f.

[10] Vgl. hierzu die ausführlichen „Hinweise zu Form und Inhalt der Hausarbeiten im Anschluss an das OPGS bzw. GSPS" aus dem Studienjahr 2017/2018, abrufbar unter: www.katho-nrw.de/fileadmin/primaryMnt/Lehrende/Paderborn/Praxisorientierung/Praktikumsamt_Theologie/Hinweise_zu_den_Hausarbeiten_im_Anschluss_an_das_OPGS_und_GSPS_2017-2018.pdf [Zugriff: 5.3.2018].

aufmerksam zu machen und so vor unrealistischen Erwartungen zu warnen. Der direkte Bezugspunkt sind dabei die Praxisphasen der universitären (Religions-)Lehrer*innenbildung, nur ein kleiner, selektiver Seitenblick ist von außen auf die KatHO und den Studiengang Religionspädagogik gerichtet.

2 Zur Unterscheidung von Praktikum und Praxis

Eine grundlegende Differenz, die bei der Implementierung und Gestaltung von Praxisphasen im Blick zu behalten ist, ist die zwischen Praktikum und Praxis selbst. Die Akteure „Studierende“, „Hochschule“ und „Berufsfeld“ gehen mit dieser Differenz unterschiedlich um. Aus Sicht der Studierenden könnte man in Anlehnung an Loisys Verhältnisbestimmung von Evangelium und Kirche sagen: „Die Studienordnung verheißt Praxiserfahrungen und gekommen ist (immerhin) das Praktikum“. Während die Studierenden erwarten, an einem sinnhaften Geschehen beteiligt zu werden, treffen sie sofort auf Zuständigkeitsregeln, die ihnen klarmachen, was in dieser begrenzten Zeit geht und was nicht. In den meisten Fällen stehen einfachere Tätigkeiten unter starker Beobachtung und Anleitung im Fokus, die dafür sorgen, dass echte Praxis mit ihrer notwendigen Handlungskontingenz, die erst wirkliche Entscheidung unter Komplexität und damit Persönlichkeit erfordern,[11] nicht erfahrbar ist. Die aus Sicht der Akteure im Berufsfeld *notwendige Komplexitätsreduktion* der Praxis entsteht aus der Verkettung von zwei Aspekten: Erstens fehlen durch den zeitlich begrenzten Rahmen und die fehlenden Qualifikationen bzw. Kompetenzen des vollständigen Studienabschlusses auch die Fertigkeiten und Fähigkeiten, um die realen Vollzügen ohne großes Risiko zu bewältigen, und zweitens vollziehen sich die Handlungen der Praktikant*innen in der Realität mit echten Folgen, für die die Praktikant*innen durch den Rahmen des Praktikums als Lernort keine Verantwortung übernehmen *können.* Dadurch sind oft die komplexen Lernintentionen, die aus Sicht der Hochschule mit dem Praktikum verbunden sind, unterlaufen. Was aber die Studierenden versöhnt und für die Hochschulen gleichermaßen irritierend ist, ist die trotzdem stattfindende Integration in die Handlungslogik des Praxisfeldes. Auch wenn die Studierenden nicht die volle Praxis, sondern nur einen stark gefilterten Ausschnitt erfahren, so konzentrieren sie sich auf die Habituserwartungen der

[11] Vgl. Reis, Systematische Theologie für eine kompetenzorientierte Religionslehrer/innenbildung, 17 f.

Praxisakteure.[12] Dieser Adaptionsprozess ist zwar auf Handlungen bezogen, auf die sich die Hochschule auch bezieht, aber aus Studierendensicht sind diese Handlungen an sich erst einmal theoriefrei, da nur selten professionelle Akteure im beruflichen Feld die Theoriebezüge im Handeln kenntlich machen.[13] Der Hochschulrahmen mit seinen Lernerwartungen und der Berufsfeldrahmen mit seinen Handlungserwartungen stehen eher quer zueinander, als dass sie sich flüssig ergänzen würden. Das Praktikum ist eben nicht einfach die Praxis des Studiums, sondern das Praktikum ist eine Praxis, die in verschiedenen Logiken (vgl. Abbildung 1) gelesen werden kann – wobei die Habitusanpassung aus Studierendensicht die dominante ist, um erfolgreich zu handeln. Denn ein Praktikum ist zwar „eine Studienform, die im zeitlichen und konzeptionellen Bezug zum Studium steht, dessen Lernzielen und dessen Qualitätsansprüchen folgt. Es orientiert sich aber an dem organisatorischen und räumlichen Rahmen des Praktikumsortes (z. B. Betrieb, Organisation, etc.)“[14].

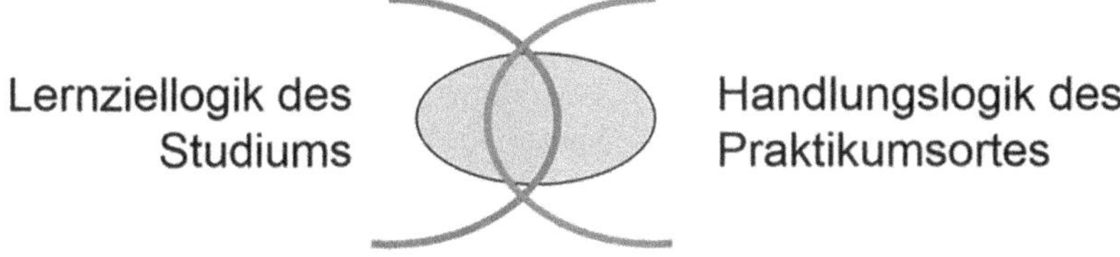

Abb. 1: Handlungslogik und Lernziellogik im Ringen um Aufmerksamkeit

[12] Vgl. Peter Holtz, „Es heißt ja auch Praxissemester und nicht Theoriesemester“: Quantitative und qualitative Befunde zum Spannungsfeld zwischen „Theorie“ und „Praxis“ im Jenaer Praxissemester, in: Karin Kleinespel (Hg.), Ein Praxissemester in der Lehrerbildung. Konzepte, Befunde und Entwicklungsperspektiven am Beispiel des Jenaer Modells, Bad Heilbrunn 2014, 97–118, hier: 110.

[13] Vgl. Holtz, „Es heißt ja auch Praxissemester und nicht Theoriesemester“, 98, 109; Jan Woppowa – Carina Caruso, Das Praxissemester als Ort religionspädagogischer Professionalisierung. Einblicke in eine prozessgestaltende Untersuchung, in: Religionspädagogische Beiträge 76 (2017) 96–107, hier: 104 f.

[14] Markus Weil – Peter Tremp, Praktika im Studium als Berufswirklichkeit auf Zeit. Zur Planung und Gestaltung obligatorischer Praktika im Studium, in: Brigitte Berendt (Hg.), Neues Handbuch Hochschullehre, Berlin 2010, E 5.3, zitiert nach Wilfried Schubarth – Karsten Speck – Juliane Ulbricht, Fachgutachten: Qualitätsstandards für Praktika. Bestandsaufnahme und Empfehlungen, Potsdam 2016, 7.

3 Verhältnis von Studium und Praktikum

Gerade weil die heutige Praxisphase hybrid konzipiert ist, könnten die Hochschulen glauben, die Praxiserfahrung dominieren zu können, da der konzeptionelle Rahmen letztlich von der Hochschule gesetzt ist und somit die Rollen der Praxisakteure von diesem Rahmen her beschrieben werden. Die Hochschulen werden aber registrieren, dass sie mit dieser Sicht die Studierenden und ihre Aufmerksamkeit für die Lernziele während der Praxisphase gerade verlieren.[15] Aber auch den Lernort – hier des pastoralen Handelns selbst – bekommen die Hochschulen nicht mit seiner Eigenlogik in den Blick, so dass auch der mögliche Eigenwert der Praxisphase für das Studium fraglich ist. Der nächste Schritt ist deshalb für mich, das Verhältnis zwischen Studium und Praktikum zu bestimmen. Für Sigrid Blömeke, eine Bildungsforscherin für die Lehrer*innenbildung, ist zunächst einmal wichtig zu erkennen, dass sich Praxis nur für sich selbst, d. h. ihren eigenen Vollzug interessiert.[16] Praxis ist aus sich heraus blind für die pädagogischen Professionalisierungsprozesse.

Wenn die angehenden Gemeindereferent*innen z. B. einen Wortgottesdienst vorbereiten müssen, dann haben sie dafür in der Regel relativ wenig Zeit. Sie werden vielleicht direkt Materialien, eine alte Vorlage oder auch direkt ein Schema zur Verfügung gestellt bekommen. Aber sie werden nicht die Aufgabe bekommen, die Texte aus dem Studium aufzubereiten und eine Vorlage zu erstellen, in der die einzelnen Entscheidungen aus der Theorie heraus zu begründen sind. Es wird eben nicht die Exegetin bemüht, um einen biblischen Text auszulegen, oder der Praktische Theologe, um die Interaktion zwischen Leitung und Gemeinde auf die partizipative Struktur zu prüfen, oder die Liturgiewissenschaftlerin für die Dynamik von Gottes Werk an uns und unserem Werk gegenüber Gott. Die Angemessenheitsstandards liegen im Praktikum anders; hier geht es darum, den Vollzug überhaupt erst einmal zu leisten und die Interaktion der Akteure wie geplant zu ermöglichen, eine gute Atmosphäre zu schaffen und vielleicht einen guten inhaltlichen Gedanken zu setzen, der haften bleibt.

Das Fachgutachten der Hochschulrektorenkonferenz zur Bedeutung der Praxisphasen im Studium hält deshalb auch erst einmal leidenschaftslos fest:

---

[15] Vgl. Oliver Reis, Der Übergang Schule-Hochschule aus hochschuldidaktischer Sicht. Der Forschungsstand zur Studieneingangsphase, in: Norbert Brieden – Oliver Reis (Hg.), Glaubensreflexion – Berufsorientierung – theologische Habitusbildung. Der Einstieg im Theologiestudium als hochschuldidaktische Herausforderung, Münster 2018, 139–157.

[16] Vgl. Sigrid Blömeke, Empirische Befunde zur Wirksamkeit der Lehrerbildung, in: Sigrid Blömeke – Peter Reinhold – Gerhard Tulodziecki – Johannes Wildt (Hg.), Handbuch Lehrerbildung, Braunschweig – Bad Heilbrunn 2004, 75.

„Ein ‚Mehr' an Praktika (Quantität) führt nicht automatisch zu einer Steigerung der Qualität und kann im ungünstigen Fall die Ausbildung bzw. Beschäftigungsbefähigung verschlechtern."[17] Es ist ein großer Irrtum zu glauben, dass Praktika aus sich heraus zur Professionalisierung beitragen, sofern Professionalisierung mehr als Theoriewissen *und* Handlungswissen meint, sondern gerade den reflexiven und darin theoriegeleiteten Bezug zur Gestaltung von Handlungssituationen: Denn gerade „Reflexivität als Bewusstsein über das eigene Tun wird (...) als Schlüsselkompetenz von Professionalität aufgefasst."[18] Sowohl der Wissenschaftsrat als auch das Hochschulrahmengesetz haben mit der Ausrichtung des Studiums auf die berufliche Praxis genau diese Professionalisierung im Blick. Die Aufgabe lässt sich deshalb so formulieren, dass das Praktikum nicht davon geprägt sein kann, dass sich eine Handlungslogik und damit auch nur eine Wissensform durchsetzt. Das Studium ist insgesamt an den drei Polen der Berufsbefähigung, der Persönlichkeitsentwicklung und der fachwissenschaftlichen Expertise ausgerichtet,[19] die in der Professionalisierung aneinander und nicht nach- oder nebeneinander zu entwickeln sind (vgl. Abbildung 2).
Für das Praktikum als integraler Bestandteil des Studiums heißt das, dass die Studierenden erfahren sollen: Wissen bedeutet Handlungsvorteile, weil gerade dann, wenn die beruflichen Routinen an ihre Grenze kommen, alternative Handlungsstrategien begründet gewählt werden können. Und gleichzeitig müssen dafür eben fachwissenschaftliche Kenntnisse nicht in der Praxis angewendet, sondern die praktischen Handlungssituationen in ihrer Logik theoretisch gefasst werden. Für das Studium verändert sich der Blick: Die wissenschaftliche Logik ist der Praxis nicht überlegen, sondern wertlos, bis sie von Professionellen genutzt wird. Von einer Professionsentwicklung aus gesehen, rahmt nicht das Studium die Praxisphase, sondern

---

[17] Schubarth – Speck – Ulbricht, Qualitätsstandards, 67.

[18] Arno Combe – Fritz-Ulrich Kolbe, Lehrerprofessionalität. Wissen, Können, Handeln, in: Werner Helsper – Jeanette Böhme (Hg.), Handbuch der Schulforschung, Wiesbaden 2004, 833–851, hier: 835; vgl. Tobias Leonhard – Norbert Nagel – Thomas Rihm – Veronika Strittmatter-Haubold – Petra Wengert-Richter, Zur Entwicklung von Reflexionskompetenz bei Lehramtsstudierenden, in: Axel Gehrmann – Uwe Hericks – Manfred Lüders (Hg.), Bildungsstandards und Kompetenzmodelle. Beiträge zu einer aktuellen Diskussion über Schule, Lehrerbildung und Unterricht, Bad Heilbrunn 2010, 111–128; Birgit Szczyrba, Rollenkonstellationen in der pädagogischen Beziehungsarbeit. Neue Ansätze zur professionellen Kooperation am Beispiel von Schule und Jugendhilfe, Bad Heilbrunn 2003, 13, 17; Stefan Heil – Hans Georg Ziebertz, Reflexivität als Schlüsselkompetenz, in: Hans-Georg Ziebertz – Stefan Heil – Hans Mendl – Werner Simon (Hg.), Religionslehrerbildung an der Universität. Profession – Religion – Habitus, Münster 2005, 78–96, hier: 80–84.

[19] Vgl. Wissenschaftsrat, Empfehlungen zum Verhältnis von Hochschulbildung und Arbeitsmarkt. Zweiter Teil der Empfehlungen zur Qualifizierung von Fachkräften vor dem Hintergrund des demographischen Wandels, Bielefeld 2015, 52–54.

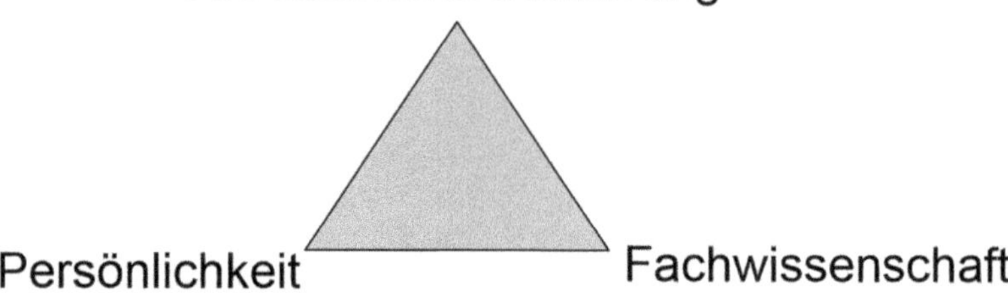

Abb. 2: Die drei Pole der Hochschulbildung aus Sicht des Wissenschaftsrates

die Praxisphase ist der Ort, an dem sich das Studium bewähren muss. Der Wissenschaftsrat sieht das Studium deshalb ausdrücklich aus der Perspektive der Studierenden, die in ihrer Persönlichkeit nicht die Fachwissenschaft internalisieren und reproduzieren sollen, sondern zu Subjekten werden, die mit ihrem Theorie- und Handlungswissen verantwortlich handeln können und deshalb auch mit dem Berufsethos – und das ist nicht der akademische Habitus der Fachkultur, sondern das Ethos, das in den beruflichen Handlungsfeldern gebraucht wird – in Kontakt kommen sollen. Dieses Ethos steuert mit Werten, Einstellungen und Überzeugungen wesentlich auch die kognitive Verarbeitung von Informationen in Handlungssituationen.[20] Im Praktikum werden deshalb der gelingende Zusammenhang der drei Pole und auch dessen Scheitern augenfällig. Das HRK-Gutachten zu den Praxisphasen macht deutlich, dass das Studium und die Praxisphasen jeweils eigene Potenziale besitzen, die sich nur dann zueinander in Beziehung setzen lassen, wenn sie auch vom anderen Ort in ihrer Eigenständigkeit als wertvoll gesehen werden können und nicht als weitgehend versagender Vorbereitungs- bzw. als bloßer Anwendungsort (vgl. Abbildung 3).[21]

4 Verzahnung von Theorie und Praxis aus Sicht der Akteure

4.1 Praxis ja, aber wofür? – Die Sicht der Hochschullehrenden

Das HRK-Fachgutachten unterscheidet vier Begründungsmodelle, wie sich Praxisphasen zum Studium verhalten können:

[20] Vgl. Oliver Reis, Diversität in der Hochschule ist mehr als Integration – zur hochschuldidaktischen Bedeutung von Werten im Hochschullernen, in: Nicole Auferkorte-Michaelis – Frank Linde (Hg.), Diversität lernen und lehren – ein Hochschulbuch, Leverkusen 2018, 313–340.

[21] Schubarth – Speck – Ulbricht, Qualitätsstandards, 70.

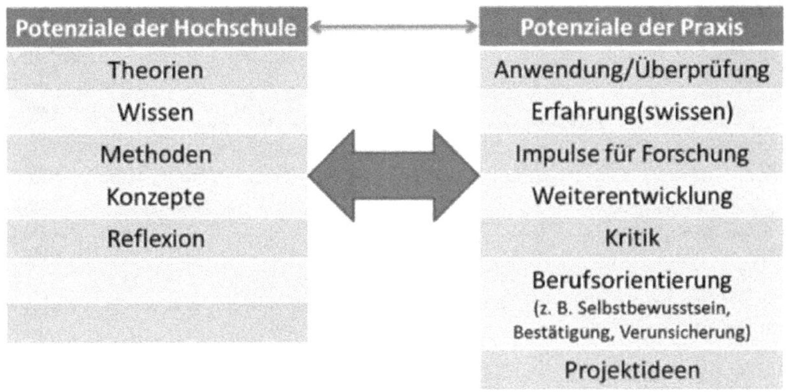

Abb. 3: Potenziale von Studium und Praxisphase

„1. Das Praktikum ist kein integrales Element im Studium, sondern ein eigenständiger Erfahrungsraum: Wissenschaft und Berufsfeld werden strikt getrennt (selbstreflexiver Wissenschaftsbezug).

2. Das Praktikum dient dem Kennenlernen von beruflichem Handeln und der Weitergabe von wissenschaftlichem Wissen in das Berufsfeld (didaktisch-vermittelnder Berufsfeldbezug).

3. Das Praktikum vermittelt im Sinne eines eher handwerklich-praktizistischen Verständnisses die für das Berufsfeld nötigen Kompetenzen (handlungskompetenter Berufsfeldbezug).

4. Das Praktikum dient der Erforschung des Berufsfeldes als Gegenstand von Wissenschaft (forschungstheoretischer Berufsfeldbezug).“[22]

Diese Modelle gehen auf eine Studie von Gabriele Faust-Siehl und Stefan Heil zurück, die Lehrende der Fachdidaktik nach ihren Vorstellungen des Zusammenhangs von Studium und Berufspraxis in den Praktika befragt haben.[23] Sie kommen so zu der in Abbildung 4 skizzierten Typologie.[24]
Faust-Siehl und Heil interessiert weniger die Funktion der Praktika an sich als die Vorstellung über die Studierenden, für die die Lehrenden in der Lehre Angebote machen. Je nach Typ unterscheidet sich die hochschuldidaktische Konzeption der Lehrveranstaltung, wie in ihr Theorie und Praxis vermittelt werden.[25] Dabei lassen sich zwei Extreme unterscheiden:

[22] Schubarth – Speck – Ulbricht, Qualitätsstandards, 8.

[23] Stefan Heil – Gabriele Faust-Siehl, Universitäre Ausbildung und pädagogische Professionalität im Spiegel von Lehrenden. Eine qualitative empirische Untersuchung, Weinheim 2000, 9.

[24] Heil – Faust-Siehl, Universitäre Ausbildung, 138.

[25] Vgl. Heil – Faust-Siehl, Universitäre Ausbildung, 9.

Forschungstheoretischer Berufsfeldbezug
Schulforscher

W B

Didaktisch-vermittelnder Berufsfeldbezug
Vermittler

(Selbst-) reflexiver Wissenschaftsbezug
Magister

Handlungskompetenter Berufsfeldbezug
Praktiker

Abb. 4: Strukturmodell der Leitbilder und Habitusformen universitärer Lehrerausbildung von Lehrenden

- Typ 1: *Reflexiver Wissenschaftsbezug.* Es ist zu vermuten, dass sowohl an den Lehrer*innenbildungseinrichtungen als auch an pastoralen Ausbildungsorten dieser Typ die *fachwissenschaftlichen Anteile* dominiert. Allerdings gibt es auch in der Praktischen Theologie Lehrende, die die selbstreferentielle Theorie des angemessenen Handelns in den Vordergrund stellen und den Erwerb des Handlungswissens auf andere Orte verschieben. Die Stärke dieses Typs ist die Möglichkeit für die Studierenden, überhaupt erst einmal konsistentes Disziplinwissen gezeigt zu bekommen, das in bestimmten Prämissen begründbar ist. Die Schwäche dieses Typs ist gleichzeitig, dass die in den Theorien mitverarbeitete Praxis kein Handlungswissen für konkrete Situationen bereitstellt und die Routinen, in den Situationen das Theoriewissen zu kontextualisieren, auch nicht aufgebaut werden. Dadurch, dass die Praxis klar die Umwelt des theoretischen Diskurses ist, bleibt die Praxiserfahrung von der Theorie entkoppelt. Mit Blick auf das obige Dreieck übernimmt diese Lehre weder Verantwortung für die Person noch für die beruflichen Aufgaben. So entstehen die Ergebnisse der weitgehenden Wirkungslosigkeit der Akademisierung für die Lehrer*innenbildung.
- Typ 2: *Handlungskompetenter Berufsfeldbezug.* Natürlich können Hochschulveranstaltungen auch direkt auf den Erwerb auf das Handlungswissen abzielen, indem Methoden und Handlungsabläufe selbst zum Gegenstand des Studiums werden. Wenn die Fachdidkatiker*innen bzw. die Religionspädagog*innen sich so verstehen, dann entkoppeln sie sich zwar einerseits von den Fachwissenschaften, zugleich aber wird so die Kluft zur Praxis minimiert – das wäre die Stärke – und Praktika böten die schlichte Möglichkeit, die Trockenübungen nun in der Wirklichkeit auszuprobieren. Die Schwäche wäre andersherum, dass das vermittelte Handlungswissen an die lehrende Person, den bzw. die Meister*in der Praxis, gebunden ist. Damit wird bewusst der Anspruch der Hochschule

unterlaufen, durch wissenschaftliches Wissen Handlungsfähigkeit zu erwerben, das eben auch der Kritik, der Relativierung, der Kontextualisierung und Aktualisierung unterzogen werden kann und muss. Mit Blick auf das Dreieck wird zwar die berufliche Praxis betont und scheinbar auch das Bedürfnis der Person, aber letzteres eben nur scheinbar. Durch das vorgegebene adaptive Meister-Schüler-Verhältnis werden die kreativen und transformativen Persönlichkeitsanteile der akademischen Kompetenz gerade nicht gefordert.

Zwischen beiden Extremformen, die für die geforderten hybriden Praxisphasen nicht produktiv sind, lassen sich noch einmal zwei Typen unterscheiden, die Theorie und Praxis beide in ihrer Eigenlogik sehen, aber jeweils von dem einen Feld aus denken:

- Typ 3: *Forschungstheoretischer Berufsfeldbezug.*[26] Das Forschende Lernen ist der Ansatz, den die Hochschulen gegenwärtig in der Regel benutzen, um die Praxisphase als relevant für die Professionalisierung zu verstehen. Wenn die Professionalisierung systematisch verlangt, neben Routinen auch die Situationen zu identifizieren, in denen es eine strategieorientierte Feldanalyse braucht, um komplexe begründete Lösungen zu finden, dann ist eine forschende Haltung mit grundlegenden methodischen Tools eine Voraussetzung, die professionelle Akteure im Feld von anderen abhebt. Dieser Ansatz nimmt die Praxis mit ihrer Handlungslogik ernst, funktioniert aber in der Regel nur leidlich, und dies aus zwei Gründen: Das Forschende Lernen lässt die Studierenden explizit eine im Feld fremde Rolle einnehmen, die im Feld nur selten belohnt wird und eher als Besserwisserei wirken kann. Sie zieht Aufmerksamkeitsressourcen von der Adaption ab und wird – wenn Prüfungsleistungen damit verbunden sind – zu einer echten zeitlichen und rollenbezogenen Belastung.[27] Sie ist außerdem oft nicht Teil der Praxis im Studium selbst, das eher rezeptiv verläuft. Studierende können leicht den Eindruck haben, dass sie im Feld der Praxis etwas ausprobieren sollen, was ihnen im Studium nicht zugetraut wird.[28] Externalisieren die Hochschulen so ein internes Problem?

[26] Vgl. Heil – Faust-Siehl, Universitäre Ausbildung, 119, 158.

[27] Vgl. Holtz, „Es heißt ja auch Praxissemester und nicht Theoriesemester", 101, 106–108. Zur herabgesetzten Bedeutung des Forschungsbezugs gegenüber dem Praxis- und Berufsbezug aus Sicht der Studierenden vgl. Michael Ramm – Frank Multrus – Tino Bargel – Monika Schmidt, Studiensituation und studentische Orientierungen. 12. Studierendensurvey an Universitäten und Fachhochschulen, Konstanz 2014, 442, abrufbar unter: www.soziologie.uni-konstanz.de/ag-hochschulforschung/publikationen/studierendensurvey/hauptberichte/ [Zugriff: 18.11.2017].

[28] Vgl. Holtz, „Es heißt ja auch Praxissemester und nicht Theoriesemester", 111.

- Typ 4: *Didaktisch-vermittelnder Berufsfeldbezug.* Hier steht „die theoretische Reflexion zur möglichen praktischen Applikation von Theorie von der Seite der Theorie aus“[29] im Fokus. Es entsteht eine „Zirkelbewegung“[30]: Die Theorie wird zur Weiterentwicklung der Praxis benötigt und in der Praxis erprobt. Dafür wird sich das Theoriewissen mit Handlungswissen auseinandersetzen und es in die Theorieentwicklung einsetzen, damit die Theorien handlungsbezogen informiert sind. Das verändert das Theoriewissen selbst und sorgt für einen gezielteren und funktionaleren Zugriff auf Theorie.[31] Die Stärke dieser Vermittlungsform ist, dass sich Theorie und Praxis – wie für die hybriden Praxisphasen gefordert – aufeinander zu bewegen, ohne sich ineinander aufzulösen. Die theoretischen Studienanteile behalten die Distanz zur Praxis, bewegen sich eher auf der Regelebene, achten auf die Kontextualisierungsnotwendigkeit und regen zu abduktiven Schlüssen in den Situationen mithilfe der Theorie an.[32] Mit dieser Distanz beziehen sich aber die theoretischen Studieninhalte auf das Praxisfeld und müssen sich auch von diesem befragen lassen. Die Schwäche dieses Typs ist am ehesten der Aufwand, der sowohl von der Hochschule als auch von den Praxis-Akteuren betrieben werden muss: Sie müssen den anderen Ort kennen, die spezifische Perspektive akzeptieren (aus Sicht der Hochschule ist z. B. Praxis grundsätzlich defizitär und aus Sicht der Praxis ist Hochschule grundsätzlich theoretisch übersteuert), damit die gemeinsam betreuten Praxisphasen produktiv sind. Wenn in diesen Typ auch die fachwissenschaftlichen Anteile einbezogen sind, dann könnte eine Hochschule praxisbezogene Handlungskompetenzen entwickeln wollen und gleichzeitig wissen, dass diese in der Praxis noch einmal ganz anders in Routinen eingebettet werden. Deshalb ist dieser Typ auch das tragfähigste, weil es die Praxis an den Orten anerkennt und zu lernenden Kooperationen aufruft. Er ist allerdings bisher aus Lehrendensicht nicht dominant.

4.2 Theorie ja, aber wofür? – Die Sicht der Studierenden

Es lassen sich drei Gruppen von Studierenden unterscheiden: „Studierende der *ersten Gruppe* sehen Studium als Bildung an. Für sie steht Bildung im

[29] Heil – Faust-Siehl, Universitäre Ausbildung, 11.
[30] Heil – Faust-Siehl, Universitäre Ausbildung, 118.
[31] Vgl. Heil – Faust-Siehl, Universitäre Ausbildung, 168.
[32] Vgl. Stefan Heil – Hans Georg Ziebertz, Reflexivität als Schlüsselkompetenz, 85–89.

Studium im Sinne des Humboldt'schen Bildungsideals im Vordergrund, ein konkreter Praxisbezug wird daher kaum erwartet oder kritisch gesehen. Studierende der *zweiten Gruppe* kritisieren den fehlenden Praxisbezug. Sie äußern Kritik an der theoretischen Ausrichtung des Studiums und fordern mehr Praxisbezug, für sie ist Berufsqualifizierung Aufgabe der Hochschule. Studierende der *dritten Gruppe* sehen als mittlere Position eine Verknüpfung von Wissenschaft und Berufspraxis und damit die doppelte Funktion der Universität als Freiheit der Wissenschaft und Verbindung zum Beschäftigungssystem. Ihr Anspruch ist ein wissenschaftliches Studium, wobei sie gleichzeitig den Blick auf den späteren Berufseinstieg legen. Die berufliche Zukunft sehen sie eher in ihrer eigenen Verantwortung, weniger in der der Hochschule."[33]

An dieser Einteilung ist wichtig, dass die Zuordnung zu einer Gruppe Auswirkung auf das Studium hat: a) Je stärker Studierende den Wunsch nach (mehr) Praxisbezug äußern (2. und 3. Gruppe), desto geringer ist der subjektiv wahrgenommene Kompetenzerwerb der Studierenden im Studium. Andersherum b) ist der subjektiv wahrgenommene Kompetenzerwerb umso höher, wenn der Praxisbezug des Studiums positiv eingeschätzt wird.[34] So hängen die Vorstellungen der Lehrenden und das Verhalten der Studierenden zusammen: Lehrende von Typ 1 sind begeistert von Studierenden der ersten Gruppe und belohnen sie mit Anerkennung. Die Studierenden der zweiten Gruppe, die immer fragen: „Wozu brauchen wir das?" nerven und werden als wenig studierfähig eingestuft. An einer Hochschule für angewandte Wissenschaften mag das Verhältnis anders sein, aber auch hier gibt es Lehrende von Typ 1, die mit Studierenden der zweiten und dritten Gruppe aneinandergeraten; Lehrende von Typ 1 und 2 werden sich wechselseitig hinsichtlich ihrer Wissenschaftlichkeit oder Praxistauglichkeit kritisch betrachten. Grundsätzlich gilt: Wenn die Bedeutung von Praxis als Horizont des gesamten Studiums nicht geklärt ist – wie dies bei den Lehrenden von Typ 3 und 4 schon der Fall ist –, wird zwar permanent auf Prüfungen hin gelernt, um diese zu bestehen, nach den Prüfungen wird aber gerade bei Studierenden der zweiten und dritten Gruppe auch wieder fast

[33] Schubarth – Speck – Ulbricht, Qualitätsstandards, 11; vgl. Gudrun Hessler – Mechtild Oechsle – Justus Heck, Studium und Beruf. Subjektive Theorien von Studierenden und Lehrenden, in: Gudrun Hessler – Mechtild Oechsle – Ingrid Scharlau (Hg.), Studium und Beruf: Studienstrategien – Praxiskonzepte – Professionsverständnis. Perspektiven von Studierenden und Lehrenden nach der Bologna-Reform, Wiesbaden 2013, 59–80; Gudrun Hessler – Mechtild Oechlse, Studium und Beruf? Praxiskonzepte von Studierenden der Soziologie und Sozialwissenschaften, in: Wilfried Schubarth – Karsten Speck – Andreas Seidel u.a. (Hg.), Studium nach Bologna: Praxisbezüge stärken?! Praktika als Brücke zwischen Hochschule und Arbeitsmarkt. Befunde und Perspektiven, Wiesbaden 2012, 113–126.

[34] Vgl. Schubarth – Speck – Ulbricht, Qualitätsstandards, 11.

alles vergessen, da das Wissen nicht berufsrelevant ist und vor allem nicht zur Person gehört.

Ohne eine grundsätzliche Klärung des Verhältnisses von Theorie und Praxis bleibt ein massives strukturelles Problem, das sich bis in die Praktika auswirkt, weil die Studierenden der zweiten Gruppen die ganz große Erwartung an das Praktikum haben: „Jetzt endlich Theorie-frei!" oder in der Lehrerbildung „Es heißt ja auch Praxis-Semester und nicht Theorie-Semester"[35]. Und wenn ohne eine solche Klärung und ohne ein Programm, das sich an Typ 4 der Lehrendenvorstellung und der dritten Studierendengruppe ausrichtet, die hybriden Strukturen von Seiten der Hochschule ausgebaut und vor allem als formale Vorgaben durchgesetzt werden (Thema-orientiertes Arbeiten, Niveaustufenmodell, formale Regeln für die Praktikumsberichte usw.), dann ist das zunächst einmal Gängelung und erzeugt Widerstand. Beim Praxissemester im Rahmen der Lehrer*innenausbildung ist es schon einigermaßen erforscht, dass die universitären Begleitveranstaltungen als unnötige Belastung und das zu absolvierende Forschungsprojekt als Überbelastung erlebt werden.[36] Die Studierenden sind endlich richtig in der Schule und haben dort Mentor*innen, die ihnen sagen können, wie es geht und die als „echte Praktiker" auch die Studierenden voranbringen können.[37] Hier lernen sie die Methoden und Dramaturgie von Unterricht und können sich im Schulalltag behaupten. Die Studierenden kompensieren in den Praxisphasen vor allem den fehlenden Praxisbezug des Studiums, den das Fachgutachten so einschätzt: „Den meisten Studierenden ist Praxis wichtiger als Forschung. Die Mehrheit der Studierenden ist unzufrieden mit dem Praxisbezug in ihrem Studium und äußert den Wunsch nach mehr Praxis. Nur gut die Hälfte der Studierenden beurteilen den Praxisbezug in ihrem Studium als gut oder sehr gut, nur gut ein Drittel bewertet die Berufs- und Praxisbezogenheit ihres Studiums als stark oder sehr stark, wobei der jeweilige Anteil in den letzten Jahren nahezu unverändert ist."[38]

[35] Holtz, „Es heißt ja auch Praxissemester und nicht Theoriesemester", 106.

[36] Vgl. Holtz, „Es heißt ja auch Praxissemester und nicht Theoriesemester", 101, 106–108; Peter Holtz, Jenseits von Selbstauskünften: Veränderung im Unterrichtshandeln während des Praxissemesters aus Sicht von Studierenden, MentorInnen und SchülerInnen, in: Karin Kleinespel (Hg.), Ein Praxissemester in der Lehrerbildung. Konzepte, Befunde und Entwicklungsperspektiven am Beispiel des Jenaer Modells, Bad Heilbrunn 2014, 155–158.

[37] Vgl. Holtz, „Es heißt ja auch Praxissemester und nicht Theoriesemester", 109 f., 115 f.

[38] Schubarth – Speck – Ulbricht, Qualitätsstandards, 10.

4.3 Theorie und Praxis – ja, aber was bewirkt es?

Was bewirken Praxisphasen? Im gegenwärtigen Zustand der Theorie-Praxis-Vernetzung kann man sagen, dass der beobachtbare Kompetenzzuwachs in Studienteilen mit integrierter Praxisphase bei den methodischen Fertigkeiten ohne theoriegeleitete Perspektive sowie dem Selbstverständnis als Lehrkraft liegt.[39] Die Studierenden gewinnen an Sicherheit im technischen Tun, übernehmen die Rolle der Religionslehrkraft, führen dies aber nicht auf das Hochschulstudium zurück, sondern auf den Praxisort selbst.[40] Die Bedeutung des theoriegeleiteten, reflexiven Verhaltens zu den Situationen verändert sich nicht, und die Entwicklung einer professionellen Handlungsfähigkeit, in die Reflexionszirkel von Theorie und Praxis eingebettet sind, lässt sich auch nicht beobachten: Standards, „in denen die Anwendung akademischer bzw. als theorielastig erlebter Konzepte (…) eingefordert wird, werden als relativ unwichtig erlebt."[41] In den Befragungen zum Praxissemester an der Universität Paderborn im Fach Katholische Religionslehre von Carina Caruso deuten sich zwar mit Blick auf religionspädagogische Standards für die Lehrer*innenbildung[42] auf Basis der Selbsteinschätzungen signifikante Veränderungen von fachspezifischen Kompetenzen im Kontext des Praxissemesters hinsichtlich der Fähigkeit zur theologischen und religionsdidaktisch sachgemäßen Erschließung zentraler Themen des Religionsunterrichts und zur Gestaltung von Lehr- und Lernprozessen an.[43] In den individuellen Unterrichtsbesuchen zeigt sich aber auf

---

[39] Vgl. Rainer Bodensohn – Christoph Schneider, Entwicklung beruflicher Handlungskompetenzen in der ersten Phase der Lehrerausbildung, in: Jürgen Abel – Gabriele Faust (Hg.), Wirkt Lehrerbildung? Antworten aus der empirischen Forschung, Münster 2010, 232.

[40] Vgl. für einen Überblick Holtz, Jenseits von Selbstauskünften, 155; Woppowa – Caruso, Das Praxissemester als Ort religionspädagogischer Professionalisierung, 104 f.

[41] Vgl. Rainer Bodensohn – Christoph Schneider, Präzisierung von Zielkriterien. Wahrgenommene Wichtigkeit von Standards des Lehrerhandelns im Schulalltag und deren Relevanz in den schulpraktischen Phasen des ersten Ausbildungsabschnitts, in: Jürgen Abel – Gabriele Faust (Hg.), Wirkt Lehrerbildung? Antworten aus der empirischen Forschung, Münster 2010, 240.

[42] Vgl. Kirchenamt der Evangelischen Kirche in Deutschland (Hg.), Theologisch-Religionspädagogische Kompetenz. Professionelle Kompetenzen und Standards für die Religionslehrerausbildung (EKD-Texte 96), Hannover 2008, abrufbar unter: www.ekd.de/download/ekd_texte_96.pdf, 24 [Zugriff: 10.11.2017]; Mirjam Zimmermann – Hartmut Lenhard, Praxissemester Religion. Handwerkszeug für Berufsanfängerinnen und Berufsanfänger, Göttingen 2015, 206.

[43] Christoph Vogelsang – Carina Caruso – Christopher Wosnitza, Das Praxissemester fachdidaktisch in den Blick nehmen – Zugänge einer interdisziplinären Forschungsgruppe an der Universität Paderborn, in: Die Hochschullehre 3 (2017) 9 f., abrufbar unter: www.hochschullehre.org/?dl_id=119 [Zugriff: 19.11.2017]; vgl. Udo Rauin – Uwe Meier, Subjektive Einschätzungen des Kompetenzerwerbs in der Lehramtsausbildung, in: Manfred Lüders –

Expert*innenebene, dass die Studierenden Unterrichtsgegenstände nicht sachgemäß erschließen können. Der „theologische Tiefgang" bleibt in der Regel aus. In den Nachbesprechungen fällt auf, dass die Studierenden Schwierigkeiten haben, sowohl zu den inhaltlichen als auch in Methoden- und Medienfragen in Distanz zu ihrem Verhalten zu treten, es theoriegeleitet zu begründen und Handlungsalternativen abzuleiten. Was sie in den Reflexionen erkennen können, das ist, wann die Schüler*innen aus der geplanten Unterrichtsdynamik ausgestiegen sind, und sich dazu methodische Alternativen zu überlegen. Die entscheidende Größe in der Reflexion ist der Erhalt des Interaktionsflusses und nicht die ziel- und lernorientierte Steuerung des Unterrichts entlang bestimmter Kriterien.

Zusammengefasst: Die Praxisphasen in der Lehrer*innenbildung werden von der Theorie her konstruiert und von den Studierenden fast ausschließlich von Praxis her trotz der Komplexitätsfilter positiv erlebt. Hier dominieren eher adaptive Verhaltensmuster den Mentor*innen gegenüber und Theorievergessenheit gegenüber der Hochschule.[44] Die Rückkehr an die Hochschule löst weniger verstärkten Theorie-Durst aus, vielmehr: Die von der Hochschule vorgeschriebenen Vernetzungsmomente stören eher und werden nur bei Studierenden der dritten Gruppe produktiv. Die Standards im aktuellen Praktikumskonzept der KatHO sind anspruchsvoll und kombinieren – passend zum hybriden Konzept – die Praktikumstypen 3 und 4: „Als ‚Lern-Ort Praxis' ergänzt und unterstützt ein Praktikum die kompetenzorientierte Lehre des Studiengangs dadurch, dass es den Studierenden konkrete Erfahrungs- und Reflexionsgelegenheiten bietet, in denen fachwissenschaftliche Erkenntnisse und Methoden angewendet und angemessene, fachlich geprägte Handlungsstrukturen zur Bewältigung situativer Aufgaben entwickelt, ausprobiert und eingeübt werden können. Die mit dem Praktikum verbundene Selbst- und Praxisreflexion soll ein existenziell bedeutsames Studieren und eine erfahrungsorientierte Theoriebildung ‚aus dem Leben' und ‚für das Leben' fördern."[45] Da auch sie die Praxis in den Handlungsnormen und -strukturen theoretisch rahmen – und das muss ja so sein! – wird es spannend sein zu sehen, wie sie sich als Anreize bewähren können, Theorie und Praxis aufeinander zu beziehen.

Jochen Wissinger (Hg.), Forschung zur Lehrerbildung. Kompetenzentwicklung und Programmevaluation, Münster 2007, 120 f.

[44] Vgl. Robert Kordts-Freudinger – Thomas Grosse Honebringk – Dagmar Festner, Tiefenlernen im Praxissemester: Zusammenhänge mit Emotionsregulation, in: Zeitschrift für Hochschulentwicklung 12 (2017) 175–194, 178 f. 187; Holtz, „Es heißt ja auch Praxissemester und nicht Theoriesemester", 113, 116.

[45] Vgl. die „Informationen Gemeinde- und Schulpraktisches Studium" aus dem Studienjahr 2016/2017, abrufbar unter: www.katho-nrw.de/fileadmin/primaryMnt/Paderborn/Theologie/Praktikumsamt/Informationen_zum_GSPS_2017.pdf [Zugriff: 5. 3. 2018], 1.

5 Neuausrichtung des Hochschulstudiums als Ort der Professionalisierung

5.1 Professionalisierung und die Differenz von Studium und Praktikum

Auf diese beschriebenen Phänomene versucht die bildungspolitische Steuerung zu reagieren und transformiert dafür die Vorstellung von ‚Bildung durch Wissenschaft' zu ‚Professionalisierung durch Wissenschaft', die dem schon angesprochenen Dreieck von Fachwissenschaft, Person und Berufsbezug eine klare Ausrichtung gibt. Das HRK-Gutachten stellt fest: „Aus berufspädagogischer Perspektive wird z. B. eine ‚moderne Beruflichkeit' angenommen, die das Fachwissen um eine professionsorientierte Fachkompetenz erweitert. Hochschulen können demnach als eine wissenschaftliche Form der Berufsausbildung eine gesteigerte, professionsorientierte Beruflichkeit hervorbringen."[46]

Diese Ausweitung des Professionsbegriffs ist professionstheoretisch bedenklich, da nur für einen kleinen Teil der Studiengänge ein geklärter Professionalisierungsbezug vorliegt. Unter ‚Professionalisierung' versteht man im Allgemeinen „den Vorgang der Verberuflichung einer Tätigkeit, und zwar dann, wenn diese Tätigkeit als gesellschaftlich notwendig anerkannt wird und wenn die darin Tätigen über ein besonderes Wissen und besondere Fähigkeiten verfügen, die sie nur über einen länger dauernden Lernprozess erwerben können. (…) Da eine Gesellschaft auf die Leistungen der Professionen (heilen, Recht sprechen) angewiesen ist, räumt sie diesen Berufsgruppen besondere Privilegien ein, dazu gehört auch, dass sie sich in Grenzen eigenständig verwalten (Ärztekammern, Rechtsanwaltskammern), die Ethik ihres beruflichen Handelns selbst festlegen und überwachen und in der Ausbildung und Fortbildung ihrer Berufsangehörigen mitwirken."[47] Auch wenn die Studiengänge nicht durchgängig mit solchen gesellschaftlichen Professionalisierungsprozessen wie bei den Juristen oder Ärzten verbunden sein können, so entsteht in dem Bild der Professionalisierung dennoch eine hilfreiche Struktur.[48] Denn Professionen sind historisch früh mit einem Hochschulstudium verbunden worden, weil hinter der Profession berufliche, höchst variable Anforderungssituationen stehen, die aufgrund

---

[46] Schubarth – Speck – Ulbricht, Qualitätsstandards, 67.

[47] Jürgen Körner, Psychotherapeutische Kompetenzen. Ein Praxismodell zu Kompetenzprofilen in der Aus- und Weiterbildung, Wiesbaden 2015, 5.

[48] „Das professionelle Handeln allein macht zwar noch nicht die ganze Professionalisierung aus, es ist jedoch ihr Herzstück." (Monika Zoege, Die Professionalisierung des Hebammenberufs. Anforderungen an die Ausbildung, Bern 2004, 252).

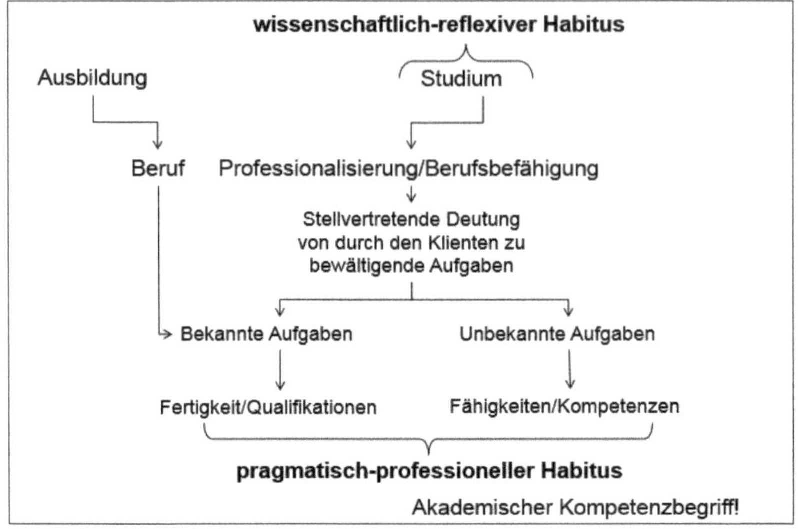

Abb. 5: Praxisphasen als Element zur Professionalisierung

der Komplexität nicht mehr mit Qualifikationen zu bewältigen sind.[49] Zwei Implikationen sind daran wichtig:

1. Der Professionsbezug macht Qualifikationen für Routinevorgänge nicht überflüssig, aber Professionalität zeigt sich dann, wenn Individuen Situationen danach unterscheiden können, ob sie a) technisch beherrschbar sind, b) Grenzerfahrungen darstellen oder c) chaotisch und regellos sind. Professionalität umfasst alle drei Situationen und meint deshalb in den Begriffen von Christian Baur u. a.: Kompetenz-Kompetenz (Fertigkeiten), Inkompetenz-Kompetenz (Fähigkeiten) und Differenzpraxis.[50] Das Studium ist aufgrund seines wissenschaftlichen Wissens der geeignete Ort für diese spezifische Art des Lernens, da es im Umgang mit der Wissenschaft als Praxis neben dem Wissen, grundlegenden methodischen Vollzügen auch einen wissenschaftlich-reflexiven Habitus unterstützt, der in der rekursiv-forschenden Theorie-Verarbeitung idealerweise den Kern des pragmatisch-professionellen Habitus bilden kann.[51] Die beiden Habitus lassen sich nicht

[49] Vgl. Stefan Heil – Hans Georg Ziebertz, Reflexivität als Schlüsselkompetenz, 82.

[50] Vgl. Christian Bauer – Martin Kirschner – Ines Weber, Einführung, in: dies. (Hg.), An Differenzen lernen. Tübinger Grundkurse als theologischer Ort, Münster 2013, 20–23.

[51] Zu den beiden Habitus: Frank-Olaf Radtke, Der Eigensinn pädagogischer Professionalität jenseits von Innovationshoffnungen und Effizienzerwartungen. Übergangene Einsichten aus der Wissensverwendungsforschung für die Organisation der universitären Lehrerbildung, in: Barbara Koch-Priewe u. a. (Hg.), Grundlagenforschung und mikrodidaktische Reformansätze zur Lehrerbildung, Bad Heilbrunn 2004, 99–149, hier: 104; Martin Lunkenbein, Be-

bruchlos ineinander überführen, da sie zu zwei unterschiedlichen Praxen gehören, aber sie verändern sich gegenseitig. Durch die Anbindung an die Profession tritt im Studium für diese Anforderungssituationen die reine Reproduktion der aktuellen disziplinären Wissensstruktur in der Lehre zugunsten eines funktionalen und kontextuellen Wissenszugriffs zurück. Und durch die Bindung an das Studium löst sich die Professionalisierung aus den personal gedachten Meister-Schüler-Beziehungen.

2. Professionen sind da für die Gesellschaft relevant, wo die Nicht-Bewältigung der komplexen Anforderungssituation ein hohes Folgerisiko bedingt, so dass es unverantwortlich wäre, Personen mit der Situation alleine zu lassen. Deshalb werden Professionelle zu einer stellvertretenden Deutung gegenüber den Klient*innen ermächtigt, teilweise ist die Beziehung auch vorgeschrieben (z. B. Pflichtanwalt, Schulpflicht). In manchen Professionen geht die stellvertretende Deutung soweit, dass die Professionellen für die Klient*innen handeln, in manchen bleibt es bei einer ausgearbeiteten Handlungsempfehlung.[52] In beiden Fällen übernehmen die Professionellen Verantwortung für die Klient*innen, die den Professionellen vertrauen müssen. Deshalb gehört zum professionell-pragmatischen Habitus über die zum Handeln notwendigen Kenntnisse, Fertigkeiten und Fähigkeiten hinaus auch ein berufliches Ethos, das den Interessen der Klient*innen verpflichtet ist.[53] Dieses berufliche Ethos wird nach den Vorstellungen des Wissenschaftsrates schon im Studium angelegt – auch hier nicht in einem direkten Sinne, da das Berufsethos sich erst in der beruflichen Praxis gegenüber den Betroffenen ausbilden kann –, aber schon das Studium kann durch kompetenzbezogene Anforderungen mit den Haltungsanforderungen konfrontieren. Auch das wissenschaftliche Studium als Praxis ist selbst nicht wertfrei, sondern unterstützt Bewertungsmuster (z. B. Interesse an Mehrperspektivität, Selbstkritik, methodische Redlichkeit oder Präzision in der Argumentation), die auch Kern des professionell-pragmatischen Habitus werden können.

Nimmt man diese Zuordnung der beiden Habitus ernst, dann dienen Praxisphasen nicht mehr einfach bruchlos der Elaboration der praxisbezogenen Kompetenzerwartungen (vgl. Abbildung 5). Die Kompetenzerwartungen bleiben an den wissenschaftlich-reflexiven Habitus gebunden und können eben nicht einfach durch praktische Routinen internalisiert werden. Das würde der Eigenlogik des beruflichen Handlungsfeldes nicht gerecht.

---

obachtend lernen im Praktikum, in: Jürgen Abel – Gabriele Faust (Hg.), Wirkt Lehrerbildung? Antworten aus der empirischen Forschung, Münster 2010, 215–225, hier: 224.

[52] Vgl. Stefan Heil – Hans Georg Ziebertz, Reflexivität als Schlüsselkompetenz, 81–83.

[53] Vgl. Szczyrba, Rollenkonstellationen in der pädagogischen Beziehungsarbeit, 9, 17; Reis, Diversität in der Hochschule.

Diese Perspektive, die Eigenlogik anzuerkennen, ist für die Lehrer*innenbildung ein neues Ergebnis. Auch dort war die Einrichtung der universitären Lehrer*innenbildung zunächst mit der Hoffnung verbunden, dass sich im Sinne eines *Transfers* durch die Studierenden selbst, das akademische Wissen in die Praxis einsickert. Das Scheitern dieser Vorstellung ist empirisch gut belegt und ist Ende des 20. Jahrhunderts der *Transformationsvorstellung* gewichen, die sich auch in Typ 4 niederschlägt. Die Wissensformen des Theoriewissens und des Handlungswissens sind kategorial unterschiedlich, aber das Handeln der professionellen Lehrkräfte besteht eben darin, dass sie Theoriewissen als Regelwissen internalisiert haben. Auch wenn das Wissen als *reflection in action* nur wenig zu beobachten ist, ist es im Modus *reflection on action* erhebbar und steuert dann doch über Handlungsregeln das Handeln.[54]

Aber auch diese Vorstellung kommt an ihre Grenze, weil bei Handlungsrekonstruktionen von Professionellen deutlich wird, wie stark sie innerhalb des Systems kontextualisiert handeln. Das Referendariat ist vielmehr Teil einer Sozialisierungspraxis, die auf eine eigenständige und gerade nicht durch internalisierte theoretisch-basierte Regeln beschreibbar wird, sondern durch systeminterne Referenzen (rechtliche Rahmenbedingungen, Ressourcen, Status in der sozialen Gruppe, Verhaltensweisen der Peer Group, Traditionen der Organisation usw.).[55] Schulen werden deshalb heute eher als *autologische Systeme* verstanden, auf die das Studium oder die Hochschulen mit ihrem Wissen von außen keinen Zugriff haben (vgl. Abbildung 6).

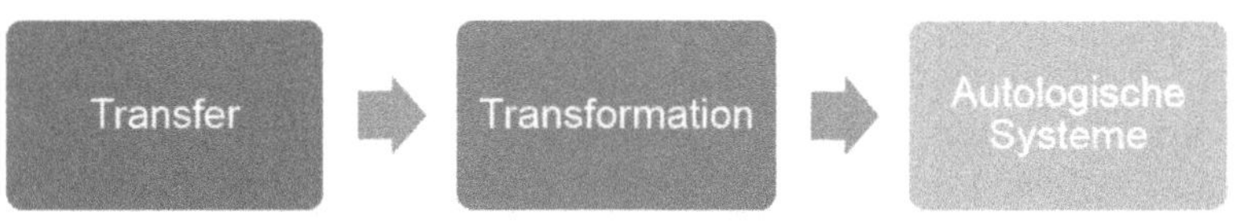

Abb. 6: Theorie-Praxis-Muster in der Lehrer*innenbildung nach Radtke

Strukturelle Kopplungen zwischen den Orten „Studium" und „Praxis" entstehen nur dort, an denen die beruflichen Akteure gegenüber Dritten in Prüfungssituationen ihr Tun begründen müssen (im Referendariat in den

[54] Vgl. Reis, Systematische Theologie für eine kompetenzorientierte Religionslehrer/innenbildung, 17 f., 192; Donald A. Schön, Educating the Reflective Practitioner, London 1988; Fred Korthagen – Jos Kessels, Linking theory and practice: changing the pedagogy of teacher education, in: Educational Researcher 28 (4/1999) 4–17; Stefan Heil – Hans Georg Ziebertz, Reflexivität als Schlüsselkompetenz, 83–85.

[55] Vgl. Radtke, Der Eigensinn pädagogischer Professionalität, 111 f., 138.

Lehrproben durch die Zentren für Schulpraktische Lehrer*innenausbildung (ZfsL) oder bei Revisionen für höhere Ämter in der Schullaufbahn). Dann wird wissenschaftliches Wissen als Begründungswissen genutzt, welches das Handeln als angemessen ausweist. Aber auch hier wird es a posteriori eingeführt. Bei etablierten Professionen kommen diese Orte der theoriebezogenen Begründung durchaus regelmäßig vor, z. B. in der Dokumentation der Praxis gegenüber Dritten, die für die Praxis zahlen oder die Supervisionsaufgaben übernehmen. Schon im Lehrer*innenberuf bleibt diese regelmäßige Beanspruchung dagegen aus, und in anderen Studiengängen und zugeordneten Berufsfeldern, die über die Professionalisierung modelliert werden sollen, ist eine solche theoriegeleitete Reflexion der Praxis noch gar nicht vorgesehen. Es ist deshalb konsequent, wenn das HRK-Fachgutachten zu den Praxisphasen folgendes festhält: „Aus differenztheoretischer Perspektive wird davon ausgegangen, dass sich professionelles und wissenschaftliches Wissen bzw. Theorie- und Praxiswissen strukturell unterscheiden (…). Demnach dienen Praktika nicht der Einübung des Berufes, sondern der Aufdeckung der Differenz von Theorie und Praxis. Vor allem die Beobachtung und Reflexion stehen im Fokus, Praxis wird zum Objekt von Theorie (…).“[56]

Die leitende Idee dieses Beitrags ist dementsprechend: Hochschule und Praktikum begegnen sich im gemeinsamen Rahmen der Professionalisierung im Bewusstsein der Differenz! Die gemeinsame Verantwortung für die Praktikant*innen, die in den hybriden Praxisphasen immer auch Studierende bleiben, bildet den Rahmen für die Gestaltung der Begegnung, der man am besten gerecht wird, wenn beide Seiten den anderen Ort als sinnvolle Grenze der eigenen Logik verstehen. An den Grenzen der eigenen Logik brauchen sich beide.

Wie verhält sich hierzu der BA-Studiengang Religionspädagogik in Paderborn? Bietet er die Professionalisierung als gemeinsamen Rahmen von Theorie und Praxis? Und werden Studium und Berufspraxis mit den entsprechenden Habitus trotzdem als zwei autologische Systeme gesehen?

Zur Professionsorientierung: Auch wenn der explizite Begriff der Professionalisierung fehlt und für die Gemeindereferent*innen m. W. unklar ist, ob sie aus Sicht der Kirche eine berufliche Profession im engeren Sinne überhaupt bilden sollen, so ist dennoch klar, dass das Professionalisierungsanliegen des Wissenschaftsrates die Rahmenpapiere zum Studiengang und zur Praxisphase prägt. Ausgehend einer komplexen, sich transformierenden pastoralen Situation soll das Studium mit seinen wissenschaftsorientierten Kompetenzerwartungen grundlegende Handlungsfähigkeiten,

[56] Schubarth – Speck – Ulbricht, Qualitätsstandards, 67.

aber auch routinisierbare Qualifikationen ausbilden helfen, die in der Praxis erprobt und weiterentwickelt werden. Werthaltungen als Element gerade der Inkompetenz-Kompetenz und die radikale Kontingenz der Differenzpraxis fehlen zwar, aber vielleicht ist damit auch der Rahmen „einer praxisbezogenen *wissenschaftlichen Ausbildung* [kursiv O. R.] zur Tätigkeit im pastoralen Dienst und im schulischen Religionsunterricht“[57] verlassen. Trotzdem ist klar, dass sich die Wissenschaftspraxis am „Lern-Ort Praxis“ bewähren muss.

Zur Differenzorientierung: Wenn es heißt, „[z]usammen mit der Vor- und Nachbereitung an der Hochschule sowie der Begleitung im Praktikumszeitraum durch berufserfahrene Mentorinnen und Mentoren machen die Praktika mit kirchlichen und schulischen Einrichtungen vertraut, dienen der Einübung in pastorale und religionspädagogische Tätigkeiten und helfen, die künftige Berufsrolle als Gemeindereferentin bzw. Gemeindereferent verstehen und annehmen zu lernen“[58], dann wird das Praktikum wie die Berufspraxis auch als eigenständig strukturiertes Handlungsfeld gesehen, in das mithilfe der Mentor*innen hineinsozialisiert wird. Diese Wissensform wird allerdings nicht weiter konzeptionalisiert. Und die am ‚Lern-Ortes Praxis‘ erprobten und weiterentwickelten fachlichen Handlungsstrukturen, die Praxis von der wissenschaftlichen Handlungsnorm her denken, werden auch nicht explizit in ein explizites Verhältnis zum autologischen beruflichen Handlungswissen gesetzt. Für eine konsequente Differenzorientierung bleibt hier eine Leerstelle, die sicher nicht mehr klassisch linear von der Wissenschaftspraxis gefüllt wird – dafür wird sie ja selbst lernend und damit rekursiv auf die Praxiserfahrungen bezogen (doppelte Bedeutung von „Lern-Ort-Praxis“) – und sie wird auch nicht mehr einfach von der Praxis gefüllt – dafür sind die theoriegeleiteten Aufgaben für die Hausarbeit zu präsent. In der Kommunikation zwischen den verantwortlichen Akteuren wird sich zeigen, wie die Anerkennung der beiden Handlungslogiken real gelingt und ob die Studierenden gerade an den jeweiligen Grenzen der einen Logik, die Bedeutung der anderen erfahren können: überfordernde pastorale Situationen, die reflexiv bearbeitet werden, und nutzlose wissenschaftliche Konzepte, die aufgegeben werden.

[57] Vgl. § 5 (1) der Studienordnung für den Bachelorstudiengang Religionspädagogik, abrufbar unter: www.katho-nrw.de/fileadmin/_migrated/content_uploads/Studienordnung_RP_B.A._v._02.09.2013-1.pdf [Zugriff: 10.11.2017].

[58] https://www.katho-nrw.de/paderborn/studium-lehre/fachbereich-theologie/praktika/ [Zugriff: 5.3.2018].

5.2 Didaktisch-curriculare Konzeptualisierung von Praktika als Herausforderung

Die hybriden Praxisphasen im Studium folgen zwei Logiken, formal sind sie aber von der Hochschule aus konzeptioniert. D. h., sie sind hochschuldidaktisch als Phase der Kompetenzentwicklung zu betrachten.

Abb. 7: Das Praktikum in der gemeinsamen Verantwortung

Diese Kompetenzentwicklung ist idealerweise – bei einer professionsbezogenen Perspektive ist dies sogar unumgänglich – von Hochschule und Praxis für das Praktikum *kooperativ* zu entwickeln (vgl. Abbildung 7). Gerade wenn wir von Kompetenzen im engeren Sinne sprechen, die sich von Qualifikationen abheben, ist damit sichergestellt,

- dass Kompetenz nicht einfach nur die Anwendung von Wissen ist,
- dass die Praxis mit ihrer Handlungskontingenz offen für Kompetenzen ist, die sich selbst überschreiten und
- dass die Praxis selbst ein eigenes Lernrecht hat, das sich dem Studium entzieht.

Deshalb braucht es eine gemeinsam konzeptionierte Entwicklungsvorstellung der Studierenden aus der Sicht beider Handlungslogiken, die nicht die wirkliche individuelle Entwicklung vorwegnehmen, aber die Interventionen ausrichten kann: „Der Lernende und die Ausgestaltung der Lernumwelt rücken in den Mittelpunkt und die didaktisch-curriculare Konzeptualisierung wird zu einem Qualitätsmerkmal von Praktika. Das schließt einen Wechsel von der Inputorientierung zur Orientierung an Handlungskompetenzen ein. Somit ist auch die Debatte um Qualität von Praktika eng mit Lernzielen, d. h. bestimmten Kompetenzen, die es im Studium bzw. Praktikum zu erwerben gilt, verbunden. Im Curriculum muss festgelegt sein, welche Kompetenzen und ggf. auf welchem Niveau (Standards) Studierende diese im Praktikum erwerben sollen. Jedoch bleiben die Kompetenzziele von Praktika in den Modulbeschreibungen häufig unklar.“[59]

Diese Aufgabe ist sicher nicht einfach, weil schon der Ansatz der Kompetenzorientierung nicht einfach zur Modellierung der Gesamterwartung an das Praktikum geeignet ist. Dafür ist diese zu selektiv und zu grob, um das Handlungswissen in der Praxis vollständig abzubilden. Das ist aber auch nicht die Aufgabe der Kompetenzerwartungen für das Studium. Diese sollen Standards festlegen, die auch in komplexen Handlungssituationen nicht unterlaufen werden. Eine gemeinsame Linie ergibt sich vielleicht über Handlungsaufgaben einer bestimmten Komplexität, die aus Sicht der Praxis im Professionalisierungsschritt zu durchlaufen sind (Sicherung, was zu tun ist) und der Ausformung der theoriegeleiteten Bearbeitungsform (Sicherung, wie es zu tun ist). Wichtiger ist aber vielleicht sowieso, dass die Kommunikation über die Anforderungen in beide Richtungen die professionellen Akteure in der Praxis und die Hochschulakteure stärker aneinander bindet.[60] Wesentliches Merkmal dieser Kommunikation untereinander und vor den Studierenden wird sein, dass beide Seiten darauf verzichten, die Grenze der jeweils anderen Logik zur Selbstlegitimierung zu benutzen („Jetzt lernt ihr, wie es in der Praxis richtig geht.“ oder „In der Praxis machen sie immer noch so weiter, als gäbe es keinen neuen Erkenntnisse.“). Das Eigenrecht der anderen Logik steht im Vordergrund und die Selbstbegrenzung gegenüber der berechtigten anderen Handlungslogik. Genau dieser Ansatz stärkt die Notwendigkeit beider Habitus: „Es sind die unterschiedlichen Handlungslogiken der Lernorte Hochschule und Praktikumsein-

[59] Schubarth – Speck – Ulbricht, Qualitätsstandards, 66.

[60] Vgl. Wissenschaftsrat, Empfehlungen zum Verhältnis von Hochschulbildung und Arbeitsmarkt, 107.

richtung so zu verknüpfen, dass das Praktikum seinen eigenen Wert entfaltet und zum Erreichen der Studienziele beiträgt."[61]

Vier Ansätze helfen dabei, dieses Ideal voranzutreiben:

1. Gelebte curriculare Idee: Die curriculare Idee der Kompetenzentwicklung braucht eine sichtbare transparente und von den Akteuren gelebte Form, auf die sich beide Seiten beziehen können. In einem Entwicklungsmodell über das Studium hinweg sind für die unterschiedlichen Praktika unterschiedliche Lernaufgaben zu definieren, die sich aus dem Konzept der Professionalisierung ergeben. Die Abbildung 8 kombiniert den Vorschlag zur curricularen Ordnung der Praktika des HRK-Fachgutachtens mit den Professionalisierungsstufen von Patricia Benner.[62]

Professionalisierungsschritte (Benner 1994)

Novize
- Keine Erfahrung
- Starre Regeln

Fortgeschrittener Anfänger
- Erste Erfahrung
- Vertrauen auf bekannte Regeln

Gewandter Praktiker
- Flexible Pläne für Standardsituationen
- Komplexe Situationen werden stark vereinfacht

Kompetenter Praktiker
- Situationsbezogene Nutzung von Routinen oder Modellen

Experte
- Situationsbezogene Reflexion und Modellwechsel

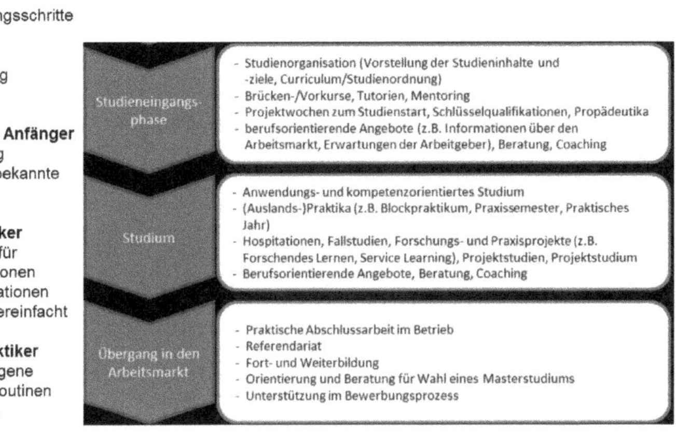

Abb. 8: Die curriculare Idee eines Entwicklungsmodells

Dieser Vorschlag ist selbst nicht normativ gemeint, aber deutlich wird dabei, dass

- je nach Stufe die Sozialisierung in der beruflichen Handlungslogik unterschiedlich dominant sein kann,
- die Kontingenz der Praxis im Verlauf steigen muss,
- zunehmend die Qualifizierung hinter echten Kompetenzerwartungen zurücktreten,

[61] Schubarth – Speck – Ulbricht, Qualitätsstandards, 9.

[62] Schubarth – Speck – Ulbricht, Qualitätsstandards, 64; vgl. Patricia Benner, Stufen zur Pflegekompetenz. From Novice to Expert, Bern 1994.

- immer wieder Routinebildung mithilfe von reflexiven Momenten unterbrochen und neu ausgerichtet werden muss,

damit das Studium wirklich das Fundament für Expertise darstellen kann.

So eine formale Entwicklungsstruktur ist für jeden Studiengang und die vorgesehenen Praxisphasen inhaltlich zu füllen. Dabei sollte von den Ausbildungszielen rückwärts überlegt werden, welche Anforderungen wann an die Praktikant*innen gestellt werden. Entscheidend wird sein, dass sich beide Seiten darauf verständigen, dass das Praktikum in seinen Anforderungen systematisch komplexer wird. Zum Beispiel: Zunächst wird eine fertig konzipierte Erstkommunionkatechese mitgemacht, dann einzelne Elemente eigenverantwortlich ausgeführt, dann Elemente konzeptioniert und schließlich eine Erstkommunionskatechese selbstständig geleitet, wozu die Konzeptionierung in Auseinandersetzung mit Fachliteratur und nicht nur die Sichtung beliebter Kursmaterialien gehört. Mit jedem Schritt steigt die Kontingenz und werden Entscheidungen notwendig, die *fachlich* im Rahmen des *pragmatisch-professionellen Habitus* zu bewältigen sind. Alle Studierenden sollten diese Komplexität im Laufe des Studiums erfahren haben, damit sie erleben, dass die theoriegeleitete Reflexion sie in der Praxis wirklich tragen kann.

2. Selbstreflexion: Carina Caruso beschäftigt sich intensiv mit der Bedeutung der Selbstreflexivität für die Professionalisierung.[63] Dass die Ergebnisse bisher dazu sehr bescheiden sind, liegt auch daran, dass die Reflexionen den Studierenden weder in der Struktur noch im Gegenstand klar sind. Die curriculare Struktur kann dabei helfen, die auch an der KatHO schon eingeführten Reflexionsphasen der Supervision noch präziser zu gestalten. Man sollte sehr genau darauf achten, dass die Reflexionen sich in ihrem Anspruch im Curriculum verändern. In der Erstbegegnung sind sie vermutlich vor allem auf die Stabilisierung der Handlungslogik ausgerichtet. In mittleren Praxisphasen kann die Aufgabe der Reflexion selbst die gezielte Theorie-Praxis-Reflexion sein, indem z. B. mithilfe des Reflexionszyklus[64] zwischen der Bewusstmachung unterschiedlicher Perspektiven und der

[63] Zur Selbstreflexion siehe den Beitrag von Carina Caruso in diesem Band; Woppowa – Caruso, Das Praxissemester als Ort religionspädagogischer Professionalisierung, 104 f.; Carina Caruso – Rudolf Hengesbach, Das Praxissemester: Eine Vorbereitung auf „Glück und Last des Lehrerberufs", in: Seminar – Lehrerbildung und Schule 22 (2016) 49–64; Carina Caruso – Rudolf Hengesbach, Angehende Lehrkräfte begleiten – aber wie? Was Studierende im Praxissemester brauchen, in: Katechetische Blätter 142 (2017) 374–380.

[64] Vgl. Fred Korthagen – Jos Kessels, Linking theory and practice, 4–17; Reis, Systematische Theologie für eine kompetenzorientierte Religionslehrer/innenbildung, 192.

Konstruktion neuer Handlungsmethoden gezielt theoriegeleitete Reflexionen eingespielt werden, die systematisch begründete Handlungsalternativen erzeugen (vgl. Abbildung 9).

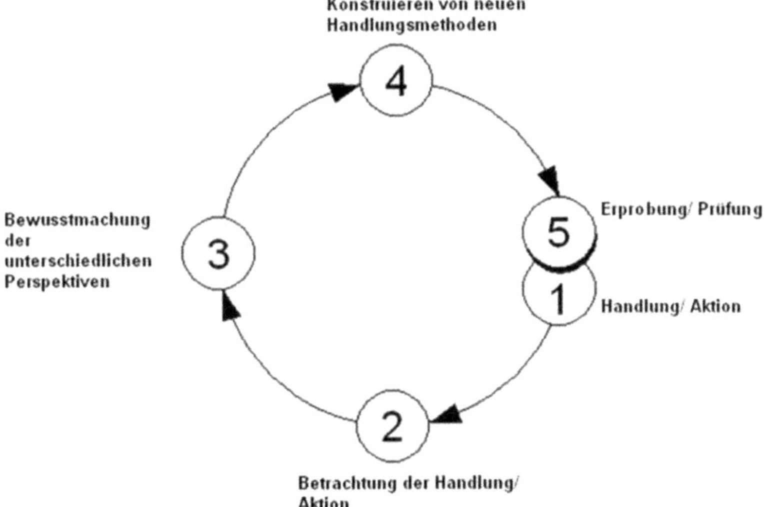

Abb. 9: Die Bedeutung von Theorie als Begründungswissen im Reflexionszyklus nach Korthagen

In abschließenden Praxisphasen könnte die Reflexion noch einmal komplexer werden, indem sie schon in der Beobachtung selbst wissenschaftlichen Charakter annehmen könnte: „Von alltäglichem Beobachten wird bei sorgfältigem Registrieren und Wahrnehmen von Ereignissen, Vorgängen und Verhaltensweisen gesprochen. Wissenschaftliches Beobachten dagegen kann charakterisiert werden als methodisch kontrollierte und zielgerichtete Wahrnehmung von konkreten Prozessen, Ereignissen oder Systemen."[65]
Diese Form des Beobachtens ist dann auch der Ort, an dem die beiden Handlungslogiken funktional zusammenarbeiten können: „Im Aushandlungsprozess zwischen Wissen und Können rekrutiert das Beobachten eher auf Wissen denn auf Können. Es wird im Feld praktisch-professioneller Praxiszusammenhänge angebahnt, kann jedoch in seiner systematischen Form als wissenschaftliche Methode angesehen werden. Somit kann Beobachtungswissen als Mittler dienen."[66]

Reflexionen in der Praxisphase könnten sich so auf lange Sicht zu einem konsistenten Ort des Forschenden Lernens entwickeln. Ohne eine curri-

[65] Lunkenbein, Beobachtend lernen im Praktikum, 215.
[66] Lunkenbein, Beobachtend lernen im Praktikum, 224.

culare Vorbereitung und eine langfristige eigene Entwicklung im Lernen von Reflexion wird dies nicht gelingen. Das ist bei der Ausgestaltung der Praxisphasen an der KatHO zu beachten, wenn das Forschende Lernen zur Grundstruktur werden soll.

3. Arbeit an Fallstudien: Während die strukturierte Reflexion eher von der Praxis her zu denken ist, bietet sich für die Hochschule in den Vor- und Begleitseminaren vor allem die Arbeit an Praxisfällen über Transkripte, Videos oder Simulationen an. Ideal wäre es, wenn die Fallanalysen von beiden Handlungslogiken aus vorgenommen würden, damit die Studierenden die Differenz und den Eigenwert der beiden Logiken in der Analyse sehen können.[67] Durch den gemeinsamen Zielpunkt, die Handlung zu verbessern, sind beide Seiten aufgefordert, ihre Leistungsfähigkeit zu zeigen – idealerweise in der Kooperation der Perspektiven.

4. Constructive Alignment: Diese didaktische Gestaltung der Praxisphase in gemeinsamer Verantwortung ist darauf angewiesen, dass die Prüfung auch die geforderten Handlungskompetenzen erfasst. Im Sinne des Constructive Alignments von Lehre und Prüfung sind klare Anreize wichtig, was genau die Lernhürde ist und dass sie nicht kompensiert werden kann.[68] Gerade wenn die Prüfung nur von Seiten der Hochschule erfolgt, ist es deshalb wichtig, dass nicht nur die Reflexionsfähigkeit – von Seiten der Hochschule sicher die relevante Zielgröße –, sondern dass auch die Anforderungen zur Bewältigung der Praxis und die Theorie-Praxis-Kreuzungen, die über die Reflexionsfähigkeit hinausgehen, bestehensrelevant geprüft werden. Letzteres könnte z. B. über Arbeitsproben und deren theoriegeleitete Begründung sichergestellt werden. Aus prüfungstheoretischer Sicht ist dabei vor allem

- auf prüfbare im Schwierigkeitsgrad angemessene Lernziele zu achten,
- auf Prüfungsformen, die auch genau die geforderten Prüfungsgegenstände beobachtbar sind und
- auf Prüfungskriterien zu bestehen, die in empirischen Skalen auch die Ausprägungsgrade beschreiben.

Das im deutschen Hochschulsystem beobachtbare zentrale Problem ist die semantisch behauptete hohe Komplexität der Lernziele und die empirisch

[67] Vgl. Fritz-Ulrich Kolbe, Verhältnis von Wissen und Handeln, in: Sigrid Blömeke – Peter Reinhold – Gerhard Tulodziecki – Johannes Wildt (Hg.), Handbuch Lehrerbildung, Bad Heilbrunn – Braunschweig 2004, 227 f.

[68] Vgl. Reis, Systematische Theologie für eine kompetenzorientierte Religionslehrer/innenbildung, 109.

eher reproduktiven Prüfungsgegenstände.[69] Diese Differenz wirkt sich ungünstig auf das Lernverhalten aus.[70] Die Zielvorstellung der Professionalisierung erinnert die Hochschulen an ihre gesellschaftliche Verantwortung, die Prüfungen als Allokations- und Selektionsaufgabe von den relevanten beruflichen Anforderungen gegenüber Dritten her zu denken. Wenn die Prüfungen professionsbezogen ausgerichtet sind, wäre es unverantwortlich, Aufgaben leichter zu machen, die Kriterien abzuschwächen oder die Standards in der Bewertung einfach den realen Leistungen der Studierenden anzupassen. Der Impuls erfolgt andersherum: Die transparenten Prüfungsanforderungen auch in der Praxisphase werden die Lernstrategien verändern.

Niveau	Kompetenz	Kompetenzbeschreibung	Notenbereich	
V	Transformation	Die sozialräumliche, systemische und situative Komplexität des Praktikumsgeschehens wird erfasst, ebenso werden die wechselseitig-kritischen Theorie-Praxis-Bezüge gesehen und für die Selbst- und Praxisreflexion genutzt. Dabei werden gegenüber dem durch die Literaturauswahl bezeugtem Stand der theologischen Diskussion auch neue Deutungs- und Sinnzusammenhänge sichtbar (und beim GSPS exemplarisch in die Tat umgesetzt). Eine transformierende und entwicklungsfördernde Problembearbeitung wurde bei der/dem Praktikant/in erkennbar angeregt und gefördert.	sehr gut	„Formfaktor" plus/minus eine Notenstufe für fristgerechte Abgabe des Praktiumsberichtes und seine äußere Form inkl. korrekter Rechtschreibung, Grammatik und bibliografischer Nachweise
IV	Multiperspektivität	Praktikant/in ist in der Lage, die sozialräumlichen, systemischen und situativen Merkmale des Praktikums zu erfassen und für die Selbst- und Praxisreflexion zu nutzen. Es werden die Herausforderungen pastoraler, liturgischer und schulischer Praxis (beim GSPS insbesondere auch der eigenen Praxisprojekte) auf pastoraltheologische, liturgiewissenschaftliche und religionspädagogische Theoriebausteine bezogen, die dank guter Literaturrecherche alternative Sichtweisen auf das Praxisgeschehen erlauben und klärend bei der theologischen Bearbeitung der Fokussierungen genutzt werden. Auch in der Lernbilanz und im Setzen neuer Lernziele wird das Lernen „aus der Praxis – für die Praxis" beherzigt.	gut	

Abb. 10: Auszug aus dem 2017 eingeführten Niveaustufenmodell an der KatHO

Die Veränderungsimpulse für die Praxisphase an der KatHo gehen sicher in die richtige Richtung. So stärkt das ad experimentum eingeführte Niveaustufenmodell (vgl. Abbildung 10) mit seinen Standards die Theorie-Praxis-Verschränkung. Das Learning-Outcome ist zwar nur von der Hochschule her gedacht, aber es bindet Praxisvollzüge an das Studium und kann auch die

[69] Vgl. Niclas Schaper, Zu viel Wiedergeben – zu wenig Erklären und Bewerten. Prüfungsanforderungen und -praxis nach Bologna, in: Forschung & Lehre 24 (2017) 870 f.; Reis, Systematische Theologie für eine kompetenzorientierte Religionslehrer/innenbildung, 98, 119.

[70] Vgl. Reis, Systematische Theologie für eine kompetenzorientierte Religionslehrer/innenbildung, 109.

Supervision ausrichten. Die Standards sind anspruchsvoll und eben professionsbezogen und können bei konsequenter Anwendung einen Lernimpuls in das ganze Studium aussenden.[71] Vor dem Hintergrund der hochschuldidaktischen Perspektive wäre es ergänzend sinnvoll, auch die berufliche Handlungslogik in einem zweiten Niveaustufenmodell mit anderen Aufgaben und anderen Qualitätskriterien ebenfalls in die Prüfung einzubeziehen. Die beiden Studienprojekte „Pastoral" und „Schulischer Religionsunterricht" bieten hierfür vielleicht einen sinnvollen institutionalisierten Rahmen.

Entscheidend für eine Neuausrichtung der Praktika und Praxisphasen ist die Einsicht, dass z. B. für den Bachelor Religionspädagogik die pastorale Praxis heute von einer hohen Handlungs- und Entscheidungskontingenz geprägt ist. Deshalb braucht es ein professionsbezogenes Hochschulstudium mit hybriden Praxisphasen, die differenztheoretisch Theorie und Praxis aufeinander beziehen. Kontingenz ist deshalb der Leitwert und nicht Geschlossenheit – nicht nur in der Praxisphase, sondern im ganzen Studium. Zur Erinnerung: die klassischen Professionen sind mit einem Hochschulstudium verbunden worden, weil sie damit an den fortschreitenden Forschungsprozess gekoppelt sind, der es systematisch verhindert, dass die Studierenden einen festen, geschlossenen Wissenskanon reproduzieren. Wissenstransformation ist das Ziel und nicht Wissensreproduktion. Ohne einen solchen Geist wäre die Praxisphase ein fremder Ort, nicht wegen der defizitären Praxis, sondern weil das Studium selbst seine Aufgabe nicht erfüllt. Für die KatHO entsteht an dieser Stelle das Problem, das schon in der Berufsbeschreibung der Gemeindereferent*innen nicht geklärt ist, ob sie kirchlicherseits überhaupt als Profession gelten soll. Außerdem ist durch die enge Kopplung mit den Bistümern als späteren Arbeitsgebern offen, wie selektiv die Hochschule in ihren Leistungserwartungen sein kann. Aber selbst wenn kirchlicherseits in diesen Fragen Unterstützung garantiert wäre, müsste die Hochschule selbst mit ihren Lehrvorstellungen (aller Typen) und ihren Studierenden (aller Gruppen) einen Weg zu einer Praxis finden. Mit Sicherheit keine leichte Aufgabe. Trotzdem: Die Wirksamkeit einer professionsbezogenen Praxisphase hängt von den Antworten auf diese Fragen ab.

---

[71] Vgl. Oliver Reis, Learning Outcomes als diagnostisches und didaktisches Instrument, in: Florian Bock – Christian Handschuh – Andreas Henkelmann (Hg.), Kompetenzorientierte Kirchengeschichte. Hochschuldidaktische Perspektive „nach Bologna", Münster 2015, 21 f.

Lob der Theorie

Anmerkungen zum Verhältnis von Theorie und Praxis in einem praxisbegleitenden Fernstudium

Thomas Franz

Der vorliegende Beitrag versteht sich als assoziative Skizze zu einer Grundfrage jeglicher Ausbildung – nämlich dem Theorie-Praxis-Verhältnis. Hintergrund dieser Skizze sind die Erfahrungswerte des Autors in der theologischen Qualifizierung von Laien und der berufsbegleitenden Ausbildung von Ehrenamtlichen für den hauptamtlichen pastoralen Dienst über ein Fernstudium bei Theologie im Fernkurs. Die nachfolgenden Anmerkungen zum grundsätzlichen Verhältnis von Theorie und Praxis in der theologischen Ausbildung (1), zu den spezifischen Herausforderungen des Lehr- und Lernprozesses in einem Fernstudium (2) und zu den konzeptionellen Leitlinien des Pastoraltheologischen Kurses von Theologie im Fernkurs (3) bleiben angesichts der Komplexität der Materie und der Begrenztheit der zur Verfügung stehenden Zeichenzahl naturgemäß assoziativ.

1 Theorie und Praxis – Streiflichter in der theologischen Ausbildung

Die Verhältnisbestimmung von Theorie und Praxis gehört geistesgeschichtlich zu den durchgängigen Leitmotiven der abendländischen Tradition und prägt demzufolge auch die Zuordnung von diskursiver Theologie und kirchlicher Pastoral. Die Nachhaltigkeit der griechischen Metaphysik mit ihrer Hierarchisierung der Theorie über die Praxis hat bis in die jüngste Vergangenheit hinein auch das Verhältnis von theologischer Lehre und kirchlicher Praxis bestimmt. So galt die Pastoraltheologie als Anwendungswissenschaft der Dogmatik, der theologischen Kerndisziplin schlechthin. Die Pastoraltheologie stellte lediglich ein methodisches Instrumentarium bereit, um die Inhalte der kirchlichen Lehre an die Gläubigen zu bringen. Bis in die Gegenwart hinein spielt die Pastoraltheologie – cum grano salis gilt dies wohl für alle Fächer der Praktischen Theologie mit Ausnahme des Kirchenrechts – im Vergleich zu den inhaltlichen Fächern der Systematischen und seit dem Zweiten Vatikanischen Konzil auch der

Biblischen Theologie eine sekundäre Rolle im Vollstudiengang Theologie.[1] Der Bologna-Prozess, der eine stärkere Berufsorientierung der Studiengänge intendiert, hat daran grundsätzlich nichts geändert. Theolog*innen mit einem universitären Abschluss erhalten erst nach ihrem Studium – sofern sie eine pastorale Tätigkeit als Priester oder Pastoralreferent*in anstreben – eine entsprechende praktische Ausbildung.

Das praxisorientierte Berufsbild der Seelsorgehelferin, das sich seit den 1920er Jahren in Deutschland herausgebildet hat, spielt unter diesen akademischen Vorzeichen keine tragende Rolle. Im Zuge der Akademisierung und Professionalisierung des in Deutschland seit den 1970er Jahren neu etablierten Berufsbildes der bzw. des Gemeindereferent*in hat sich eine akademische Ausbildung an einem neuen Typ von Hochschulen etabliert, die sich nicht nur durch die vermehrte fachliche Integration von Pastoraltheologie und Religionspädagogik in die Studiengänge, sondern auch durch die konzeptionelle Integration von Praxisphasen in den Studienverlauf auszeichnet. Die nach der Bologna-Reform möglichen Bachelorabschlüsse beinhalten dementsprechend auch Fachbezeichnungen wie Religionspädagogik oder Praktische Theologie. Die Katholischen Hochschulen firmieren demzufolge als University of Applied Sciences.[2]

Die nichtakademischen Ausbildungsstätten für Gemeindereferent*innen in diözesaner Trägerschaft werden mit der Schließung der Fachakademie für Pastoral und Religionspädagogik in Freiburg zum Wintersemester 2018/2019 endgültig der Vergangenheit angehören. Zu diesen nichtakademischen Institutionen zählt seit 1970 auch Theologie im Fernkurs, die sich von der methodischen Zugangsweise eines Fernstudiums grundsätzlich sowohl von den bisherigen Fachschulen wie von den Hochschulen mit ihrem Präsenzstudienangebot unterscheidet.[3] In ihrer Praxisorientierung sind akademische wie nichtakademische Ausbildungsstätten für Gemeindereferent*innen allerdings vergleichbar.

---

[1] Für ein metaphysisches Theorie-Praxis-Verhältnis steht symptomatisch die Rede von Joseph Ratzinger vor dem französischen Episkopat: Joseph Ratzinger, Die Krise der Katechese und ihre Überwindung. Rede in Frankreich, Einsiedeln 1983. Eine Diskussion um die lehramtliche Neuausrichtung auf dem Zweiten Vatikanischen Konzil und ihre offenbarungstheologischen und ekklesiologischen Prinzipien kann hier nicht geführt werden. Vgl. hierzu Elmar Klinger, Armut. Eine Herausforderung Gottes. Der Glaube des Konzils und die Befreiung des Menschen, Zürich 1990.

[2] Vgl. Hans Martin Weikmann – Werner Wertgen (Hg.), Gemeindereferentinnen und Gemeindereferenten. Profil einer professionellen Pastoral, Regensburg 2011.

[3] Vgl. zur historischen Einordnung Heinrich Diekmann – Holger Zinn, Geschichte des Fernunterrichts, Bielefeld 2017.

2 Herausforderungen eines Fernstudiums für pastorale Lehr-Lern-Prozesse

Theologie im Fernkurs wurde zunächst für die theologische Qualifizierung von ehrenamtlichen Laien aus allen deutschen (Erz-)Diözesen gegründet. Im Blick auf die spezifischen Parameter dieser Zielgruppe – Erwachsene in Familie- und Berufsphase – erweist sich bis in die Gegenwart die Methode des Fernstudiums als adäquat. Die Möglichkeiten zur Ausbildung für den kirchlichen Dienst auch über Theologie im Fernkurs wurden noch in den 1970er Jahren eröffnet und betreffen die Berufsbilder der Ständigen Diakone, der Religionslehrkräfte im kirchlichen Dienst und der bzw. des Gemeindereferent*in. Die Ausbildung erfolgt bis heute konsekutiv und beinhaltet für den Gesamtstudiengang Religionspädagogik und Pastoraltheologie insgesamt vier Kurse. Auf die beiden theologischen Kurse Grundkurs Theologie und Aufbaukurs Theologie folgen der Religionspädagogische Kurs und der Pastoraltheologische Kurs, die jeweils mit einem kursbegleitenden Praktikum in Schule und Gemeinde in der Regel über einen Zeitraum von mindestens neun Monaten verbunden sind. Verantwortet werden die Praxisanteile durch die jeweiligen (Erz-)Diözesen bis hin zur Abnahme und Bewertung der praktischen Prüfungsleistungen.

Da zu jedem Kurs ein Angebot von 24 Lehrbriefen gehört, sind mit dem dritten Kurs, ab dem die berufsbegleitende Ausbildung beginnt, 50 Prozent der Lehrinhalte im Kontext eines begleitenden Praktikums zu studieren. Lehrbriefaneignung im Selbststudium und Praxisgestaltung vor Ort laufen somit parallel. Dies stellt die Teilnehmer*innen im Fernstudium vor generelle Herausforderungen, wie ihr jeweiliger Lernprozess angesichts der Vorgabe der Aneignung der in Lehrbriefen kondensierten pastoraltheologischen wie religionspädagogischen Inhalte und des schulischen und pastoralen Handelns erfolgen und gelingen kann. Zumindest im Blick auf die Praxisanteile wird eine Praxisbegleitung durch die zuständige (Erz-)Diözese gewährleistet.

Die Methode des Fernstudiums, für die es im Kontext eines universitären theologischen Vollstudiums erste Angebote in der Schweiz und Österreich gibt, wird für den ab dem Wintersemester 2018/2019 in Paderborn eingerichteten Fernstudiengang Religionspädagogik B. A. nun auch in Deutschland im Rahmen einer akademisch orientierten Theologie zum Tragen kommen. Gegenüber einem Präsenzstudium zeichnet sich das Fernstudium durch ein hohes Maß an eigenverantwortlichem Selbststudium der Studierenden aus, dessen Flexibilität Vor- und Nachteile in sich birgt. Im Fernstudium steht der Lernprozess des Fernstudierenden schon immer im

Vordergrund der Vermittlung. Die Begleitung dieses Lernprozesses nicht nur in den berufsqualifizierenden Kursstufen erfolgt bereits in den theologischen Kursstufen über die (Erz-)Diözesen durch entsprechende Begleitzirkel. Allerdings gibt es nur im Bereich der (erz-)diözesanen Praxisbegleitung von Theologie im Fernkurs und von den (erz-)diözesanen Ausbildungsleitungen vorgegebene Mindeststandards.[4]

Insgesamt stellt die Begleitung des Lernprozesses in einem Fernstudium eine konzeptionelle und infrastrukturelle Herausforderung dar. Der Individualität der Lernprozesse, durch die jeweiligen individuellen biografischen Gegebenheiten bedingt, ist konzeptionell Rechnung zu tragen. Eine Standardisierung des Lehr-Lern-Prozesses ist im Bereich eines Fernstudiums primär beim Lehrmaterial gegeben. Die in den Lehrbriefen vorgegebenen Lehrinhalte sind die gemeinsame Grundlage für alle Fernstudierenden. Deren Aneignung ist Sache des individuellen und flexibel gestalteten Lernprozesses. Im Kontext analoger Bildung ist eine strukturierte Begleitung dieses Prozesses in einem Fernstudium bisher nur bedingt möglich gewesen.

Die unvermeidliche Digitalisierung der Bildungslandschaft stellt eine strategische Chance dar, den spezifischen Lehr-Lern-Prozess eines Fernstudiums, insbesondere das Verhältnis von Wissensaneignung und Wissensvertiefung seitens der Fernstudierenden strukturiert zu verbessern. Unter dem Stichwort Inverted Classroom wird eine Neujustierung des Lehr-Lern-Prozesses seit einigen Jahren auch in Deutschland diskutiert. Das Modell des Inverted Classroom[5] kommt der bisher gängigen Praxis eines Fernstudiums nahe, beinhaltet aber durch die technischen Möglichkeiten weitreichende Verbesserungsmöglichkeiten, nicht zuletzt in der Begleitung des Lernprozesses.[6]

Neben der Methode des Fernstudiums unterscheidet sich die praxisbegleitende Ausbildung bei Theologie im Fernkurs vor allem hinsichtlich der Zielgruppe von einem Präsenzstudium, wie es an den Katholischen Hochschulen in der Ausbildung für die Gemeindereferentinnen und Gemeindereferenten gängig ist. Wenn diese Zielgruppe für den Fernstudiengang

---

[4] Zur Notwendigkeit der Professionalisierung einer praxisbegleitenden Ausbildung sowohl im Präsenz- wie im Fernstudium vgl. den Beitrag von Ute Leimgruber in diesem Band.

[5] Pionier des Inverted Classroom Modells (ICM) im deutschsprachigen Raum ist der Marburger Anglist Jürgen Handke. Seit 2012 finden zum ICM Jahrestagungen statt, die entsprechend in Publikationen dokumentiert werden: Vgl. etwa die jüngste Publikation: Sabrina Zeiater – Jürgen Handke (Hg), Inverted Classroom – The Next Stage: Lehren und Lernen im 21. Jahrhundert, Baden-Baden 2017.

[6] Vgl. zu den digitalen Chancen für die Praxisausbildung den Beitrag von Martin Ostermann in diesem Band. Grundsätzlich zur Digitalisierung der Lehre vgl. Jürgen Handke, Handbuch Hochschullehre Digital. Leitfaden für eine moderne und mediengerechte Lehre, Baden-Baden ²2017.

Religionspädagogik B. A. erschlossen werden soll, lohnt sich ein kurzer Blick darauf: Im Vergleich zur Homogenität der Zielgruppe in einem Präsenzstudium, in der Regel junge Erwachsene nach dem Erwerb einer Hochschulzugangsberechtigung, sind Interessent*innen für eine Ausbildung über ein Fernstudium durchwegs älter als 30 Jahre, haben bereits mehr- oder langjährige Erfahrungen in einem akademischen oder nichtakademischen Beruf und sind familiär etwa durch Kindererziehung stark eingebunden. Demzufolge sind ihre zeitlichen Ressourcen, aber auch ihre räumlichen Möglichkeiten beschränkt. Ein Fernstudium ist damit oft die einzige Möglichkeit einer beruflichen Neuorientierung, die nicht zuletzt für Frauen nach der Familienphase interessant sein kann. Im Kontext lebenslangen Lernens werden aber auch für Männer berufliche Neuausrichtungen zunehmend attraktiv.

Insgesamt ist bei den Kursteilnehmer*innen von Theologie im Fernkurs ein hohes ehrenamtliches Engagement in ihrer Gemeinde zu konstatieren. Sie sind durch ein breites Spektrum an pastoralen Erfahrungen und ehrenamtlicher Praxis geprägt, über die junge Erwachsene in einem Präsenzstudium meist nur bedingt verfügen. Dies ist Chance und Risiko gleichermaßen. Chance, weil bestimmte pastorale Selbstverständlichkeiten – wie etwa die Klassiker ehrenamtlichen Handelns Kommunion- und Firmkatechese – bekannt und eingeübt sind; Risiko, weil eine bestimmte pastorale Praxis als selbstverständlicher Maßstab genommen wird, ohne dass die theoretische Grundierung zur Sprache kommt. Dass diese Praxis meist selbst kondensierte Theorie ist, die zudem Ausdruck der habituellen Prägung der verantwortlichen Hauptamtlichen vor Ort, nach wie vor meist der Priester, ist, bleibt außen vor. Der Rollenwechsel vom Ehrenamt zum Hauptamt gehört zu den elementaren Lehr-Lern-Prozessen in den berufsqualifizierenden Kursen von Theologie im Fernkurs, der theoretisch zu reflektieren und praktisch zu gestalten ist.

Ausgehend von einer persönlichen religiösen Praxis, die in unterschiedlichen Facetten in den jeweiligen pastoralen Kontext eingebunden ist, zeigt sich als breite Motivationsbasis für die Aufnahme eines Fernstudiums die Intention, besser zu verstehen, was und warum etwas in der Praxis so und nicht anders getan wird. Der theoretische Impetus, religiöse Inhalte der eigenen Glaubenspraxis begrifflich und konzeptionell zu erfassen, theologische Begründungen und Argumentationen kennenzulernen, um selber in Sachen des Glaubens plausibler kommunizieren zu können, ist für viele der existentielle Antrieb, sich mit Theologie in einem Fernstudium auseinanderzusetzen. Wenn nicht von vornherein ein pastoraler Berufswunsch im Vordergrund oder die Vertiefung der eigenen Spiritualität an erster Stelle steht, ist aus meiner Sicht das Interesse an theologischer Theorie die primäre Motivation für das Studium von Grundkurs und Aufbaukurs Theologie.

Diese Interessenslage für die Theologie ändert sich dann, wenn die Teilnehmer*innen in die praxisbegleitende Ausbildung entweder des Religionspädagogischen Kurses oder des Pastoraltheologischen Kurses gehen. Die theoretische Breite beider Kursstufen, die doch auch repräsentativ für die deutschsprachige Diskurslandschaft des jeweiligen Faches ist, gerät in den Hintergrund zugunsten des pastoralen Handelns in der jeweiligen Praxisphase. Die notwendige Korrelation von religionspädagogischer und pastoraltheologischer Theorie mit schulischer und pastoraler Praxis gerät zugunsten von Handlungsanforderungen konkreter Praxisgestaltung aus dem Blick. Die von der Kursstruktur vorgesehene Parallelität von theoretischer Wissensaneignung und praktischer Durchführung, die im günstigsten Fall ja die Wechselwirkung zwischen Theorie und Praxis deutlich machen könnte, führt nicht zwingend zu einem integralen Lehr-Lern-Prozess. Hinzu kommt, dass die Praxisbegleitung der (Erz-)Diözesen nur in rühmlichen Ausnahmen auch die theoretische Auseinandersetzung mit den Lehrbriefinhalten umfasst. Die personellen Ressourcen der (Erz-)Diözesen sind hier begrenzt.

Die Herausforderung eines Praktikums neben Familie und ggf. Beruf sowie die Anstellungsvorgaben der (Erz-)Diözesen mit entsprechenden Terminfristen führen – und dies zeigen insbesondere die Nachfragen bei den Präsenzveranstaltungen des Religionspädagogischen wie des Pastoraltheologischen Kurses – zu einer Konzentration auf methodische Fragen. Mit welcher Methode bin ich besser in der Lage, in Schule und Gemeinde mein Handeln zu gestalten? Der Wunsch nach einem umfangreichen praxisnahen Methodenkoffer, mit dem im Praktikum und später in der hauptamtlichen Tätigkeit pastorales Handeln erfolgreich sein kann, ist groß.

3 Zur Korrelation von Theorie und Praxis im Pastoraltheologischen Kurs

Die jahrhundertelange Dominanz der Dogmatik vor der Pastoral ist nach dem Zweiten Vatikanischen Konzil durch eine Korrelation von Dogmatik und Pastoral abgelöst worden. Dieser lehramtliche Paradigmenwechsel ist für die wechselseitige Bezugnahme von Theorie und Praxis maßgeblich. Abschließend soll daher in Grundzügen auf das Theorie-Praxis-Modell eingegangen werden, das der Konzeption des derzeitigen Pastoraltheologischen Kurses von Theologie im Fernkurs, die seit 2002 die praxisbegleitende Ausbildung bestimmt, zugrunde liegt.

Der Einführungsbrief formuliert das Ausbildungsziel des Pastoraltheologischen Kurses folgendermaßen: „Kompetenzen für eine vom Glauben getragene und fachlich fundierte pastorale Tätigkeit erwerben".[7] Die Orientierung dieses Ausbildungsziels erfolgt an den vier Grundvollzügen der Martyria, der Leiturgia, der Diakonia und der Koinonia. Diesen vier Grundvollzügen sind die zu erwerbenden Grundkompetenzen zugeordnet: didaktische Kompetenz, spirituelle Kompetenz, sozial-diakonische Kompetenz und sozial-personale Kompetenz. Die vier Grundvollzüge werden in modularer Abfolge in Blöcken, so die Modulbezeichnung avant la lettre, zu je vier Lehrbriefen jeweils thematisch fokussiert: Block 2 behandelt die theologische Grundlegung der vier kirchlichen Grundvollzüge, Block 3 erläutert die Kirche in ihren Sozialstrukturen, Block 4 thematisiert Menschen in ihren Lebenswelten, Block 5 entfaltet das pastorale Handeln nochmals an den Grundvollzügen und Block 6 schließt mit den pastoralen Kompetenzen, die daraus zu erwerben sind. Um das Grundanliegen der Pastoralkonstitution „Gaudium et spes" einer Kirche in der Welt von heute deutlich zu machen, beginnt der Kurs mit dem ersten Block „Pastorales Handeln im Kontext von Kirche und Welt". Der Pastoraltheologische Kurs endet mit Lehrbrief 25 „In Hoffnung unterwegs", der den eschatologischen Horizont, in dem das pastorale Handeln der Kirche und ihrer Akteure steht, zum Thema hat.

Das damit anvisierte Ziel des Pastoraltheologischen Kurses ist ein integratives Studien- und Ausbildungskonzept, das zugleich für die spätere Praxis der ausgebildeten Personen als integratives Konzept pastoralen Handelns fungieren kann. Im Mittelpunkt steht der Mensch. Zunächst derjenige, dessen Kompetenzerwerb in einem Lernprozess durch dieses integrative Ausbildungskonzept mit seinem Lehrangebot ermöglicht werden soll. Letztlich hat jedoch jegliches pastorale Handeln die integrale Berufung des Menschen zum Auftrag (vgl. GS 3 und 11). Das Schaubild, das die Komplexität eines solchen integrativen Konzeptes verdeutlichen will, ist elliptisch aufgebaut. Damit werden die wechselseitigen Zuordnungen von Kirche und Welt, von der Theorie der Grundvollzüge und ihrem praktischen Vollzug, von humanwissenschaftlichen und theologischen Erkenntnissen, von kirchlichem Handeln heute und der eschatologischen Hoffnung auf Vollendung visualisiert.

Der Pastoraltheologe Udo Schmälzle, der bei der Konzeption des Pastoraltheologischen Kurses maßgeblich beteiligt war, ist der Verfasser von Lehrbrief 3 „Pastorales Handeln", der exemplarisch zu Wort kommen soll.

[7] Theologie im Fernkurs (Hg.), Einführungsbrief – für Fernstudierende und Praxisleiter/-innen, Würzburg Auflage 2013, 5.

Schmälzle entwickelt eine nachkonziliare Theorie pastoralen Handelns, die in folgender Definition mündet: „Pastorales Handeln ist zu verstehen als zielgerichtetes, bewusstes, geplantes und beabsichtigtes Verhalten eines Handelnden (Aktors), das intentional in der Reich-Gottes-Botschaft der Bibel zu legitimieren ist und sozial in einem freiheitsbestimmten und subjektorientierten Verständigungsprozess zwischen allen Beteiligten eingebettet sein muss. Pastorales Handeln als bedürfnisorientiertes, bewusstseinsveränderndes, gemeinschaftsbildendes und weltgestaltendes Handeln nimmt Maß an der Praxis Jesu, den Optionen und Situationen, die sein Handeln bestimmen, und an der Praxis der Kirche, die ihrem Handeln in den pastoralen Grundvollzügen im Lauf der Geschichte eine Form und Gestalt gegeben hat. Pastorales Handeln bezieht sich darüber hinaus auf die Vielfalt der Lebenslagen, Bedürfnisse und Situationen konkreter Menschen und Gruppen, deren Existenzkampf von pastoralen Aktoren nicht übersehen werden darf und die in einem freiheitsbestimmten und subjektorientierten Verständigungsprozess an der Planung, Organisation und Evaluation des pastoralen Handelns zu beteiligen sind. Pastorales Handeln ist bei der Entwicklung von Handlungszielen auf Wissensbestände und Forschungsergebnisse entsprechender Bezugswissenschaften angewiesen."[8]

Es ist hier nicht der Ort, diese hochtheoretische Definition zu diskutieren, sie dient lediglich nochmals als Beleg für das integrative Konzept pastoralen Handelns. Wie dieses Konzept in der praktischen Ausbildung zum Tragen kommt, soll ein letzter Blick in den Pastoraltheologischen Kurs ermöglichen. Hierfür dient die Praktikumsmappe, die die praktische Ausbildung regelt. Ausgehend von den oben genannten, zu erwerbenden Kompetenzen wird das Handlungsmodell „Sehen – Urteilen – Handeln" eingeführt und um den Aspekt der Reflexion erweitert. Mit diesem erweiterten „handlungswissenschaftlichen Regelkreis" wird das pastorale Lernen strukturiert, das praktische Prüfungsleistungen beinhaltet. In jedem der vier Grundvollzüge muss zu einem Handlungsfeld eine Prüfungsleistung erbracht werden, wobei zwischen Schwerpunktaufgabe und Kurzaufgaben unterschieden wird. In der schriftlichen Ausarbeitung folgen sie dem Schema Einleitung, Situationsanalyse, Sachanalyse und Reflexion. Insbesondere bei der Sachanalyse wird die Notwendigkeit sowohl einer humanwissenschaftlichen wie einer theologischen Begründung eingefordert. Diese Anforderung zielt auf eine reflexive Auseinandersetzung mit dem eigenen pastoralen Handeln, dessen Professionalität eben nicht nur in der Anwen-

---

[8] Udo Schmälzle, Pastorales Handeln. Lehrbrief 3 des Pastoraltheologischen Kurses, Würzburg Auflage 2013, 95 f.

dung bestimmter guter Methoden besteht, sondern einen umfassenderen didaktischen Rahmen erforderlich macht.

Die wechselseitige Verzahnung von Theorie und Praxis ist aus Sicht des Autors in der korrelativen Zuordnung der unterschiedlichen Kurselemente des Pastoraltheologischen Kurses theoretisch gelungen; darauf wollten diese Anmerkungen hinweisen. Im konkreten Lernprozess müssen alle an der Ausbildung Beteiligten dies nachdrücklich zum Thema machen. Spätestens mit dem Rollenwechsel vom Ehrenamt hin zum Hauptamt stehen die pastoralen Akteure vor der Notwendigkeit, ihr pastorales Handeln argumentativ zu legitimieren. Vermutlich werden zukünftig auch die Ehrenamtlichen nicht an der theoretischen Plausibilisierung ihres Handelns vorbeikommen. Darauf wollte dieses kleine, assoziative Lob der Theorie verweisen.

Die deutschen Bischöfe haben vor dem Hintergrund der pastoralen Veränderungsprozesse eine Mentalitätsänderung, die das Ganze der Kirche und nicht nur die Hauptamtlichen wahrnimmt, eingefordert und demzufolge auch auf Handlungsoptionen im Bildungsbereich hingewiesen: „Der Realitätssinn und der Blick in die moderne Welt zeigen freilich auch, dass Charismen, Dienste und Ämter der beständigen Aus- und Weiterbildung bedürfen."[9] Die Bildungsangebote eines praxisorientierten akademischen wie nichtakademischen Fernstudiums sind für die unterschiedlichen Zielgruppen in Paderborn und Würzburg gegeben. Die zunehmende Digitalisierung der Lehr-Lern-Prozesse in der modernen Welt werden beide Einrichtungen in den kommenden Jahren weiter beschäftigen.

[9] Sekretariat der Deutschen Bischofskonferenz (Hg.), „Gemeinsam Kirche sein". Wort der deutschen Bischöfe zur Erneuerung der Pastoral (Die deutschen Bischöfe ; 100), Bonn 2015, 41.

Orthodoxie und Orthopraxie

Die Funktion von Systematischer Theologie als „Praxistheorie" in einem anwendungsbezogenen Theologiestudium

Kai G. Sander

1 Systematische Theologie und „Praxisbezug"

„Wie sollen wir so etwas später den Leuten in der Gemeinde klar machen?" In dieser Rückfrage, die in der Diskussionsphase mancher Dogmatik-Vorlesung geäußert wird, ist ein prägendes Element der Herausforderungssituation der Systematischen Theologie enthalten, das besonders dort zutage tritt, wo Fundamentaltheologie und Dogmatik in Studiengängen gelehrt werden, deren Zielsetzung die akademische Vorbereitung einer Berufstätigkeit in der kirchlichen Seelsorge und Verkündigung darstellt. Der losgelöste Theoriebezug im Sinne einer „Glaubensbegründung" nach außen und nach innen, also eine rationale Verantwortung des christlichen und kirchlichen Glaubens als „fides quae" (Glaubenslehre) und auch „fides qua" (Glaubensakt), der Erweis der „Echtheit" der göttlichen Offenbarung und der Plausibilität der Theologie als Glaubenswissenschaft – akademisch vorgetragen vor dem Forum der Vernunft: all das wird nicht genügen, um die legitime Erwartung jener Studierenden zu erfüllen, die eine „anwendungsbezogene" Theologie suchen, die ihnen dazu verhilft, eigene Sicherheit und Verwurzelung im Christsein zu gewinnen, um diese Haltung und Hoffnung dann mit anderen Menschen gemeinsam und zu deren Unterstützung leben und bezeugen zu können.

Es wird allseits berichtet, dass nicht wenige Theologiestudierende heute ihr Studium aufnehmen, während sie sich selber noch in einer Situation der Erstverkündigung befinden.[1] Insofern stellt ein „Grundkurs" des Glaubens, wie er im ersten Studiensemester der Theologie in allen Studienformen vorgesehen ist, für manche Studierende zugleich eine persönliche Erst- oder zumindest Neuentdeckung von Aspekten der Glaubenslehre dar – und das durchaus unabhängig von der Hochschulform oder dem jeweiligen Studiengangsziel (sei es in einem „FH-Studiengang" Religionspädagogik, im Lehramtsstudium oder im universitären „Voll-Theologie"-Studium mit

[1] Vgl. Norbert Brieden – Oliver Reis (Hg.), Glaubensreflexion – Berufsorientierung – theologische Habitusbildung. Der Einstieg ins Theologiestudium als hochschuldidaktische Herausforderung, Münster 2018.

dem Abschlussziel Mag. theol.). Das zeigt, dass für nicht wenige Studierende eine der inhaltlichen Auseinandersetzung vorgängige, emotionale und motivationale Attraktivität von Kirche, Seelsorge und Christusnachfolge ausgeht, die ein hohes Maß von innerer Bereitschaft und Aufnahmewilligkeit mit sich bringt und somit die Glaubens-, Studien- und Berufsentscheidung nicht primär auf einer rationalen oder argumentativen Abwägung beruht. Ein solches Potenzial an personaler Präsenz („adsum" sprechen die Kandidaten vor dem Empfang einer kirchlichen Ordination) bildet gleichsam das Startkapital, das die erforderlichen Mühen eines Theologiestudiums beherzt in Angriff nehmen und über Jahre hin aufrechterhalten lässt. Von daher ist die Sorge um eine zielgruppenorientierte Lehre mindestens ebenso Gegenstand der hochschulischen Verantwortung wie das Bemühen um die Weitergabe und Weiterentwicklung des „Kanons" der theologischen Wissenschaft(en).

Als Geisteswissenschaft und Symphonie zahlreicher akademischer Disziplinen und Methoden ist die Theologie natürlich ebenso wissenschaftlich herausgefordert und zu einem kritisch-rationalen Niveau verpflichtet, sofern sie ihre Aufgabe als „Glaubenswissenschaft der Kirche"[2] zuverlässig erfüllen will. Aber die existenzielle Situation der konkreten Studierenden (und Lehrenden) heute bildet für diesen Diskurs einen neuen spezifischen „Sitz im Leben" ab, der auf Dauer nicht ignoriert werden darf, wenn Theologie nicht die Chance verlieren will, ihr innovatives und kritisches Potenzial auf dem Wege über die durch sie qualifizierten Frauen und Männer in den Berufen der Glaubensverkündigung und Seelsorge auch künftig in die „communio" der Kirche und so auch in die Gesellschaft mit einzubringen.

Die praxisbezogenen katholisch-theologischen Studiengänge (ehemals: FH-Studiengänge) tragen diesbezüglich der Erwartungshaltung der Studierenden und auch der diözesanen Ausbildungsverantwortlichen dadurch Rechnung, dass sie schon im Hinblick auf die Proportionen der einzelnen theologischen Fachdisziplinen und Begleitwissenschaften den Anwendungsbezug für die künftigen Berufstätigkeiten der Absolvent*innen stärker fokussieren. Die Ausbildungsordnung[3], die für die Ausgestaltung dieser

---

[2] Vgl. dazu Max Seckler, Theologie als Glaubenswissenschaft, in: Walter Kern – Hermann J. Pottmeyer – Max Seckler (Hg.), Handbuch der Fundamentaltheologie, Bd. 4: Theologische Erkenntnislehre, Freiburg/Br. 1988, 179–241.

[3] Vgl. Rahmenstatuten und Rahmenordnungen für Gemeinde- und Pastoralreferentinnen/-referenten (Die deutschen Bischöfe Nr. 96), Bonn 2011. Die in diesem Konvolut enthaltene „Rahmenordnung für die Ausbildung, Berufseinführung und Fortbildung" der Gemeindereferent*innen stammt noch aus dem Jahre 1987, wurde aber durch das „Eckpunktepapier zur Modularisierung" im Jahre 2006 modifiziert.

Studiengänge richtungsweisend ist, geht dabei von einem Viertelmix der Fächergruppen aus: ein Viertel des Workload soll auf die biblischen und historischen Fächer entfallen, ein Viertel auf die Systematische Theologie (Fundamentaltheologie, Dogmatik, Moraltheologie, Christliche Gesellschaftslehre), ein Viertel auf die praktisch-theologischen Disziplinen (v. a. Pastoraltheologie, Religionspädagogik, Liturgiewissenschaft) und ein letztes Viertel auf „Humanwissenschaften"[4] und Philosophie. Aber es sind nicht nur diese Rezeptur und die hervorgehobene Bedeutung der Praktika, die den geforderten Anwendungsbezug einlösen, sondern vor allem soll im Diskurs eines solchen Studiengangs der Transfer von Glaubens*lehre* und Glaubens*leben* – und zwar im Sinne einer „doppelten Korrelation"[5] – zum Tragen kommen. Während also die Forschungsarbeit solcher theologischer Departments sich aus Praxisfragen entwickeln wird, muss umgekehrt auch die spezifische Art der Theoriebildung vor dem Forum des Glaubenslebens und der kirchlichen wie gesellschaftlichen Lebenswirklichkeit erfolgen. Nicht der argumentative Diskurs um seiner selbst willen, die Darlegung des Glaubens vor dem Forum einer absoluten Rationalität, bildet also den akademischen Bezugspunkt, sondern der Theorie-Praxis-Bezug, der genau genommen ein „(Praxis-)Theorie-Praxis(-Theorie)-Transfer" ist, also eine bewusste gegenseitige Durchdringung von Glauben und Lebenswelt, wobei die Praxis die Fragen stellt, welche die Hermeneutik für die Theoreme bilden, aus deren Relektüre dann ein neues Praxisverständnis erwächst, das seinerseits zur Fortschreibung der Theorie dienen kann.

2 Orthopraxie in ihrer Relation zur Orthodoxie

So rückt dann auch in den Fokus der systematischen Theologie neben das Desiderat der Orthodoxie jenes der „Orthopraxie" als bifokales Referenzsystem. Bereits in den späten 1960er-Jahren hat diese Überlegung Eingang

[4] Die in der Wissenschaftstheorie geläufige Bezeichnung „Human- und Sozialwissenschaften" eignet sich m. E. als Differentialbegriff in Bezug auf die Theologie nur bedingt, denn im Blick auf das inkarnatorische Gottesbild des christlichen Glaubens und aufgrund des „anthropologisch gewendeten" Denkzugangs der neueren Theologie steht in deren Denken der Mensch ja nicht weniger im Mittelpunkt (zumal Theologie sich dabei als Glaubens- und nicht als „Gotteswissenschaft" versteht). Bleibt zu hoffen, dass künftige kirchenamtliche Dokumente eine besser geeignete Terminologie verwenden.

[5] Vgl. zu diesem Begriff den grundlegenden Artikel von Stefan Heil auf www.bibelwissenschaft.de: https://www.bibelwissenschaft.de/stichwort/100015/ [Zugriff: 23.12.2017] und Andreas Prokopf – Hans-Georg Ziebertz, Abduktive Korrelation – eine Neuorientierung für die Korrelationsdidaktik, in: https://www.academia.edu/1190096/Abduktive_Korrelation_Eine_Neuorientierung_f%C3%BCr_die_Korrelationsdidaktik [Zugriff: 21.12.2017].

gefunden in den theologischen Fachdiskurs. Ursprünglich wurde der Terminus „Orthopraxie" als komplementärer Begriff in der Ökumenischen Theologie eingeführt, um zu verdeutlichen, dass das Insistieren auf der Rechtgläubigkeit (Orthodoxie, wobei „*doxa*" ja weit mehr ist als nur Theorie...) die Kirchen und Konfessionen voneinander spaltet, während der Blick auf das gelebte rechtschaffene Glaubenszeugnis (die rechte „*praxis*" des Christseins) die Christen aller Konfessionen miteinander verbindet und ein Bewusstsein dieser Verbundenheit entstehen lässt. Mit der Diskussionslage der späten 60er-Jahre wird diese Bipolarität dann aber auch auf die innerkatholische Selbstreflexion angewendet, was nicht zuletzt für die „Politische Theologie" und die „Theologie der Befreiung" einen wesentlichen Theoriebaustein bildet. Dass es hierbei aber auch um ein wissenschaftstheoretisches Problem geht, nämlich um die Frage des Zueinander und Miteinander von Gottes Offenbarung und Menschengeist im Sinne eines Konglomerats von Weltdeutung, Handlungsermöglichung und Handlungsverantwortung, belegt eindrucksvoll bereits Otto Semmelroth durch einen damaligen Artikel in *Glaube und Leben*, der gleich zu Beginn der Debatte eindringlich dazu auffordert, Orthodoxie und Orthopraxie nicht als „fromme Theorie" einerseits und „beherztes Tun" andererseits gegeneinander auszuspielen.[6] Vielmehr spricht er von einer „wechselseitigen Begründung", womit er meint, dass die wahre „doxa", also die aufrichtige Glaubenslehre, und das rechte Glaubensleben („praxis") untrennbar aufeinander verwiesen sind.

Im Glauben an den in Jesus von Nazareth menschgewordenen Gott gibt es für den Gläubigen, der sich als geliebtes Geschöpf dieses Gottes begreift, kein wirkliches Nebeneinander oder gar Gegeneinander von „Himmlischem" und „Irdischem" mehr, aufgrund dessen man in einer christlichen Existenz, die als ganze „ad maiorem Dei gloriam" gelebt und vollzogen wird, Theorie- und Praxis-Module so voneinander abzirkeln könnte, wie dies in mancher theologischen Studienordnung geschieht. Vielmehr geht es darum, im eigenen Glauben, Denken, Handeln und Fühlen der Christus-Wirklichkeit immer mehr Raum zu geben – und die stärksten Momente der Selbsterfahrung auf diesem Weg sind zweifellos jene der Übereinstimmung von Überzeugung, Willen, Wunsch und Tun. Genau durch dieses Ideal kommt aber auch der Handlungs- und Klärungsbedarf, der von der Systematischen Theologie geleistet werden kann, zum Tragen, denn unser wirkliches Leben in seiner Verletzlichkeit und beständigen Gefährdung ist zumindest genau so sehr geprägt von Gebrochenheit und Scheitern, von Vergeblichkeit und eigener wie fremder Schuld. Es gibt also einen Hiatus

[6] Otto Semmelroth, Orthodoxie und Orthopraxie. Zur wechselseitigen Begründung von Glaubenserkennen und Glaubenstun, in: Geist und Leben 42 (1969) 359–373.

zwischen dem, was wir wollen, und dem, was mit und durch uns geschieht, so dass die „Theorie“ und die „Praxis“ eben in vielen Punkten divergieren. Nur unter Berücksichtigung dieser Spannungseinheit darf Theologie die idealisierte Sichtweise einer christlichen Existenz entwickeln, ohne dass dieses Ideal erdrückend oder demotivierend wird, so dass in ihrem eigenen fachlichen Diskurs die Spannung von gelehrter und gelebter Glaubensexistenz immer schon mit reflektiert wird. Ob dies nun in Form der Erbsündenlehre geschieht, die beschreiben kann, dass auch die Erlösten immer noch der Konkupiszenz unterliegen, oder in der Differenzierung der Anwendung von Normen „kata doxan“ und „kat'oikonomian“, wie dies vor allem in der aktuellen Diskussion um die kirchliche Ehelehre erneut in der ostkirchlichen Tradition gesucht und gefunden und in seiner Übertragbarkeit auf den Westen geprüft wird – immer wird gesehen, dass die „reine Lehre“ als Ideal zu verstehen ist und keine unmittelbare persönliche oder pastorale Handlungsanweisung sein darf, da sonst der katastrophale Eindruck entstehen könnte, die amtliche Kirche würde, wie es Papst Franziskus beklagt, „eine kalte Schreibtisch-Moral wie Felsbrocken auf die Menschen werfen“.[7]

Im Versuch, aus dieser päpstlichen Mahnung ein fundamentales theologisches Prinzip abzuleiten, wie nun die rechte Äquilibration zwischen wahrer Lehre und authentischer Praxis zu erfolgen habe, zeigt sich, dass ein aus pastoraler Erfahrung gewonnenes Votum für mehr Barmherzigkeit allein nicht ausreicht, um wirklich eine neue und verantwortbare Hermeneutik kirchlicher und theologischer Lehre zu entwickeln. Vor allem könnte dies dann suggerieren, kirchliche Lehre – und damit letztlich göttliche Offenbarung – wäre an sich ein fertiges Gebilde von äußerst hohem Anspruchsniveau und es ginge im Sinne einer zeitgemäßen Kirchenpraxis nun darum, diesem Ideal etwas von seiner kategorischen Härte zu nehmen, es nun gleichsam mit einer Weichzeichner-Linse neu als Wohlfühl-Spiritualität in die Gesellschaft hinein zu projizieren. Dies ist umso überraschender, als für andere Lebensbereiche der Christen und vor allem auch der kirchlich Verantwortlichen derzeit in einer neuen Radikalität eine fast buchstäbliche „imitatio Christi“ und eine sichtbare „vita apostolica“ gefordert werden, z. B. wenn es um die Frage der Armut und Einfachheit der persönlichen Lebensführung geht. Natürlich ist es ehrenvoll, von sich und den Seinen alles zu verlangen, um den anderen dann in umso größerer Nachsicht und Milde zu begegnen, aber daraus kann bestenfalls das Ideal eines Ordenslebens abgeleitet werden, doch kein tragfähiges theologisches Erkenntnisprinzip.

[7] Papst Franziskus, Nachsynodales Schreiben *Amoris Laetitia* (19.03.2016), n. 305.

Die bewusste, in der Theologie erfolgende Reflexion des „wirklichen Lebens", die sich aus der Lebenserfahrung der Theolog*innen ebenso nährt wie z. B. aus den angeleiteten und spontanen Praktikumserfahrungen der Studierenden, verlangt vielmehr danach, dass auch die „Lehre", d. h. die Theorie in ihrer aus der Offenbarung empfangenen und in der Communio tradierten Gestalt, kontextuell gelesen und rezipiert wird. Theologische Lehre ist ja ihrerseits in konkreten Lebenskontexten entstanden, so wie z. B. der Grundimpuls der dogmatischen Christologie die Vergewisserung bezüglich der existenziellen soteriologischen Frage war (und ist!). Und nur aus diesen (Handlungs-)Kontexten heraus hat die kirchliche Communio das Recht und die Aufgabe, eigene Formulierungen zu prägen, die der Vergewisserung in Glaubensfragen dienen, deren Beantwortung für die Heilshoffnung und damit auch für das Heilswirken der Gläubigen relevant ist. Das Menschenbild, das Gottvertrauen, die Heilssorge, die Zukunftshoffnung, der Schöpfungsdank, die Erfüllung der Gottesliebe in der Menschenliebe – all das sind die eigentlichen Bezugspunkte, aus denen heraus christliches Leben und kirchliches Handeln ihre Inspiration empfangen. Im Licht dieser Überlegung ist Theologie selber als „Handlungswissenschaft" zu begreifen – und zwar noch über den Ansatz von Helmut Peukert hinaus, der Theologie in ihrem Beitrag zur Reflexion und Ordnung des Kommunikations-Handels begreift.[8] Systematische Theologie verliert nicht, sondern gewinnt: vor allem an plausibler Relevanz, wenn sie sich als „Praxistheorie" versteht, denn das Leben des Glaubens führt zum Reden über dessen Logik – und nicht umgekehrt. Auch das Handeln Gottes wird ja, wie an der biblischen Exodus-Tradition ablesbar ist, nicht aus einer neutralen Position heraus beobachtet und begriffen, sondern durch die Befreiten selbst wahrgenommen und gepriesen. Die Hermeneutik für alle Beschreibungen des „Handelns" Gottes (und diese Beschreibung ist ja der Inhalt der Theologie) ist das Leben der Menschen.

3 Die „Praxis" der Dogmatik ist der gelebte Glaube, das Christsein

Es wäre also fraglos viel zu kurz gegriffen, wenn die Relevanz systematisch-theologischer Lehre und die Konsequenz ihrer Arbeit nur im Bereich des professionell-kirchlichen Handelns gesucht würden. „Praxis" im Sinne der

[8] Vgl. dazu Helmut Peukert, Kommunikatives Handeln, Systeme der Machtsteigerung und die unvollendeten Projekte Aufklärung und Theologie, in: Edmund Arens (Hg.), Habermas und die Theologie. Beiträge zur theologischen Rezeption, Diskussion und Kritik der Theorie kommunikativen Handels, Düsseldorf 1989, 39–64.

Theologie ist eine für den Christen und die Kirche existenzielle Größe, der Bereich des Glaubenslebens, der grenzenlose Erfahrungsraum der empfangenen, gelebten, erlittenen und geheilten Gotteskindschaft, den die Glaubenden miteinander teilen und sich gegenseitig ermöglichen. Die „Orthopraxie" einer solchen „Praxis" ist dann zutiefst Lernfeld und Gesprächspartner des Diskurses einer kommunikativ-dialogischen „Orthodoxie". Insofern wird Systematische Theologie in all ihrer analytischen und spekulativen Arbeit immer berücksichtigen, dass die von Menschen vorgetragene Formulierung der Glaubenslehre zu jeder Zeit ihre Inspiration aus der jeweiligen Lebenserfahrung bezogen hat und auch bis heute noch bezieht. Das ist dann auch der Interpretationsrahmen, um einer dogmatischen Sentenz hinter aller spontanen Anmutung „a prima vista" ihre ursprüngliche Aussageabsicht erst zu entlocken, also eine wirklich „kontextuelle" Theologie.[9] Wenn Dogmatik einsieht, dass sie immer auch „Dogmengeschichte" sein muss, wird sie nicht nur in ihrer eigenen Arbeit die Regeln der Hermeneutik anwenden, sondern darüber hinaus auch das Prinzip propagieren, dass das buchstäbliche Bewahren und Überliefern von menschlich geschaffenen und zeitgebundenen Formeln nur innerhalb dieses Vorbehaltes der dogmengeschichtlichen Hermeneutik erfolgen darf, wenn es nicht unweigerlich zu Missverständnis oder gar Häresie führen soll.

Erfreulich ist, dass bezüglich dieses Verständnisses von „Glaubenslehre" und Dogma tendenziell auch ein ökumenisches Einverständnis besteht, wie dies z. B. Jörg Lauster unter Bezugnahme auf George Lindbeck im Blick auf die gegenseitige Interdependenz von Erfahrung und Reflexion, Religion und Theologie zum Ausdruck bringt: „Lehre fungiert damit als eine (...) Grammatik des Glaubens, die Regeln über die Verknüpfung aber auch die Unvereinbarkeit christlicher Wirklichkeitsdeutungen mit anderen Deutungsmustern angibt. (...) Die regulierende Funktion der Lehre impliziert darüber hinaus einen normativen Anspruch. Denn – dies besagt ja die Metapher der Grammatik – es gibt richtige und darum auch falsche Verknüpfungen religiöser Lebensdeutungen, die durch die Lehre vermieden werden sollen. Ihren normativen Anspruch bezieht die Lehre aus dem inneren Zusammenhang zur Transzendenzerfahrung selbst. So ist beispielsweise die altkirchliche Trinitätslehre keine abgehobene Spekulation, sondern sie ist als die begriffliche Verarbeitung einer bestimmten Art der Gottes- und Wirklichkeitserfahrung zu verstehen."[10]

---

[9] Vgl. dazu zuletzt: Günter Riße – Klaus Vellguth (Hg.), Denken, das Weite atmet. Text und Kontext in der Theologie (FS Hans Waldenfels), Mainz 2017.

[10] Jörg Lauster, Religion als Lebensdeutung. Theologische Hermeneutik heute, Darmstadt 2005, 112.

Die eigentliche Lehrautorität, die gemäß LG 12 beim „ganzen Volk" (als „sensus fidei totius populi") liegt, kann dann aber nicht mehr nur in einem Theoriediskurs bestehen, sondern muss in der „Kirche des Volkes" dann auch durch die „Lehrautorität der Leidenden" eine Praxis-Verwurzelung besitzen und vorweisen können, wenn es wirklich im Letzten um das Bekenntnis des Glaubens an den menschgewordenen Gott gehen soll.[11] Theorie und Praxis stehen also nicht in einem Verhältnis von Nachordnung oder Addition, sondern bilden – christologisch gewendet – eine Art von hypostatischer Union, so dass es letztlich keine theologische Sentenz geben kann, bei der nicht „Immanenz" und „Ökonomie" gleichermaßen als Verifikationsinstanzen zu betrachten wären. Natürlich gilt das gleiche Junktim auch umgekehrt für jede Handlungsorientierung der Pastoral, doch das zu erörtern, ist hier nicht die Aufgabe.

Das vielfach geforderte[12] Bemühen um eine neue Glaubwürdigkeit und Authentizität für die kirchliche Präsenz in der Gesellschaft, z. B. durch Aufarbeitung der teilweise extrem schuldhaften Taten der Vergangenheit, durch eine neue menschennahe Sprache, durch Annäherung der moralischen Vorstellungen an das moderne Menschenbild und Lebensgefühl, durch ein eindeutigeres Eintreten für die sozial Benachteiligten etc., betrifft demgemäß zu gleichen Teilen die „Theorie" wie die „Praxis" der Kirche und der Theologie. Wenn Authentizität in derartigen Plädoyers zu verstehen ist als die Übereinstimmung des konkreten Lebens und Handelns mit den vorgetragenen Prinzipien und Überzeugungen, dann ist dem uneingeschränkt Recht zu geben – vor allem, weil die Prinzipien und Überzeugungen dabei ja als nach wie vor wichtig, wertvoll und lebensförderlich anerkannt werden. Allerdings ist solche Authentizität kein neues Desiderat, sondern eine Herausforderung, welche das kirchliche Glaubenszeugnis und das persönliche Christsein zu jeder Zeit begleitet und herausfordert. Inwiefern es aber jeweils gelingt, aus der „Lehre" eigene konkrete Handlungsorientierungen zu gewinnen – und umgekehrt: aus der „Praxiserfahrung" Bausteine für eine erneuerte Theoriebildung abzuleiten, das wird entscheidend davon abhängen, ob Theologie die Herausforderung meistert, den Aspekt der „doppelten Korrelation" konsequent durchzuhalten.[13] Wenn

---

[11] Vgl. Johann Baptist Metz, Glaube in Geschichte und Gesellschaft. Studien zu einer praktischen Fundamentaltheologie, Mainz [5]1992, 144–150.

[12] Einige signifikante Beispiele sind: Thomas Frings, Aus, Amen, Ende? So kann ich nicht mehr Pfarrer sein, Freiburg/Br. [2]2017; Christian Olding, Klartext, bitte! Glauben ohne Geschwätz, Freiburg/Br. 2017; Paul M. Zulehner, Neue Schläuche für jungen Wein. Unterwegs in eine neue Ära der Kirche, Ostfildern 2017.

[13] So bereits bei Günter Lange, Religion und Glaube, in: Katechetische Blätter 99 (1974) 733–750; und ders., Zwischenbilanz zum Korrelationsprinzip, in: Katechetische Blätter (1980) 151–155.

nämlich gesehen und anerkannt wird, dass jede Glaubensaussage ihrerseits das Ergebnis eines Frage-Antwort-Prozesses ist, in dem Menschen ihre Lebenserfahrungen im Licht der Gotteserfahrung reflektieren, dann kann nach korrelierenden Frage-Prozessen in der heutigen Lebenswirklichkeit gesucht werden, die so eine eigene, neue Inspiration aus der „alten" theologischen Antwort empfangen können – und in deren Licht dann seinerseits das alte Axiom auch wieder neu gelesen und verändert weitergeschrieben werden kann. So kann es gemäß DV 8 „unter dem Beistand des Heiligen Geistes" zu einem wirklichen „Fortschritt" kommen: „durch innere Einsicht, die aus geistlicher Erfahrung stammt" („ex intima spiritualium rerum quam experiuntur intelligentia"). Natürlich bedarf es hierbei der Unterscheidung der Geister, damit wirklich Gottes Geist und nicht einfach der Zeitgeist die Kirche durch die Jahrhunderte führt. Nur behutsam und mit der Weitsicht der gesamten Communio kann so verhindert werden, dass Theologie voreilig die wertvolle Aufgabe der Bezeugung des Glaubens (im Sinne der „traditio") preisgibt und sich aus vordergründiger Profilsucht einfach der Mode andient, aber um diese Treue zu gewährleisten, sieht DV 8 ja ein eigenes Regulativ vor: „die Verkündigung derer, die mit der Nachfolge im Bischofsamt das sichere Charisma der Wahrheit empfangen haben" („praeconium eorum qui cum episcopatus successione charisma veritatis certum acceperunt").

Im Kern begegnet in diesen Überlegungen nach der Frage, wie alle Gläubigen auf eigene, je persönliche Weise in ihrem Leben und Handeln von der Glaubensgewissheit getragen und inspiriert sein können, die klassische Suche nach der Glaubwürdigkeitserkenntnis (analysis fidei).[14] Während die Gotteserfahrung aus der transzendentalen Überzeugung, dass Gott sich selbst als vergebende Liebe dem Menschen mitteilt und so die Bedingung der Möglichkeit menschlichen Selbststandes eröffnet, ihrerseits unhintergehbar und unersetzlich ist, „bringt doch andererseits das Kategoriale und geschichtlich Kontingente die Transzendentalität erst zur reflexen Erfahrung und Gegebenheit".[15] Denn die Selbstmitteilung Gottes ist ja in Jesus Christus, dem Gekreuzigten und Auferstandenen, geschichtlich greifbar und unwiderruflich geworden. Karl Rahners transzendental-logisch gedachtes Konzept vom „absoluten Heilsbringer" fordert also einerseits die unbedingte Glaubenszustimmung, diese erfolgt andererseits aber „in einem Zirkel zwischen einer in der transzendentalen Erfahrung begründeten

[14] Vgl. Erhard Kunz, Glaubwürdigkeitserkenntnis und Glaube (analysis fidei), in: Handbuch der Fundamentaltheologie, Bd. 4: Theologische Erkenntnislehre, Freiburg/Br. 1988, 414–449, hier: 436–438.

[15] Kunz, Glaubwürdigkeitserkenntnis, 437.

Vorgabe des glaubenden Subjektes und der Erkenntnis der von außen begegnenden kontingenten Gegebenheiten".[16] Derart verstanden wird Offenbarung nur und insofern wahrgenommen, indem ihre Wahrnehmung zugleich ein Vollzug freier Zustimmung und personaler Anerkennung, also ein Vollzug des Glaubens ist, folglich wird sie nur im Glauben selbst als „Glaubensgrund" erreicht und bejaht. Allerdings kann diese innere Wahrheit des Offenbarungsgeschehens dem Glaubenden nur aufgehen, „wenn man sich auch im Erkenntnisbereich nicht von der vertrauens- und freiheitszerstörenden Tendenz nach lückenloser Sicherung beherrschen lässt".[17]

Die in der Geschichte wirksam bleibende Erfahrbarkeit der bedingungslosen Menschenliebe Gottes in Jesus Christus ist der hierzu unerlässliche Beitrag und die Sendung von Kirche als Bezeugungsgemeinschaft, zu der jeder und jede auf eigene Weise beiträgt und der umgekehrt der Glaube aller sich auf je eigene Weise auch verdankt. Indem die Grundvollzüge kirchlichen Lebens, nämlich martyria, diaconia und liturgia, als Antwort auf die empfangene Offenbarung in der Glaubensgemeinschaft geschehen, wird diese Offenbarung mit ihrer eigenen Wahrheit und Evidenz in der Gemeinschaft wirksam gegenwärtig und kann so neuen Glauben wecken, in dem dann wiederum die Offenbarung wirksam wird. So können alle Menschen in ihrer jeweiligen Gegenwart erreicht, gerufen und in eine eigene Geschichte der bewussten Glaubenserfahrung hineingeführt werden.[18]

Genau so, wie Sendung und Berufung eine geistliche Erfahrung darstellen, welche auf der motivationalen Ebene jedes theologische Bemühen tragen müssen, wenn es nicht zur Religionswissenschaft depraviert werden soll, so werden auch das persönliche Lebensgefühl und die pastoralen (Selbst-)Erfahrungen in den eigenen Praxis-Versuchen zum Referenzsystem und zum Forschungsgegenstand des individuellen theologischen Denkens – ganz unabhängig davon, ob dieses nun analytisch oder spekulativ, induktiv oder deduktiv ansetzt. Durch eine solche Haltung und Methodik fördert Theologie fächerübergreifend eine doppelte Zielsetzung: Die Vorbereitung auf die kirchlichen Berufe kann so auch in einer Zeit der sich beständig und unabsehbar wandelnden Kirchenstrukturen erbracht werden, indem die Kompetenz zur fachlich verantworteten Situationsanalyse und Zielbestimmung für kirchliches Handeln erworben wird. Und es wird darüber hinaus der Sinn für die Interpretationsbedürftigkeit menschlicher Lebensäuße-

[16] Kunz, Glaubwürdigkeitserkenntnis, 439.

[17] Vgl. hierzu Kunz, Glaubwürdigkeitserkenntnis, 442 f.

[18] Vgl. Kunz, Glaubwürdigkeitserkenntnis, 444–446. Ein ähnlicher Begriff von „traditio" als Bezeugungsgemeinschaft lebendiger Glaubenserfahrung findet sich auch bei Hansjürgen Verweyen, Gottes letztes Wort. Grundriss der Fundamentaltheologie, Düsseldorf 1991, 391–416.

rungen und die diesbezügliche Relevanz ihrer individuellen und kollektiven Leitideen vermittelt. Insofern sind Theolog*innen auch „Verstehen-Könner“, die ganz intuitiv erkennen, dass in der menschlichen Existenz wie im kirchlichen Leben und Handeln Orthodoxie und Orthopraxie niemals ohne einander bestehen können.

„Wie sollen wir so etwas später den Leuten klar machen?“ Wenn diese Frage in der Dogmatik-Vorlesung auftaucht, muss also eigentlich im Blick auf die darin enthaltene legitime Sorge die Rückfrage ergehen: „Wie müsste diese Lehre denn lauten, damit Menschen heute die Verheißung und Lebensermöglichung erkennen und annehmen können, die in diesem Glaubenssatz enthalten ist?“ Durch diese Perspektiv-Erweiterung wird aus der „Frage *an* die Dogmatik“ eine „Frage *in* der Dogmatik“, eine systematisch-theologische Frage innerhalb des Diskurses einer „angewandten Theologie“. So kann es gelingen, in einem kritisch-konstruktiven Diskurs und in hermeneutischer Verantwortung den „rechten Glauben“ und das „gute Leben“ als wirkliche Korrelation zu begreifen und beide miteinander zukunftsfähig zu gestalten.

Wie die Praxis praktisch wird

Der Poiesis-Praxis-Unterschied und seine Bedeutung für das berufliche Handeln

Werner Wertgen

1 Zwei Weisen der Handlungsbewertung

Es ist erst wenige Jahre her, dass uns die Politik ihre Entscheidungen als alternativlos darstellte, um sie akzeptabel zu machen. Alternativlos? Der Tod ist alternativlos (wobei uns die Medizin immerhin zeitliche Optionen verschaffen kann). Wenn Menschen handeln, dann können sie zwischen Möglichkeiten wählen. Als alternativlos mag uns eine Situation erscheinen, bei der nur eine Option wünschenswert ist. Was aber ist wünschenswert? Man kann diese Frage in zweierlei Hinsicht beantworten: in poietischer und in praktischer Hinsicht. Ich greife damit auf eine Unterscheidung zurück, die wir schon bei Aristoteles finden und die mit Bedeutungsänderungen bis heute von Relevanz ist. „Poiesis" ist das Tun, das Machen. Ich kann mir wünschen, dass eine bestimmte Situation oder ein bestimmtes Produkt hergestellt (gemacht) werde. Das Motiv dafür kann meine Neigung, Lustgewinn oder irgendein anderes Begehren sein. Die Poiesis ist gelungen, wenn das erwünschte Produkt so verwirklicht wird, wie es dem Wunsch entspricht. Damit ist aber noch nicht garantiert, dass es mir dienlich, dass es sinnvoll und moralisch integer ist. Der Bankräuber wünscht sich, dass sein Raub gelinge. Ist er erfolgreich und wird nicht geschnappt, dann ist sein Werk poietisch gelungen. Der Raucher mag Tabakwaren wünschen. Bekommt und konsumiert er sie, dann hat er einen poietischen Erfolg. Aber in praktischer Hinsicht sind beide Werke bedenklich: Der Bankraub schädigt andere und der Konsum von Tabak ist ein Akt der Selbstschädigung. „Praxis" ist die Hinsicht, unter der eine Handlung auf ihre Sinnhaftigkeit hin bewertet wird. Es ist die Perspektive des Orientierungswissens (im Unterschied zur Poiesis, dem „instrumentellen Wissen" bzw. „Verfügungswissen"). In klassischer Weise ist das Orientierungswissen Teil einer eudämonistischen Moral (s. u.).[1]

[1] Wer nähere Erläuterungen zum hier explizierten Verhältnis von Poiesis und Praxis sowie zum Verständnis von Praxis haben möchte, sei verwiesen auf: Anselm Winfried Müller, Produktion oder Praxis? Philosophie des Handelns am Beispiel der Erziehung, Frankfurt/M. 2008.

2 Anthropologische Grundlagen

Menschen, so eine gängige und treffende philosophische Einsicht, sind instinktreduzierte Mängelwesen, die ihr Leben handelnd führen müssen. „Instinktreduziert“ meint, dass Menschen über deutlich weniger Instinkte verfügen als Tiere und sich daher viel weniger auf sie verlassen können. Hinzu kommt, dass der Mensch, ebenfalls im Unterschied zu Tieren, von seiner körperlichen Ausstattung her an keine ökologische Nische ideal angepasst ist. Ein solches „Mängelwesen“ müsste eigentlich in seinem Bestand gefährdet sein. Doch das Gegenteil ist der Fall. Die fehlenden Instinkte und die unzureichende körperliche Ausstattung kann der Mensch durch ein leistungsfähiges Gehirn kompensieren. Dieses ermöglicht ihm Planung und den Einsatz von Werkzeugen bzw. von Technik. Der Mensch muss also sein Leben handelnd führen. Wenn er nun auf diese Weise sein Leben gestaltet, dann liegt es nahe, dass er nicht bloß überleben möchte, sondern ein gelingendes Leben (was auch immer das konkret bedeutet) anstrebt. Menschen wollen – etwas plump formuliert – glücklich werden. Weil Glück ein flüchtiges Erlebnis ist (und sein muss), haben sich Menschen seit jeher überlegt, wie ein Leben insgesamt gelingen kann (wenn es schon nicht in jedem Augenblick von Glückserlebnissen begleitet sein kann).

3 Die Moral kommt ins Spiel

Natürlich kann man versuchen, für sich alleine ein gelingendes Leben zu führen, möglicherweise auch noch zu Lasten anderer, die man dazu ausnutzt. Doch das dürfte den wenigsten gelingen. Hinzu kommt die elementare Einsicht, dass alle Menschen die gleiche Würde besitzen. Leider kann ich diese Behauptung aus Platzgründen hier nicht weiter herleiten. Nur so viel: In der jüdisch-christlichen Tradition wird die gleiche Würde aller Menschen über ihre Gottebenbildlichkeit hergeleitet, also über die Zusage Gottes, den Menschen quasi als sein Standbild, als seinen Vertreter auf Erden zu installieren. Die Philosophie kennt verschiedene Wege der Würdebegründung des Menschen: Bei Kant ist er, als „Entstehungsort“ von Moral, Zweck in sich selbst, bei Malte Hossenfelder resultiert die Würde des Menschen eher pragmatisch aus dem Streben nach optimaler Zweckrealisierung, bei Habermas liegt sie in den Kommunikationsbedingungen begründet. Freilich gibt es auch Denker, die das Konzept einer speziellen Menschenwürde bestreiten, Peter Singer zum Beispiel. Doch dort, wo die Idee der Menschenrechte akzeptiert wird, geht man von einer unabsprechbaren und gleichen Menschenwürde aus. In vielem mögen Menschen sich voneinander unterscheiden, in dem, was Kant die Würde nennt, sind sie einander gleich. Wenn dem so ist, dann ist es eigentlich nur noch eine Leistung logischer Schlussfolgerung, aus dem Streben nach einem gelingenden Leben und der gleichen Menschenwürde das ursprüngliche Konzept von Moral zu entwickeln: Moral ist dann ein Konzept gelingenden Lebens unter den Bedingungen der Unparteilichkeit. Ich möchte dieses Konzept (trotz möglicher Einwände) ein „eudämonistisches" Konzept nennen, weil es auf die „eudaimonia", das Glück, das gelingende Leben zielt. Der Kern dieses Konzeptes ist seine inhaltliche Füllung: die Beschreibung dessen, was das Glück bzw. das gelingende Leben ausmacht. Je nach Füllung kann es recht unterschiedliche eudämonistische Moralen geben. Eine davon ist die christliche Moral. Die Vorstellung vom gelingenden Leben fungiert als Orientierungswissen. Das Problem eudämonistischer Moralen besteht darin, dass ihre Plausibilität und Bindekraft mit der Akzeptanz der eudämonistischen Vorgabe, dem Konzept gelingenden Lebens, dem spezifischen Orientierungswissen steht und fällt. Im Abendland konnte sich das Christentum mit seinem spezifischen Orientierungswissen und einer dementsprechenden Moral lange halten. In dem Ausmaß, wie die Einheit des Christentums, seine Überzeugungskraft und seine Bindewirkung brüchig wurden, war eine christliche Moral als gesamtgesellschaftliche Moral nicht mehr zu halten. Für die Ebene der Gesamtgesellschaft wurde nun – vorangebracht u. a. durch Immanuel Kant – ein anderes Konzept wirksam: Wenn eine eudämonistische Moral durch ihr Reglement eine bestimmte Vorstellung vom gelingenden Leben schützt, diese Vorstellung aber keine allgemeine Zustimmung mehr findet, die Menschen zugleich aber weiterhin nach einem gelingenden Leben streben, dann muss nun unter Pluralitätsbedingungen in unparteilicher Weise die individuelle Möglichkeit geschützt werden, nach einem gelingenden Leben gemäß eigener Vorstellungen zu streben. Dieses Konzept schützt also die Freiheit des Menschen, genauer: seine selbstbestimmte Lebensführung als Container für die jeweils eigene Vorstellung von einem gelingenden Leben, als Container für individuell zu wählendes Orientierungswissen, als Möglichkeit, sich nach eigener Wahl einer eudämonistischen Moral anzuschließen. Weil hier unparteilich die gleiche Freiheit aller Menschen im Zentrum steht, möchte ich dieses neuere Konzept „liberale Moral" nennen (und damit eine früher von mir verwendete Bezeichnung ersetzen). Das eudämonistische Konzept bleibt erhalten: Jeder kann im Rahmen seiner legitimen Freiheit (seiner „Freiheitsblasen") alleine oder gemeinsam mit anderen gemäß seiner Vorstellung nach einem gelingenden Leben streben. Wir haben also gewissermaßen zwei „Schalen". Die äußere Schale, die gesamtgesellschaftliche Moral, muss liberal sein, also unparteilich die größtmögliche Freiheit der Menschen sichern. Innerhalb dieser Schale darf jeder sein eigenes eudämonistisches Konzept leben, sofern er nicht gegen das Prinzip des liberalen Konzepts verstößt.[2] Von Bedeutung ist nun, was aus diesen Voraussetzungen an praktischen Erkenntnissen folgt.

4 Die Bedeutung des Orientierungswissens – die Bedeutung der Praxis

Das liberale Moralkonzept (das übrigens in den ersten beiden Artikeln des deutschen Grundgesetzes recht gut abgebildet wird) orientiert menschliches Handeln und systemisches Operieren auf die Selbstbestimmung der Menschen hin. Darüber hinaus hat es jedoch keine Sinnangebote. Die finden sich in den eudämonistischen Moralen, die ja den Anspruch erheben, unparteiliches Geländer auf dem Weg zu einem gelingenden Leben zu sein. Weil nun aufgrund der gleichen Würde aller Menschen die Unparteilichkeit die *conditio sine qua non* jeglicher Moralität ist und Moral zugleich mit einer unbedingten Geltung auftritt, ist die Unparteilichkeit das erste und grundlegende Orientierungskriterium. Daraus folgt: Menschliches Handeln und systemisches Operieren müssen für alle Betroffenen unter informierten Bedingungen zwangfrei zustimmungsfähig sein (wobei im praktischen Diskurs nur intersubjektiv plausible Argumente gelten dürfen, weder Sturheit noch Egoismus)[3]. Ziel ist die selbstbestimmte Lebensführung. Das heißt, das liberale Moralkonzept muss stets zur Geltung kommen, nie darf dagegen verstoßen werden. Das gilt auch für das berufliche Handeln. Jede Maßnahme ist daraufhin zu prüfen, ob sie dieser Zielvorgabe genügt. Das wird je nach Maßnahme unterschiedlich brisant sein. Aber der Teufel steckt oft im Detail: Ohne Anhänger der „Tridentinischen Messe“ zu sein, kann man z. B. fragen, ob die Quasi-Abschaffung dieses Messformulars Freiheit

[2] Diese beiden Konzepte, ihre Strukturen, ihre Aufgaben und ihr Verhältnis zueinander verdienten eine ausführlichere Beschreibung, um nicht Missverständnissen ausgeliefert zu sein. Doch dieser Raum steht hier nicht zur Verfügung – folglich muss ich es bei diesen kurzen Skizzen belassen und Missverständnisse in Kauf nehmen. Vgl. stattdessen Werner Wertgen, Ist moralische Kompetenz lehrbar und lernbar? In: Erwachsenenbildung 54 (2008) H. 1, 12–17; Werner Wertgen, Theologische Ethik: Moraltheologie und Sozialethik, in: Hans Martin Weikmann – Werner Wertgen (Hg.), Gemeindereferentinnen und Gemeindereferenten. Profil einer professionellen Pastoral, Regensburg 2011, 245–250.

[3] Dies lässt sich im Gedankenexperiments mit Hilfe des Rawls‘schen „Schleiers des Nichtwissens“ prüfen: Würde man, wenn man nicht wüsste, wer von allen Betroffenen man ist, den Sachverhalten bzw. Reglements zustimmen?

eröffnet oder eingeschränkt hat. Dass Befürwortung der Abschaffung als fortschrittlich gilt, ist aus liberaler Sicht verwirrend.[4]

Ob Regeln, Maßnahmen, Konzepte, Initiativen, Veranstaltungen etc. der unparteilichen Selbstbestimmung der Menschen dienen, kann man zumindest teilweise auch daran bemessen, ob sie den Konzepten der (commutativen, distributiven, legalen und sozialen) Gerechtigkeit genügen.[5] Ebenfalls können die Prinzipien der katholischen Soziallehre als Prüfkriterien dienlich sein (Personprinzip; Solidarität; Subsidiarität; Gemeinwohl; ökologische, ökonomische und soziale Nachhaltigkeit). Nun ist Freiheit als solche noch kein sinnvolles Ziel, sie beinhaltet ja bloß die Möglichkeit, nach etwas zu streben. Sie ist (wie Amartya Sen dies ausdrückt) „Verwirklichungschance“. Welche Verwirklichung sich lohnt und welche nicht, muss sich aus der eudämonistischen Moral ergeben, die ja Orientierungswissen beinhaltet. Das Orientierungswissen der Kirche kann man (sehr grob) den Grundvollzügen der Kirche zuordnen: Martyria, Diakonia, Liturgia, Koinonia.[6] Diese wiederum lassen sich in einzelne Aspekte unterteilen.

Das bedeutet: Wenn jemand Praxiserfahrung machen soll, dann ist das nicht selten bloß Poiesiserfahrung. Es werden Techniken eingeübt, Planungen geprobt, Methoden beruflichen Handelns trainiert, professionelle Verhaltensweisen erlernt, regelkonformes Handeln vermittelt, Konzepte und Umsetzungstechniken angeeignet etc. Schülerinnen und Schüler, die in der Abschlussklasse ein Berufspraktikum machen, sollen den Beruf kennenlernen, Trainees sollen Fertigkeiten erwerben, die dem professionellen Vollzug dienen, Berufsanfänger/innen sollen lernen, das instrumentelle Wissen so anzuwenden, dass das konkrete berufliche Handeln professionell ist (beispielsweise Werkstücke nach den Regeln der beruflichen Kunst anzufertigen, Verwaltungshandeln regelkonform und vollständig vorzunehmen, ein therapeutisches oder seelsorgliches Gespräch konzeptgerecht zu führen, einen Gottesdienst nach den liturgischen Vorgaben zu gestalten, eine Veranstaltung nach einer bestimmten Projektmethode zu planen etc.). Das alles sind durchaus wichtige Einübungen. Doch Einübungen in Vollzüge sind tatsächlich Poiesis. Praxis ist es, wenn die Poiesis zugleich von der Warte des Orientierungswissens aus reflektiert wird: von den Ansprüchen der liberalen wie der (christlich-) eudämonistischen Moral (und ihrer Re-

---

[4] Sicherlich können Liturgiewissenschaftler gute Gründe nennen, die sich mit dem liberalen Ansatz vertragen.

[5] Vgl. dazu Werner Wertgen, Beteiligungsgerechtigkeit und Anwaltschaftlichkeit – Elemente sozialer Gerechtigkeit, in: Elisabeth Jünemann – Werner Wertgen (Hg.), Herausforderung Soziale Gerechtigkeit, Paderborn 2006, 79–99.

[6] Die Koinonia scheint mir ein Grundvollzug zu sein, der von den anderen Grundvollzügen nicht abgedeckt wird.

flexionsdisziplin, der Ethik) aus, wenn Überlegungen zur Sinnhaftigkeit und zur Legitimität hinzukommen. Eine gute Praxis ist nicht identisch mit guter Poiesis. Umsetzungsprozesse, in deren Vorlauf und Nachgang lediglich überlegt bzw. reflektiert wird, was man anstellen muss, damit das poietische Werk gelingt, blenden wichtige Aspekte aus.

Auch in der Pastoral greift die Unterscheidung. Poietisch: Hauptsache, zum Pfarrfest kommen viele Menschen und die Einnahmen sind hoch. Praktisch: Warum veranstalten wir überhaupt ein Pfarrfest, für wen und mit welchem Ziel veranstalten wir es? Sind unsere Gründe und Ziele sinnvoll und gerecht, die Zielgruppen gerecht ausgesucht? Was lösen wir mit dem Fest bei wem aus, was sollten wir auslösen? Wer hat welche Vorteile, wer muss welche Belastungen ertragen? Entspricht das, was wir tun, unserem Auftrag, lässt es sich schlüssig in einen Grundvollzug einordnen, harmoniert die Durchführung mit den Ansprüchen der liberalen sowie der christlich-eudämonistischen Moral? Sind die Aktivitäten, die Kirche entfaltet, von den Kriterien der liberalen Moral und dem Orientierungswissen gedeckt? Lassen sich die finanziellen Ausgaben auch gegenüber den Kirchensteuerzahlern rechtfertigen? Können alle, die von den Aktivitäten oder Strukturen betroffen sind, diese unter informierten Bedingungen zwangfrei akzeptieren?

Man kann diesen Zugang auch im Licht des Qualitätsmanagements darstellen. In DIN EN ISO 9004 heißt es: „Qualität ist die Gesamtheit von Eigenschaften und Merkmalen eines Produktes oder einer Dienstleistung, die sich auf deren Eignung zur Erfüllung festgelegter oder vorausgesetzter Erfordernisse beziehen." Die Erfordernisse, die vom Glauben herkommen, kann man grob beschreiben als die Anforderungen der liberalen sowie der christlich-eudämonistischen Moral und als die Anforderungen (des Orientierungswissens), die sich aus den Grundvollzügen der Kirche ableiten lassen. Wenn eine Maßnahme der Pastoral diesen Anforderungen genügt, dann ist die Maßnahme gelungen, dann ist diese Pastoral von hoher Qualität. Die Erfordernisse sollten vor Beginn einer Aktion klar herausarbeitet und benannt werden, damit sie operationalisierbar sind.[7] Poiesis ohne Praxis ist blind. Eine Pastoral, die Qualität für sich in Anspruch nehmen möchte, muss eine Pastoral der Praxis (im hier dargelegten Sinne) sein.

Praxisüberlegungen zielen also nicht nur darauf, bestimmte Fertigkeiten und Kompetenzen zu gewinnen, bestimmte Vollzüge fachgerecht vorzunehmen oder strukturentreu zu sein, sondern auch auf die Frage, ob das, was

[7] Auch bei sozialen Dienstleistungen greift diese Unterscheidung. Reine soziale Poiesis wäre Sozialtechnik (manchmal auch „Sozialtechnologie" genannt). Sie könnte im Zweifel – obwohl fachlich gut gemacht – zur Verfestigung der Bedingungen und Umstände beitragen, die die soziale Not erst erzeugen bzw. vergrößern.

theoretisch überlegt und möglicherweise poietisch getan wird, sinnvoll und gerecht ist. Dazu muss man sich aber auch (und zwar vorgängig) Gedanken darüber machen, was denn sein soll (was sinnvoll und gerecht ist), wie uns das Qualitätsmanagement lehrt. Fragen des Orientierungswissens und der Moral (bzw. der Ethik) sind unerlässlich, wenn Praxis nicht zur Praxishuberei verflachen soll. Es dürfte große Einigkeit darüber bestehen, dass es sinnfrei sein kann, einfach Routinen fortzusetzen, zu tun, was immer getan wurde oder was alle tun, bestehende und praktizierte Vorgaben unreflektiert zu übernehmen und umzusetzen etc. Schon umstrittener ist es, ob man Maßnahmen planen und durchführen soll, weil sie „ankommen".[8] Doch ein Verzicht auf die Legitimierung durch die Kriterien der liberalen und christlich-eudämonistischen Moral und, darin eingeschlossen, des Orientierungswissens, ist ein Verzicht auf Legitimation. Auch Maßnahmen, die „ankommen", können verwerflich sein, wenn Betroffene mit guten Gründen plausibel machen können, dass sie nicht zwangfrei zustimmen können (weil sie, wie etwa Kaffeepflücker oder T-Shirt-Näherinnen in Fernost, ausgebeutet werden, weil sich die Maßnahme nicht plausibel einem der Grundvollzüge der Kirche zuordnen lässt, weil, z. B. durch sinnlose Fotokopien, unnötigen Papp- oder Plastikbecherverbrauch oder durch sonstigen verschwenderischen Umgang mit Ressourcen, gegen die Nachhaltigkeit verstoßen wird etc.). Manche Mahnungen aus der Perspektive der Moral mögen kleinlich wirken, aber wohl nur dann, wenn man gewohnt ist, die Erfordernisse der Moral (und des Orientierungswissens) als absonderliche und unnötige Quisquilientreiberei zu verstehen, weil man Moral für kleinliches Gutmenschentum hält. Wenn Konzepte aber nicht aus der Perspektive der Moral und des Orientierungswissens (der Legitimations- und Sinnfrage) geprüft werden, dann stellen sie keine Praxiskonzepte dar, sondern sind poietische Anleitungen. Ein Verzicht auf Praxis ist ein Qualitätsmangel.

Wie weitreichend diese Überlegungen wirken, kann man an Debatten in der Wirtschaftsethik ablesen. Auf der einen Seite stehen (grob vereinfacht) diejenigen, die die Mechanismen der Ökonomie als quasi-normative Vorgaben verstehen. Auf der anderen Seite stehen diejenigen, die diese Mechanismen als reines Verfügungswissen begreifen und es von einem Orientierungswissen durch Kontextsteuerung gelenkt sehen wollen. Vernünftiges Wirtschaften, meint z. B. Peter Ulrich, bedürfe einer Wertorientierung. „Der Ökonom glaubt daran, dass Effizienz erwünscht ist", schreibt Carl Christian von Weizsäcker.[9] Ulrich hält das für eine stipulative Vorgabe

[8] Zu den diversen und teils problematischen Kriteriologien vgl. Thomas Wienhardt, Qualität in Pfarreien. Kriterien für eine wirkungsvolle Pastoral, Würzburg 2017, 11–12.

[9] Carl Christian von Weizsäcker, Logik der Globalisierung, Göttingen 1999, 5.

„ohne jede Reflexion über die Begründbarkeit dieser Orientierung im Verhältnis zu anderen möglichen Wertgesichtspunkten."[10] Das dem Markt inhärente Effizienzkriterium lehnt Ulrich nicht ab, stellt es aber unter eine Zielvorgabe: was und für wen? Denn „der Markt kann von sich aus nicht ‚wissen', wofür er effizient sein soll."[11] Effizienz ist ein poietisches Kriterium, das erst im Hinblick auf die vorgängige Sinnorientierung und die Legitimationsbedingungen begründet werden kann. Am wirtschaftsethische Ringen um eine praktische Ausgestaltung ökonomischer Poiesis lässt sich die Bedeutung dieser Anstrengung erkennen.

5 Was bedeutet das konkret?

Wir haben also als praktische Kriterien die gleiche Würde eines jeden Menschen, die die Möglichkeit selbstbestimmter Lebensführung verlangt, die daraus folgende Unparteilichkeit bei jeglicher Gestaltung und Regelung (die sich zum Beispiel mit John Rawls' Fiktion des „Schleiers des Nichtwissens" testen lässt oder in einem realen oder zumindest hypothetischen Diskurs) sowie die Prinzipien der katholischen Soziallehre und die teleologische Normierungstheorie als Umsetzungs- und Prüfmechanismen. Als grobes Testinstrument kann die Frage dienen, ob ich, ohne Kenntnis darüber zu besitzen, wer von den Betroffenen ich tatsächlich bin, mit der zur Debatte stehenden Sache einverstanden sein könnte. Würde ich zum Beispiel auch dann der Herstellung preiswerter T-Shirts zustimmen, wenn ich nicht wüsste, ob ich vielleicht eine Näherin in Fernost bin, die unter menschenverachtenden Arbeitsbedingungen die Shirts herstellt und von ihrem Lohn kaum leben kann? Wollte ich das nicht, dann sollte ich diese ökonomischen Bedingungen nicht unterstützen – auch dann nicht, wenn man unter diesen Bedingungen billige T-Shirts zum Bemalen in der Kindergruppenstunde kaufen kann. Das Bemalen mag eine sinnvolle Sache sein, wenn es mit einem pädagogischen Ziel verbunden ist (also poietisch in Ordnung), praktisch wäre der T-Shirt-Kauf inakzeptabel. Nächstenliebe drückt sich eben nicht nur in der Face-to-Face-Begegnung aus, sondern auch im eigenen strukturellen Verhalten.[12] Es mag wünschenswert sein,

[10] Peter Ulrich, Sich im ethisch-politisch-ökonomischen Denken orientieren. Der St. Gallener Ansatz der integrativen Wirtschaftsethik, in: Dietmar Mieth u.a. (Hg.), Reflexionsfelder integrativer Wirtschaftsethik, Tübingen 2004, 11–28, hier: 13.

[11] Ulrich, Sich im ethisch-politisch-ökonomischen Denken orientieren, 14.

[12] Treffend kommt das im Dokument *Unsere Hoffnung* der Gemeinsamen Synode der Bistümer in der Bundesrepublik Deutschland zum Ausdruck, in dem es im Abschnitt I,6 heißt: „Denn die Verheißungen des Reiches Gottes sind nicht gleichgültig gegen das Grauen und den Terror

wenn das Pfarrfest gute Gewinne macht. Wenn man aber selber niemals in die Situation von Kaffeepflückern kommen möchte, die ausgebeutet werden, dann sollte der entsprechende Kaffee, auch wenn er preiswert ist, nicht gewählt werden. Wenn man einen Event plant, der vielleicht in den Bereich der „ästhetischen Pastoral“ gehört, und Effekte beabsichtigt, die lediglich beeindrucken, dann sollte man überlegen, ob die Effekte umweltverträglich sind und ob man auch als Geringverdiener wollte, dass Kirchensteuermittel so eingesetzt werden.[13] Kann eine Jugendarbeit, die faktisch nur Jugendliche eines bestimmten, der Mittelschicht zugehörigen Sinusmilieus erreicht, vom Anspruch eines christlichen Orientierungswissens her als gelungen und legitim betrachtet werden? (Würden die Jugendlichen, die keinen passenden Anschluss an diese Jugendarbeit finden können, diesem Konzept zustimmen? Würden die Kirchensteuerzahler/innen aus diesem Milieu dieser Praxis, Kirchensteuern auszugeben, zustimmen können?) Haben die eher diakonisch ausgerichteten pastoralen Maßnahmen das Ziel im Blick, die Betreffenden subsidiär zu unterstützen und ihnen zu einer selbstbestimmten Lebensführung zu verhelfen? Sind überhaupt die Maßnahmen der Seelsorge vom Gedanken der Subsidiarität gekennzeichnet, bei dem sich Amtsinhaber auf das nötige Maß zurücknehmen, aber zugleich den notwendigen Rückhalt und Unterstützung bieten? Die Liste illustrierender Beispiele könnte fast endlos erweitert werden. Wichtig ist, die Kriterien der Moral (und darin eingeschlossen: die des Orientierungswissens) auf alle Betroffenen anzuwenden, nicht nur auf die ganz unmittelbar Involvierten. Es zählt, wie schon dargestellt, auch das Schicksal der Kaffeepflücker bei der Auswahl des Kaffees, das Schicksal der Näherinnen bei der Beschaffung von Kleidung. Die Frage nach moralisch verantwortlicher Geldanlage ist ebenso von Bedeutung wie die nach verantwortungsvollem Geldausgeben. Ob die Perspektiven der Botschaft (Martyria) vorkommen, ist von gleicher Bedeutung wie das soziale Engagement. Individuelle Redlichkeit ist von gleichem Stellenwert wie die moralische Legitimierbarkeit von Strukturen, Abläufen und Zielvorgaben. Der Umgang mit der Umwelt (und damit auch die Fragen, ob die Heizung des Pfarrheims ökologisch sauber arbeitet, ob vielleicht Fördermaßnahmen zur Nutzung regenerativer Energien in Anspruch ge-

irdischer Ungerechtigkeit und Unfreiheit (…) Und wo die Unterdrückung und Not sich – wie heute – ins Weltweite steigern, muss diese praktische Verantwortung unserer Hoffnung auf die Vollendung des Reiches Gottes auch ihre privaten und nachbarschaftlichen Grenzen verlassen können. Das Reich Gottes ist nicht indifferent gegenüber den Welthandelspreisen!“

[13] Wer Mindestlohn verdient, muss gegenwärtig etwa ein Jahr lang arbeiten, um 100 € Kirchensteuer abführen zu können. Kann man dann einfach sagen, die Pfarrei habe ja das Geld, also könne man es auch ausgeben?

nommen werden) steht auf der gleichen Stufe wie Bewusstseinsbildung und Sensibilisierung bezüglich struktureller Benachteiligungen.

Bei pastoralen Planungen, in der pastoralen Poiesis und bei Reflexionen scheint es mir unverzichtbar zu sein, die Aspekte der (liberalen wie der christlich-eudämonistischen) Moral und damit die Aspekte des christlichen Orientierungswissens (die ja substantieller Teil der eudämonistischen Moral sind) als Qualitätskriterien einzubeziehen. Und wenn man in diesem Zusammenhang – zu recht, wie ich meine – von Qualität spricht, dann kann man als poietische Methode, um Qualität zu „produzieren", Mechanismen des Total-Quality-Managements verwenden. Zumindest sollte man lernen, dass Qualität die Erfüllung zuvor formulierter Erfordernisse darstellt (und damit beschreibbar und operationalisierbar wird). Man kann aber auch lernen, dass Qualität sich nicht nur im Ergebnis zeigt, sondern durch alle drei Ebenen der Qualität bestimmt wird: Struktur, Prozess und Ergebnis. Diese drei Ebenen in den Blick zu nehmen, ist besonders für die pastoralen Vollzüge wichtig, die Uno-actu-Handlungen sind, also mit ihrer „Produktion" zugleich „ausgeliefert" werden (etwa ein seelsorgliches Gespräch) – anders als zum Beispiel Automobile, die nach ihrer Produktion und vor ihrer Auslieferung auf ihre Qualität hin geprüft werden können.

Sehr grob und (zu) undifferenziert – aber für einen Überblick vielleicht brauchbar – kann man die Schritte, die die Praxis praktisch werden lassen, die also Moral und (als Teil davon) Orientierungswissen in die Vollzüge bringen, in ein Schema fassen. Zu bedenken und zu beachten sind immer:

1. Die Würde aller Betroffenen als grundlegendes Kriterium. Daraus folgt:

a) Unparteilichkeit
bei der Prüfung bzw. der Bewertung der Akzeptabilität der Maßnahme bzw. der Struktur (Prüfung z. B. anhand Rawls' „Schleiers des Nichtwissens", eines Diskurses und/oder der teleologischen Normierungstheorie)
b) Gerechtigkeit für alle Betroffenen in ihren vier Aspekten
als Prüfkriterien
c) Prinzipien der katholischen Soziallehre
als Umsetzungs- bzw. als Prüfkriterien der Inhalte der liberalen Moral

2. Inhalte liberaler Moral als Qualitätskriterien der Ziele einer Maßnahme bzw. Struktur:

a) Freiheit von und Freiheit zu („Verwirklichungschance")
b) Selbstbestimmte Lebensführung

3. Inhalte eudämonistischer Moral als Qualitätskriterien, im Falle kirchlicher Aktivitäten:

a) Martyria
b) Diakonia
c) Liturgia
d) Koinonia

4. Kreuztabellierung mit den Ebenen der Qualität:

a) Strukturqualität
b) Prozessqualität
c) Ergebnisqualität

Bei all dem ist stets die systemtheoretische Einsicht[14] zu berücksichtigen, dass es die Ebene individuellen Handelns, die des systemischen Operierens sowie die der strukturellen Regelungen gibt. Diese Unterscheidung ist wichtig, um das Geschehen wirksam lenken zu können. Individuelles Handeln und systemisches Operieren kann durch Kontextsteuerung gelenkt werden. Die strukturellen Bedingungen gehören dabei zum Kontext. Der Wirtschaftsethiker Karl Homann illustriert das anhand der Unterscheidung von Spielzügen und Spielregeln. Individuelles Handeln und systemisches Operieren stellen die Spielzüge dar, die strukturellen Bedingungen wirken als Spielregeln. Die Spielregeln bestimmen zu einem großen Teil, was gespielt wird. Gelten die Regeln des Fußballs (um ein Beispiel Franz-Josef Radermachers aufzugreifen), dann wird Fußball gespielt, gelten die Regeln des Marathonlaufs, dann wird Marathon gelaufen. Man kann das auch mit Hilfe des Straßenverkehrs illustrieren: Ohne jegliche Verkehrsregel würde der Straßenverkehr zusammenbrechen, selbst dann, wenn sich jede/r Verkehrsteilnehmer/in höchst vorsichtig und verantwortungsbewusst verhielte. Das bedeutet: Die Regeln, unter denen Pastoral stattfindet (die in der Systematik des Qualitätsmanagements zur Strukturqualität zählen), steuern in hohem Maße das Handeln und Operieren der Individuen und Systeme. Auch sie müssen deshalb unter Anlegung der Kriterien der Moral und speziell des Orientierungswissens konzipiert werden. Viele dieser Regeln sind den Akteurinnen und Akteuren der Pastoral vorgegeben: von der weltkirchlichen Ebene oder von der Bistumsebene. Auch dort muss Moral die Planungen leiten. Aber auch die Akteure der unmittelbaren Pastoral

[14] Hierbei habe ich in erster Linie die Systemtheorie autopoietischer Systeme nach Niklas Luhmann vor Augen.

schaffen Regeln und Verfahrensordnungen – explizit oder implizit. Auch diese sind den moralischen Kriterien zu unterwerfen, wenn die Pastoral integer sein soll. Für die Pastoral sind die beschriebenen Kriterien die (normativen) Maßstäbe der Qualität, nach denen die Poiesis ausgerichtet und bewertet werden muss. Berufspraktikant/inn/en können diese Kriterien zur Strukturierung ihrer Beobachtungen und zur Auswertung ihrer Erfahrungen mit der pastoralen Poiesis heranziehen.

Man wird nicht für jeden Vollzug und nicht jedes Mal alle diese detaillierten Planungen durchführen müssen. Geprüfte und bewährte Modelle schaffen hier Entlastung. Und mit der Zeit wird man die einzelnen Aspekte wie selbstverständlich berücksichtigen und eine explizite Prüfung nur noch selten benötigen. Dann ist die Praxis in Fleisch und Blut übergegangen.

Wann ist Praxis pastoral – und was lässt sich aus ihr für die Pastoral lernen?

Reinhard Feiter

Der Titel dieses Beitrags führt eine Unterscheidung ein[1] – angezeigt im Unterschied zwischen dem Substantiv *Pastoral* und dem prädikativ gebrauchten Adjektiv *pastoral*. Im vielerorts üblichen kirchlichen Sprachgebrauch bezeichnet „die Pastoral" quasi die Gesamtheit kirchlichen Handelns – in der Mannigfaltigkeit seiner Orte und Zeiten, seiner Anlässe und Akteure, seiner instituierten Praktiken und spontanen Ausdrucksweisen. Mit der Frage, wann eine Praxis „pastoral" sei, wird die Selbstverständlichkeit dieses Sprachgebrauchs und Begriffs jedoch erschüttert. Denn ist „die Pastoral" immer auch schon „pastoral"? Lässt sie nicht bisweilen ganz im Gegenteil eine wirklich pastorale Qualität vermissen? Woran aber entscheidet sich die *Pastoralität?*[2] – Freilich wirft der Titel noch eine zweite Frage auf. Denn wäre nicht auch das Andere denkbar: dass wir jenseits der so genannten Pastoral auf Praxis stoßen können, der eine originäre „pastorale" Qualität eignet? Und wie sollten wir dann unterlassen, davon für die Pastoral zu lernen?

Mit Blick auf diese Fragen stelle ich an den Beginn ein Beispiel, das ich zwar erst am Ende besprechen werde, das aber dennoch an den Beginn gehört, weil es ein Beispiel besonderer Art ist.

1 Von Ich zu Ich

Es gibt zwei Arten von Beispielen. Da sind zunächst die Beispiele, die ein Allgemeines exemplifizieren. Sie dienen dazu, einen bereits vorhandenen Begriff zu erläutern oder seine richtige Anwendung aufzuzeigen. Andere Beispiele aber lassen uns Neues, *zu Verstehendes* entdecken. Angesichts eines derartigen Beispiels merke ich auf. Ich erfahre mich eingeladen, mehr in den Blick zu nehmen und zu bedenken als nur *dieses* Beispiel. Denn durch

[1] Der Titel war mir von den Organisatoren der Tagung mit der Einladung zu vorliegender Überlegung vorgeschlagen worden. Für die Veröffentlichung ist der Redetext überarbeitet und mit Nachweisen versehen worden; der Charakter der Rede wurde aber belassen.

[2] Im Unterschied zum Italienischen, das die „pastoralità", und dem Französischen, das die „pastoralité" kennt, ist „Pastoralität" im Deutschen ein selten gebrauchtes Fremdwort. Es meint das „Pastorale des Pastoralen", und so es benutzt wird, steht auch die hier aufgeworfene Fragestellung im Hintergrund.

ein solches Beispiel „werde ich in die Einstellung versetzt, in der ich das *verstehe, wofür* es ein Beispiel ist";[3] und in eben dieser Weise ließ mich vor einiger Zeit ein Radio-Interview aufhorchen.

2016 war der Offenbacher Diplomkauffrau Katja Werner der Integrationspreis der Stadt Offenbach am Main verliehen worden. Aus diesem Anlass strahlte der Hessische Rundfunk eine Sendung über Werner aus: ein Gespräch mit ihr selbst, in dem sie zu ihrer Geschichte und ihrem Engagement befragt wurde. 2009 hatte sie nämlich ihre bisherige Tätigkeit in der Industrie an den Nagel gehängt und eine gemeinnützige GmbH mit dem Namen „Von Ich zu Ich" gegründet. Auslöser war gewesen, dass sie an der Grundschule, die ihre Kinder besuchten, türkischen Müttern begegnete, die im Umgang mit den schulischen Angelegenheiten ihrer Kinder überaus unsicher waren. Teilweise hatten diese Frauen selbst nur zwei oder drei Jahre eine Schule besucht und konnten sich überhaupt nicht vorstellen, wegen irgendeines Problems die Klassenlehrerin der eigenen Tochter aufzusuchen; und diesen Müttern wandte Katja Werner sich als Erste zu. Das vielfältige Engagement zur Überwindung von Bildungsunterschieden, das sich im Laufe der Jahre daraus entwickelt hatte und von der Stadt Offenbach gewürdigt worden war, war seinerzeit Gegenstand eines Gesprächs zwischen Katja Werner (KW) und der Redakteurin Rosemarie Tuchelt (RT) vom Hessischen Rundfunk. – Hier die ersten zweieinhalb Minuten des Interviews mit letztlich drei Fragen und Antworten:[4]

[1] *RT: Frau Werner, „Von Ich zu Ich", der Name Ihrer GmbH sagt etwas darüber aus bzw. signalisiert ja eigentlich schon, dass es da jemand sehr persönlich meint, oder?*
KW: Das ist ganz richtig. Es ist sehr persönlich und meint aber nicht nur das von mir zu dir: also von meinem Ich zu deinem Ich oder Ihrem Ich, sondern es meint auch die Entwicklung der Persönlichkeit, d. h.: die verschiedenen Persönlichkeitsstufen, die wir doch hoffentlich im Leben erlangen und zu denen wir oft mit Unterstützung auch dann kommen können – und das ist mein Anliegen. Also: einmal das von Herz zu Herz, aber auch die Entwicklung der Persönlichkeit, ja.

[3] Hans Lipps, Beispiel, Exempel, Fall und das Verhältnis des Rechtsfalles zum Gesetz, in: ders., Werke, Bd. IV, Frankfurt/M. [3]1977, 39–65, hier: 47, zitiert nach: Bernhard Waldenfels, Indirekte und paradigmatische Beschreibung, in: ders., Hyperphänomene. Modi hyperbolischer Erfahrung, Berlin 2012, 170–197, hier: 192.

[4] Der folgende Text ist eine vom Verfasser zu verantwortende Nachschrift. Ein Mitschnitt der am 21. Dezember 2016 ausgestrahlten Sendung in der Reihe „Doppelkopf" von hr2-kultur ist abrufbar unter: http://mp3.podcast.hr-online.de/mp3/podcast/hr2_doppelkopf/hr2_doppelkopf_20161221_72379335.mp3 [Zugriff: 17.3.2018].

[2] *RT: Sie haben den Integrationspreis der Stadt Offenbach bekommen in erster Linie dafür, dass Sie gegen Bildungsunterschiede kämpfen, dass Sie sich mit dafür verantwortlich fühlen, unterschiedlichen Chancen im Bildungssystem entgegenzuwirken. Da gibt's ja ganz viele Initiativen. Die meisten richten sich aber an Kinder. Sie richten sich an die Mütter. Warum?*
KW: Sagen wir einmal so: Ich richte mich auch an die Kinder. Aber ich glaube, dass die Veränderung der Mütter, das Bewusstsein der Mütter dann letzten Endes dazu beiträgt, auch die Kinder zu fördern. Meine beiden Kinder waren selbst in Offenbach an dieser Grundschule, die mit 650 Kindern eine der größten Grundschulen in Offenbach ist.

RT: *Sie reden von der Goetheschule in Offenbach.*
KW: Ja, genau, die Goetheschule in Offenbach. Und ich habe eben festgestellt in der Beobachtung meiner Kinder, in der Begleitung meiner Kinder, was es da braucht, damit ein Kind gut aufgestellt ist, dass es gut in der Schule zurechtkommt – und habe eben, damals schon, festgestellt, dass es einigen Kindern nicht möglich ist und dass es die Unterstützung nicht gab. Und das war dann der Ansatz zu sagen: Wie kann ich das bewerkstelligen oder unterstützen? Und da führt nur der Weg über die Mütter, die Eltern, um dann eben letzten Endes die Kinder auch zu fördern.

[3] RT: *Wo liegen denn Ihrer Erfahrung nach die Hauptprobleme?*
KW: Die Hauptprobleme liegen in der Selbsthilfekompetenz der Mütter. Also in dem Verstehen, dass sie selbst in der Lage sind, bestehende Situationen zu verändern – oder sie als auch zunächst erst einmal nicht optimal zu empfinden – oder noch nicht als hilfreich zu empfinden. Überhaupt diesen Horizont erst einmal zu schaffen: Es gibt da auch noch ein Mehr, es gibt noch andere Möglichkeiten. Das wissen viele Mütter überhaupt nicht.

Wie angekündigt, lasse ich das Beispiel an dieser Stelle unkommentiert und werde erst am Ende der Überlegung nach drei weiteren Schritten, genauer gesagt: drei Zwischenschritten, darauf zurückkommen.

2 Erster Zwischenschritt: „Sie sollen nicht länger sich selbst weiden!"[5]

Die „Pastoral", die im üblichen kirchlichen Sprachgebrauch quasi die Gesamtheit kirchlichen Handelns bezeichnet und in diesem Feld auch in einer Fülle von Komposita auftaucht – Pastoralentwicklung, Pastoralplan, Pastoralrat, pastoraler Raum, Pastoralteam u. v. a. m. –, ist eine verblasste Metapher.[6] Der metaphorische Charakter des Wortes ist, wenn auch vielleicht noch nicht völlig in Vergessenheit, so doch im alltäglichen Sprachgebrauch in den Hintergrund getreten. Die Metapher ist – wie die Sprachwissenschaft sagt – lexikalisiert worden. Wer aber der Geschichte des Wortes folgt und den Weg weit zurückgeht – auch zurück vor den Titel „Pastor" für katholische oder evangelische Geistliche[7] –, gelangt über das lateinische *pastor* bzw. griechische *ποιμήν* (poimēn) zu Hirtinnen und Hirten im eigentlichen Sinne, trifft auf Hirtenkulturen, wie sie in Resten bis heute bestehen – und gelangt damit zuletzt zu einer der einschneidendsten Veränderungen in der Menschheitsgeschichte. Denn das Hirten-Bild und damit die Pastoral-Metapher wurzeln in der Erfahrung der neolithischen Revolution.[8] Ab dem 12. Jahrtausend v.Chr. endet im Nahen Osten im sogenannten „Fruchtbaren Halbmond" eine alte und entsteht eine neue Welt. Denn die Weise, wie Menschen sich mit ihrer Umwelt auseinandersetzen, um darin ihr Leben fristen zu können, ändert sich radikal. Es endet die Welt der Sammler und Jäger mit ihrer ausschließlich *aneignenden* Lebensweise, und es beginnt die Welt *produzierenden* Wirtschaftens. Mit der Fähigkeit, wildes Getreide, wilde Oliven und wilde Trauben veredeln wie auch Tiere domestizieren zu können, entsteht jene Welt, in der wir – vom Grundansatz her – auch heute noch leben.

Wo aber Tiere einer Hirtin folgen, da muss die Nahrung nicht anderswo gesammelt und erjagt werden, wo Tiere sich in der Obhut eines Hirten vermehren, da gibt es sich vermehrende Nahrung in greifbarer Nähe. Nichts von der Mühsal und Gefahr des Hütens der Tiere und von den Hungersnöten und Krankheitsepidemien, die Hirtenkulturen heimgesucht haben,

[5] Die folgende Überlegung nimmt frühere Ausführungen von mir auf; siehe: Einführung in die Pastoraltheologie, in: Clauß Peter Sajak (Hg.), Praktische Theologie, Paderborn 2011, 24–27.

[6] Vgl. Josef Müller, Art. Pastoral, in: LThK³, Bd. VII, 1434, bzw. Rolf Zerfaß, Art. Pastoraltheologie. III. Gegenwärtige Tendenzen, ebd., 1447–1449.

[7] Vgl. Thomas Kellner, Art. Pastor, in: LThK³, Bd. VII, 1432.

[8] Vgl. Silviane Scharl, Neolithische Revolution – Was ist das?, in: Thomas Otten – Jürgen Kunow – Michael M. Rind – Marcus Trier (Hg.), Revolution Jungsteinzeit, Darmstadt 2015, 41–45; Daniel Schyle, Die Entstehung des Neolithikums im Vorderen Orient, ebd., 47–57, insbes. 55 f. (zum „Beginn des Pastoralismus").

soll damit ignoriert werden. Die bukolische Deutung des Lebens von Hirt*innen ist ein spätes Produkt. Doch wo Menschen Tiere weiden, da weiden sie Menschen, spenden ihnen Nahrung und Leben. Der Hirtenmetapher bis in ihre kulturellen Ursprünge hinein zu folgen, heißt zurückzugehen bis dorthin, wo sie ihre ganze Prägnanz und ihr ganzes Gewicht gewinnt: Es geht um elementares Leben, und es geht um einen Reichtum an Leben. Ich habe einen Hirten, nichts wird mir fehlen. Von daher ist auch nicht verwunderlich, dass „Hirt" in der Welt und Umwelt Israels ein Würdetitel war, der Königen und Göttern beigelegt wurde. Niemand kann größer sein, als wer Leben sichern kann.

Allerdings ist dabei die Ambivalenz des Pastoralen nicht zu verschweigen.[9] In der Verbindung, die Mission und Kolonialismus eingegangen sind, und in dem Ausmaß an sexueller Gewalt in pastoralen Kontexten und Beziehungen, das sich seit den 1990er Jahren bis heute immer mehr enthüllt, zeigt sich die gewaltige Fallhöhe zwischen Anspruch und Wirklichkeit. Die Bibel selbst beleuchtet die Abgründe, die sich im Zeichen des Hirten auftun. Denn Geschöpfe müssen sterben, werden geschlachtet, auf dass andere leben (vgl. Ps 44,23 und Gen 9,2 f.). Da sind die Könige, die „Hirten", die nicht Leben geben, sondern es rauben: David, der Batseba missbraucht und ihren Mann Urija in den Tod schickt, um es zu vertuschen (vgl. 2 Sam 11,1–27), und Ahab, der zusammen mit seiner Frau Isebel einen Justizmord an Nabot herbeiführt, um dessen Weinberg in seinen Besitz zu bringen (vgl. 1 Kön 21,1–16). Da sind die Könige, die „Hirten", die das Volk politisch in die Irre führen (vgl. Jer 2,8; 10,21; 12,10; 23,1 f.; 50,6), und am Ende ist Jerusalem zerstört und das Volk in die Gefangenschaft geführt (vgl. Klgl). Deshalb liegt auch die kritische Brisanz der Pastoral-Metapher darin, dass Gott diese Hirten ablöst: „So spricht GOTT, der Herr: Siehe, nun gehe ich gegen die Hirten vor und fordere meine Schafe aus ihrer Hand zurück. Ich mache dem Weiden der Schafe ein Ende. Die Hirten sollen nicht länger sich selbst weiden: Ich rette meine Schafe aus ihrem Rachen, sie sollen nicht länger ihr Fraß sein. (…) Wie ein Hirt sich um seine Herde kümmert an dem Tag, an dem er inmitten seiner Schafe ist, die sich verirrt haben, so werde ich mich um meine Schafe kümmern und ich werde sie retten aus all den Orten, wohin sie sich am Tag des Gewölks und des Wolkendunkels zerstreut haben." (Ez 34,10.12) Der berühmte Psalm 23 beginnt mit dem Jubelruf: Mein Hirte ist der HERR – *so* fehlt mir nichts.[10]

---

[9] Zur pastoraltheologischen Auseinandersetzung mit der Foucaultschen Identifizierung der „Pastoralmacht" vgl. Stefan Gärtner, Zeit, Macht und Sprache. Pastoraltheologische Studien zu Grunddimensionen der Seelsorge, Freiburg/Br. 2009, 174–184; Hermann Steinkamp, Lange Schatten der Pastoralmacht. Theologisch-kritische Rückfragen, Berlin 2015.

[10] Vgl. Erich Zenger, Psalmen. Auslegungen in zwei Bänden, Bd. 1, Freiburg/Br. 2011, 219–226.

Daran knüpft die Bildrede vom guten Hirten in Joh 10,1–21 an, dehnt das Bild aber zugleich bis zum Zerbrechen, indem jetzt nämlich der Hirt, Jesus, für die Herde den Tod findet. Weil er der ist, der gerade nicht kommt, „um zu stehlen, zu schlachten, zu vernichten", sondern damit die ihm Anvertrauten „das Leben haben und es in Fülle haben", setzt er sein Leben für sie ein. So verkündet das Neue Testament Jesus als den messianischen Hirten, der den verlorenen Schafen nachgeht (vgl. Mt 10,6; 15,24) und der auch Gericht über alle halten wird (vgl. Mt 25,31–46), der jedoch – wie Paulus schreibt – sein Gott-gleich-Sein nicht festhielt, sondern sich entäußerte und Knechtsgestalt annahm (vgl. Phil 2,6 f.). Die „Pastoral"-Metapher hält insofern auch die Differenz offen zwischen dem geschichtlichen Handeln von Menschen und dem eschatologischen Handeln Gottes in Jesus Christus.

3 Zweiter Zwischenschritt: „... alle Menschen überhaupt"[11]

Einschlägig für das gegenwärtige Verständnis von „pastoral" ist freilich die vom II. Vatikanischen Konzil ursprünglich gar nicht vorgesehene *pastorale* Konstitution über die Kirche in der Welt von heute, *Gaudium et spes.* Doch bereits in der anderen, der ein gutes Jahr zuvor beschlossenen *dogmatischen* Konstitution über die Kirche, *Lumen gentium*, wird die entscheidende Weichenstellung vorbereitet, und zwar schon in ihren allerersten Worten, die in der offiziellen deutschen Übersetzung lauten: „Christus ist das Licht der Völker."

Für einen Text, der von der Kirche handeln will, ist das ein bemerkenswerter Einstieg. Denn in diesem kommt die Kirche zunächst einmal gar nicht vor. Zwar ist von ihr bereits unmittelbar im Anschluss die Rede, aber es bleibt dabei: Anhebend, über die Kirche zu sprechen, nimmt das Konzil zunächst zwei andere Größen in den Blick – Jesus Christus und „die Völker", im Klartext: die Menschheit. Mit anderen Worten, die Kirche lebt nicht aus sich selbst heraus, sondern empfängt sich ganz von Jesus Christus her; und sie lebt nicht für sich selbst, sondern ist in allem für die Menschen da. Was die Kirche gleichwohl als eine partikulare Größe und unterscheidbare Religionsgemeinschaft ausmacht, als die sie ja konkret in Zeit und Geschichte existiert: das steht, das muss im Dienst stehen der Beziehung des Christus zu allen Menschen – und nicht: aller Menschen zur Kirche.

---

[11] Die folgende Überlegung nimmt frühere Ausführungen von mir auf; siehe: Einführung, 27–29; Das Evangelium ist für alle da, in: Theologie der Gegenwart 60 (2017), H. 3, 162–172, hier: 165–167.

Um diesen in seiner Bedeutung gar nicht zu überschätzenden Auftakt zu unterstreichen, möchte ich auf einen von Günter Wassilowsky im Karl-Rahner-Archiv gemachten Fund hinweisen.[12] Wassilowsky hat in den Konzilsakten von Karl Rahner den Entwurf jener Vorlage gefunden, den die deutschen und österreichischen Bischöfe in die Beratungen zur späteren dogmatischen Konstitution über die Kirche eingebracht haben. Es ist ein maschinenschriftlicher Text, der mit den handschriftlichen Eintragungen und Streichungen Rahners versehen ist; und interessant ist da wirklich der Anfang. Ursprünglich hieß es in der Vorlage nämlich: „Lumen gentium cum sit Ecclesia … – Da das Licht der Völker die Kirche ist …“[13] Rahner korrigierte dies, indem er im Entwurf handschriftlich die „Ecclesia“ zur „Ecclesia Christi“ ergänzte. Wenn schon von der Kirche gesprochen werden sollte, musste für Rahner nicht von irgendeiner Versammlung, sondern von der Kirche *Christi* die Rede sein. Doch irgendwann streicht er den Zusatz „Christi“ wieder, aber auch das Wort „Ecclesia“ und schreibt: „Lumen gentium cum sit Christus … – Da Christus das Licht der Völker ist …“

Diese kleine Korrektur birgt in gewisser Weise die gesamte Weichenstellung des Konzils; und dass die Rahnersche Formulierung am Ende die vom II. Vatikanischen Konzil beschlossene Konstitution eröffnet, belegt dessen pastoralen Charakter. Freilich nicht in dem Sinne, dass das Konzil nur „weichere“ oder „erbauliche“ Verlautbarungen ohne verbindlichen Charakter hervorgebracht habe,[14] sondern dass es den Anstoß gegeben hat, Pastoralität neu zu verstehen. Was „pastoral“ ist, wird nun von der Relation her gedacht, mit der *Lumen gentium* anhebt: Die Pastoral ist „pastoral“, wenn in ihr wahr- und ernst genommen wird, wenn in ihr dargestellt und bezeugt wird, dass das Evangelium für alle da ist – wirklich für alle.[15] So heißt es denn auch im berühmten Artikel 13 von *Lumen gentium:* „Zum neuen Gottesvolk werden alle Menschen gerufen.“ Damit wird die Lehre von der göttlichen Berufung eines jeden Menschen in *Gaudium et spes* (vgl. 3,2; 11,1; 12,2; 21,7; 29,1 u. ö.) präludiert, und konsequenterweise schließt dieser Artikel dann auch: „Auf verschiedene Weise gehören ihr [sc. der Einheit des Gottesvolkes] zu oder sind ihr zugeordnet die katholischen Gläubigen, die

[12] Vgl. Günther Wassilowsky, Als die Kirche Weltkirche wurde. Karl Rahners Beitrag zum II. Vatikanischen Konzil und seiner Deutung, München 2012, abrufbar unter: https://freidok.uni-freiburg.de/data/8551 [Zugriff: 17.3.2018].

[13] Im lateinischen Original beginnt die erste Satzperiode mit einem Nebensatz; die offizielle deutsche Übersetzung wird daraus einen eigenen Hauptsatz machen.

[14] Vgl. Jan-Heiner Tück, Ein „reines Pastoralkonzil“? Zur Verbindlichkeit des Vatikanum II, in: Internationale katholische Zeitschrift Communio 41 (2012) 441–457.

[15] Art. 1 des Vorwortes von *Gaudium et spes* entfaltet diesen Zusammenhang nochmals in eigener Weise; vgl. dazu: Feiter, Einführung, 29–31.

anderen an Christus Glaubenden und schließlich alle Menschen überhaupt, die durch die Gnade Gottes zum Heile berufen sind."

„... alle Menschen überhaupt" – das beinhaltet eine Relativierung und Dezentrierung der „römisch-katholischen Kirche", wie sie vor dem Konzil undenkbar schien. *Gaudium et spes* wird das in *Lumen gentium* Begonnene fortführen; und seitdem ist diese Kirche auf dem Weg, pastoral zu werden. Denn „pastoral" ist jenes Handeln von Menschen an Menschen, *welches das Handeln Gottes an allen Menschen bezeugt.* Inmitten der vielfältigen Weisen, in denen Gottes Zuwendung geschichtlich in Worten und Taten bezeugt wird und die als solche von mir weder hinreichend noch je vollständig erhoben und beschrieben werden können – um die meisten weiß ich gar nicht –, kommt die „Pastoral" als ein besonderer, eigener Praxiskomplex zur Abhebung, sofern dieser den Zeugnischarakter, der all jenen Worten und Taten eignet, in gewisser Weise exemplarisch zum Ausdruck bringt.

4 Dritter Zwischenschritt: „... ‚von außen' und ‚von innen'"[16]

Um diesen (be)zeugenden Charakter pastoralen Handelns aber noch stärker zu konkretisieren, greife ich einerseits die Erinnerung an Hermann M. Stenger aus dem Beitrag von Ulrich Feeser-Lichterfeld[17] auf, verbinde sie aber andererseits mit einigen Überlegungen und Anregungen aus Frankreich, näherhin des Pariser Theologen Christoph Theobald.

Jahrhundertelang ist Berufung allein den Klerikern und Ordensleuten attestiert worden. Aus dieser Geschichte heraus eignet dem Topos der Berufung bis heute etwas Schillerndes: Berufung kann Anerkennung transportieren, aber ebenso einen Ausschluss signalisieren. Demgegenüber betonte Stenger mit dem II. Vatikanischen Konzil, dass Berufung ein jedes Menschenleben auszeichne, und unterschied darüber hinaus drei Dimensionen der Berufung des Menschen:[18]

- die *Ermächtigung zum Leben:* eine jede und ein jeder ist von Gott ins Leben gerufen und zum eigenen Leben ermächtigt worden,

---

[16] Die folgende Überlegung nimmt frühere Ausführungen von mir auf; siehe: Leben gestalten – Berufung lernen, in: Impulse aus der Hauptabteilung Schule und Hochschule des Erzbistums Köln, Nr. 80/4. Quartal 2006, 2–6; Das Evangelium wird zur „guten Nachricht", in: Reinhard Feiter/Hadwig Müller (Hg.), Frei geben. Pastoraltheologische Impulse aus Frankreich, hg. von, Ostfildern [3]2013, 139–151.

[17] Vgl. in diesem Band: Ulrich Feeser-Lichterfeld, Identität und Kompetenz.

[18] Vgl. Hermann Stenger, Kompetenz und Identität. Ein pastoralanthropologischer Entwurf, in: ders. (Hg.), Eignung für die Berufe der Kirche. Klärung – Beratung – Begleitung, Freiburg/Br. 1988, 21–133, hier: 35–39; ders., Dimensionen der Berufung durch Gott, in: Freiburger Materialdienst für die Gemeindepastoral 3/2005, 7–12.

- die *Erwählung zum Glauben:* eine jede und ein jeder ist von Gott zum Glauben und zur Bezeugung dieses Glaubens erwählt worden, und
- die *Beauftragung zum Dienst:* eine jede und ein jeder ist beauftragt zum Dienst an anderen Menschen, denn einer jeden und einem jedem ist eine Begabung verliehen worden.

Ganz im Sinne von *Gaudium et spes* wird somit Berufung als „integrale", „ganzheitliche" (vgl. 11,1) Wirklichkeit ausgelegt; und mit der Unterscheidung dieser drei Dimensionen wird auch eine Reihung vorgenommen, die auf zu passierende Schwellen verweist, aber keine Stufung behauptet. Deutlich wird vielmehr: Leben ist Selbstsein, und wirkliches Selbstsein tritt nicht auf der Stelle. Leben bedeutet Wachsen, Mehr-Werden, ja Selbstüberbietung. Solches unterscheidet sich jedoch von bloßer Selbststilisierung dadurch, dass eine Selbstüberbietung sich mit einem „Glauben" und einem „Engagement" verbindet.

Der „Glaube" muss freilich nicht bei jedem einzelnen Menschen oder in allen Lebensphasen eines Menschen mit einem expliziten Gottes- und Christusglauben identisch sein.[19] Davon zu unterscheiden ist nämlich – wie Christoph Theobald betont – ein mit jedem einzelnen menschlichen Leben, zumal wenn es sich engagiert, unweigerlich verbundener Lebensglaube: ein Glaube, dass das Leben einen Sinn hat, ein Glaube an das Gutsein des Lebens. Dabei ist jedoch zu beachten: Es handelt sich hier nicht um eine abstrakte Überlegung oder ein allgemeines Sinnpostulat von zwingendem Charakter. Vielmehr hat dieser Glaube seinen *Ort* in je meiner Entscheidung zu mir selbst – angesichts der bleibenden Ungewissheit, wie es weitergehen und ausgehen mag mit mir. Dieser Glaube hat seinen *Ort* nicht zuletzt in je meiner Entscheidung, mich für einen anderen Menschen zu engagieren – mich dafür zu verpfänden, dass auch dieser leben kann, ja zum Leben kommt. Dieser elementare Lebensglaube ist insofern auch ein *Ereignis*, näherhin das Doppelereignis des Widerfahrnisses eines quasi lautlosen und niemals zwingenden, sich vielmehr an meine Freiheit adressierenden und appellierenden Rufes: „Glaube, dass dein Leben einen Sinn hat!",[20] *und* meiner Antwort darauf.

Im Hinblick auf den Vollzug dieses Glaubens gilt aber dasselbe wie für meinen Lebensvollzug: Leben und glauben kann ich je nur selbst, aber nie allein. Um nochmals die Stenger'sche Typologie aufzugreifen: Ich *bin* er-

[19] Vgl. Christoph Theobald, Evangelium und Kirche, in: Feiter – Müller (Hg.), Frei geben, 110–138, hier insbes.: 112–116.

[20] Vgl. Bernhard Welte, Religionsphilosophie, Freiburg/Br. ^{2}1979, 63.

mächtigt zum eigenen Leben; ich *bin* erwählt zum Glauben an den göttlichen Gott und den Gott Jesu Christi; ich *bin* beauftragt zum Dienst an den anderen. Und trotzdem braucht es im Konkreten immer Menschen, die mir an der Schwelle zum Leben, an der Schwelle zum Glauben, an der Schwelle zu Engagement und Dienst Mut machen. Es braucht Menschen in meinem Leben, die an den entscheidenden Übergängen mir nicht in den Weg treten, sondern sich an meine Seite stellen, die in meinem Leben jene Rolle übernehmen, die in den Erzählungen der synoptischen Evangelien Jesus in vielen Begegnungen spielt. Ob es aber die Begegnung mit der Syrophönizierin, mit dem Hauptmann von Kafarnaum, mit dem Synagogenvorsteher Jairus oder mit der blutflüssigen Frau ist, das Entscheidende in diesen Begegnungen ist, dass das Gutsein des Lebens „gleichzeitig ‚von außen' und ‚von innen' kommt."[21] Jesus ent-deckt den Menschen ihren eigenen Glauben. Die Zusage Jesu, die in all diesen Erzählungen auftaucht: „Dein Glaube hat dich gerettet", bedeutet im Kontext seiner Reich-Gottes-Botschaft: „Gott ist *mit dir*, er begegnet in dir *mir*, und er fängt in deinem Glauben mit *sich* an."[22]

5 Was für die Pastoral zu lernen ist

Es lohnte sich nun, das gesamte Interview mit Katja Werner in den Blick zu nehmen, aber ich belasse es bei dem kurzen Auszug, den ich zu Beginn vorgestellt habe, bespreche die drei Frage-Antwort-Sequenzen aber in umgekehrter Reihenfolge:

[3] Also in dem Verstehen, dass sie selbst in der Lage sind, bestehende Situationen zu verändern …

Gefragt nach den Hauptproblemen, die schuld daran seien, dass die Mütter, mit denen sie arbeitet, ihre Kinder so wenig in schulischen Angelegenheiten zu unterstützen vermögen, antwortet Katja Werner als Erstes nicht mit bestimmten Handicaps. Vielmehr bestimmt sie die Probleme, indem sie Selbsthilfekompetenzen benennt.

Diese Selbsthilfekompetenzen ermangeln den betreffenden Frauen. Trotzdem hebt Werner von Anfang auf Potentialitäten ab, näherhin (1) auf das mögliche Selbstverständnis, selber in der Lage zu sein, eine Veränderung der gegebenen Situation herbeizuführen, (2) auf die mögliche Wahrnehmung, wie die Frauen selbst die gegebene Situation beurteilen und emp-

[21] Christoph Theobald, Hören, wer ich sein kann. Einübungen (im Erscheinen).
[22] Joachim Ringleben, Jesus. Ein Versuch zu begreifen, Tübingen 2008, 127.

finden und (3) auf die mögliche Horizonterweiterung, welche der Situation die Alternativlosigkeit nimmt.

Und ist das nicht in der Tat der erste Prüfstein pastoralen Handelns, dass darin anderen ent-deckt wird, was in ihnen *zum Leben drängt* und was in ihnen *zu Bewusstsein kommen will*, ja in nuce bereits *da ist?* – In pastoralen Kontexten gilt die Aufmerksamkeit nicht zuerst dem Konstatieren von Mängeln. Sie gilt sicher auch Hindernissen, vor allem aber der Bestärkung sich zeigenden Lebens. Wenn es hier so etwas gäbe wie eine „Diagnose", dann bestünde sie im wortlosen Staunen darüber, „wie Gott mir in dir begegnet".

[2] *Und ich habe eben festgestellt in der Beobachtung meiner Kinder … Und da führt nur der Weg über die Mütter, die Eltern …*

Befragt, warum sie in ihrem Bemühen, den unterschiedlichen Chancen im Schulsystem entgegenzuwirken, nicht bei den Kindern, sondern bei den Müttern ansetze, rekurriert Katja Werner auf ihre persönliche Erfahrung, und zwar zuerst auch nicht auf die Erfahrung mit türkischen, sondern mit ihren eigenen Kindern.

Was sie damit verdeutlicht, ist der Umstand: Ich besitze nie etwas anderes als *meine* Erfahrung der Situation. Insofern ist mir eine Situation immer auch nur in perspektivischer, je beschränkter Weise erschlossen. Nichtsdestoweniger ist es meine Erfahrung, in der eine Situation mir und meinem Handeln auch real erschlossen ist. Deshalb ist nach einer Bemerkung von Meister Eckhart in Handlungskontexten jenem Handeln *Einsicht* zuzubilligen, „über das hinaus man zur Zeit nichts Besseres kennt".[23]

Und ist das nicht in der Tat ein weiterer Prüfstein pastoralen Handelns, die Kontingenz der eigenen Erfahrung, des eigenen Zugangs, des eigenen Handelns nicht zu leugnen, sondern gewissermaßen sogar bewusst in die Kontingenz hinein vorzugehen, um auf diese Weise korrigierbar zu bleiben durch die Anderen und durch das, was sich mir morgen zeigt? – In den Ordnungen des Handelns gibt es so etwas wie eine „authentische Beschränkung", die in eine große Fruchtbarkeit führen kann. Nebenbei bemerkt: In wesentlichen Fragen des Lebens und Handelns gibt es – wie das Beispiel von Werner zeigt – auch keine direkten Wege.

[3] *… einmal das von Herz zu Herz, aber auch die Entwicklung der Persönlichkeit …*

[23] Meister Eckhart, Intravit Jesus in quoddam castellum … (Predigt 86), in: Dietmar Mieth (Hg.), Meister Eckhart, Olten 1979, 156–169, hier: 164.

In ihrer ersten Frage knüpft die Redakteurin an den prägnanten Namen der von Katja Werner gegründeten gGmbH an; und sie interpretiert das „Von Ich zu Ich“ als Hinweis auf den Willen zu einem ausgeprägt persönlichen Umgangs- und Handlungsstil.

Werner dementiert das nicht. „Das ist ganz richtig“, antwortet sie; und am Ende dieser Passage übersetzt sie sogar das „Von Ich zu Ich“ in ein „von Herz zu Herz“. Trotzdem wehrt sie im gleichen Atemzug eine Engführung ab, die sich nahelegt. Schon der allererste Satz *öffnet.* Denn es geht Werner darum, mit den Menschen, mit denen sie arbeitet, zwar persönlich in Beziehung zu treten, aber in eine Beziehung, die weiterführt, die zu einer „Entwicklung der Persönlichkeit“ beiträgt. Sie spricht von „verschiedenen Persönlichkeitsstufen, die wir doch hoffentlich [!] im Leben erlangen und zu denen wir oft mit Unterstützung [!] auch dann kommen können“.

Und ist das nicht in der Tat ein ganz wichtiger Prüfstein pastoralen Handelns, dass es darin um Beziehungen von „Herz zu Herz“ geht, aber nicht um die Atmosphäre eines „Wir wollen niemals auseinandergehen“? – Gibt es nicht in kirchlichen Kontexten viel zu viel Sehnsucht danach, dass sich nichts ändert, dass es höchstens wieder so wird, wie es war? Aber dann gibt es weder Ermutigung noch Freiheit. Sich weiter zu entwickeln, geht nur, wenn es beides gibt: Unterstützung und Ablösung.

II Konkretionen

Praktisch macht es jeder anders!

Wie Praktika im Theologiestudium zur beruflichen Entwicklung beitragen können

Andree Burke

Folgende Situation wiederholt sich regelmäßig so oder so ähnlich im Netzwerkbüro Theologie & Beruf[1]: Eine Studentin oder ein Student kommt in die Sprechstunde: „Ich weiß noch nicht genau, was ich beruflich mit meinem Theologiestudium anfangen soll. Haben Sie eine Idee, was für ein Praktikum ich machen könnte?"
Vor der Herausforderung, die sich hinter diesem Anliegen und der damit verbundenen Erwartung der Studierenden verbirgt, stehen potenziell alle, die Praktika an theologischen Fakultäten und Instituten begleiten und verantworten. Sie lässt sich präzisieren in der Frage: Wie kann ein Praktikum im Theologiestudium so gestaltet werden, dass es zur beruflichen Entwicklung sinnvoll beiträgt?

Wir wollen uns der Beantwortung dieser Frage nähern und dabei im Folgenden jene Perspektive von Praktikumsbegleiter*innen sowie von Verantwortlichen für Curricula behalten. Dabei verstehen wir ein Praktikum als curricular implementierte Praxisphase, die in einer bestimmten Zeitspanne einen Aufenthalt in der außeruniversitären Praxis vorsieht. Das Theologiestudium behandeln wir in diesem Zusammenhang als individuelle Berufsqualifikation und gehen deshalb nicht von bestimmten einzelnen Berufszielen oder -feldern aus, die vielleicht auf den ersten Blick als der Theologie naheliegend erscheinen. Wir wollen auf Grundlage der Erfahrungen mit der Arbeit im Netzwerkbüro Theologie & Beruf hilfreiche Anstöße für die Begleitung curricularer Praktika ausarbeiten.

Das eingangs beschriebene Szenario birgt in seiner Formulierung gleich mehrere denkbare Fragerichtungen. Was man „beruflich mit seinem Theologiestudium macht", kann auf die noch ausstehende Entwicklung einer beruflichen Perspektive *im Rahmen* des Studiums zielen, könnte aber

[1] Das „Netzwerkbüro Theologie & Beruf" ist ein 2012 an der Katholisch-Theologischen Fakultät in Münster gestartetes Projekt, das es sich zur Aufgabe macht, Studierende und Studieninteressierte im Hinblick auf ihre Berufsperspektiven mit einem theologischen Studium zu beraten. Darüber hinaus versucht es, Vernetzung zwischen Studierenden und der Arbeitswelt anzuregen. In diesem Zusammenhang zählt die Begleitung von Praktika zum Kerngeschäft des Netzwerkbüros. Der Verfasser dieses Beitrags koordiniert die Aktivitäten des Netzwerkbüros. Für nähere Informationen siehe www.theologieundberuf.de.

ebenso gut auch die Lerninhalte des Theologiestudiums im Hinblick auf ein bereits vorliegendes Berufsziel kritisch hinterfragen. Ebenso kann die Frage danach, „was für ein Praktikum man machen könnte“ auf die Suche nach einem Ziel innerhalb der Lernform „Praktikum“ ausgerichtet sein oder aber die Suche nach einer geeigneten Praxis für ein Praktikum meinen. Wir wollen zeigen, wie dicht diese unterschiedlichen Fragerichtungen beieinanderliegen, indem wir zunächst bei der Frage nach der Praxis ansetzen.

1 Welche Praxis?

Wer nach einem Praktikum sucht, setzt häufig bei der Frage danach an, um welche Tätigkeiten bzw. um welche Praxis es dabei gehen könnte. Es liegt dann nahe, in der Theologie schnell zu antworten: um eine theologische! Und schon verliert sich die Frage nach der Praxis von Praktika und Praxisphasen im Theologiestudium bereits in eine zweite: Um welche Praxis geht es *der Theologie* eigentlich? Wenn diese Frage auch an anderer Stelle ausführlich beantwortet wird, wollen wir doch ganz grob zwei Schlaglichter auf sie werfen, um auf die Herausforderung, die sie verursacht, aufmerksam zu machen.

Erstes Schlaglicht: In der wissenschaftlichen Theologie finden sich vor allem im Bereich der praktischen Theologie Antwortversuche auf die Frage nach der Praxis der Theologie als Ganzer. Dabei war es der *Dogmatiker* Karl Rahner, der einen wichtigen Ausgangspunkt für den aktuellen Diskussionsstand lieferte, indem er der praktischen Theologie eine zentralere Position innerhalb der theologischen Disziplinen zuschrieb, als es seinerzeit üblich war. Er verstand es als vornehmliche Aufgaben der praktischen Theologie, einerseits die jeweilige Gegenwartssituation theologisch zu erhellen und andererseits „die anderen theologischen Fächer fordernd auf die ihnen selbst immanente, auf die Praxis der Kirche ausgerichtete Aufgabe“ hinzuweisen.[2] Rahner setzte dabei zunächst die Praxis, um die es der ganzen Theologie gehen soll, mit der Praxis der Kirche gleich, verstand diese Praxis dann aber nicht im Sinne einer Glaubensanleitung durch die Kirche, sondern als „Selbstvollzug der Kirche“(ebd).[3]

Gemeint ist damit eine Fokussierung praktisch-theologischer Forschung auf diejenigen, die an kirchlicher Praxis selbst partizipieren – nicht bloß auf

[2] Karl Rahner, Die Praktische Theologie im Ganzen der theologischen Disziplinen, in: ders., Sämtliche Werke. Band 19. Selbstvollzug der Kirche Freiburg/Br. 1995, 503–515, hier: 509.
[3] Zum ganzen Absatz vgl. Stefan Gärtner, Was ist das Praktische der Theologie? Praktisch-theologische Anmerkungen zum Handlungsbegriff, in: Pastoraltheologische Informationen 19 (1999) 152–154.

die Praxis derjenigen, die in Ämtern über kirchliche Praxis entscheiden: zweites Schlaglicht. Reinhard Feiter spricht heute im Zuge dessen von einer Erweiterung des Reflexionsgegenstands der Pastoraltheologie bzw. praktischen Theologie „von der *Praxis des Amtsträgers* (des ‚Pastors') zur *Praxis der Kirche* (aller Getauften)" und fasst die weitere Diskussion zu einer Erweiterung bis hin „zur Praxis des Menschen" zusammen, „und zwar insofern der Mensch als solcher und ganzer in der Vielfalt seiner Situationen und Lebensvollzüge im Raum des Beziehungswillens Gottes steht"[4]. Gegenstand der praktischen Theologie ist demnach der Mensch als Beziehungspartnerin bzw. -partner Gottes außerhalb wie innerhalb des kirchlichen Rahmens.

Damit breitet sich der Gegenstandsbereich der praktischen Theologie – und im Sinne Rahners darum ebenfalls der Theologie als Ganzer – in eine Weite aus, die beinahe grenzenlos ist. Das scheint auch das Problem von Theologiestudierenden zu sein, die auf der Suche nach einem Praktikum sind: Der Theologie geht es um eine Praxis, die als solche nicht immer mit Sicherheit und abschließend festlegbar auf einzelne Praktiken ist. Es lassen sich höchstens unterschiedliche Spektren ausmachen, in die die Praxisfelder, um die es der Theologie geht, eingruppiert werden können.[5] Die Herausforderung für Theolog*innen besteht darin, sich innerhalb dieser weiten Spektren zu orientieren.

2 Von der Praxis der Theologie zur Praxis von Theolog*innen

Der Weitung des Gegenstandsbereichs der Theologie korrespondiert eine Beobachtung aus der berufspraktischen Perspektive: „War das theologische Tätigkeitsspektrum (…) in früheren Zeiten relativ überschaubar und umfasste insbesondere die Aufgabenbereiche Seelsorge, Schule und Wissenschaft, so haben sich die Einsatzfelder von Theologinnen und Theologen in den letzten Jahrzehnten sowohl im kirchlichen wie außerkirchlichen Bereich erheblich ausdifferenziert"[6]. Ebenso wie sich der Gegenstandsbereich der Theologie ausgeweitet hat, haben sich auch die Tätigkeitsfelder von Theolog*innen geweitet. Ein Beleg dafür ist nicht zuletzt auch Patrick Beckers

[4] Reinhard Feiter, Von der pastoraltheologischen Engführung zur pastoraltheologischen Zuspitzung der Praktischen Theologie, in: Reinhard Göllner (Hg.) „Es ist so schwer, den falschen Weg zu meiden". Bilanz und Perspektiven der theologischen Disziplinen, Münster 2004, 261–286, hier: 266.

[5] Vgl. Jürgen Kroth, Zur wissenschaftstheoretischen Grundlegung der Praktischen Theologie, in: Pastoraltheologische Informationen 35 (2015) 67–74, hier: 67–69.

[6] Ulrich Feeser-Lichterfeld, Berufung. Eine praktisch-theologische Studie zur Revitalisierung einer pastoralen Grunddimension, Münster 2005, 29.

Auflistung möglicher Berufsfelder für Theolog*innen, wenngleich selbst diese ausführliche Ausarbeitung für sich nur beansprucht, eine Annäherung zu sein.[7]

Sowohl die Praxis, um die es der Theologie geht, als auch die Tätigkeitsfelder ihrer Absolvent*innen weiten sich. Für die Gestaltung von Praxisphasen im Theologiestudium ist die Erkenntnis dieser doppelten Weitung wichtig. Denn einerseits fragen Studierende sich, wie sie diese weite Theologie, die sie in ihrem Studium kennenlernen, (berufs-)praktisch zur Anwendung bringen können und andererseits überlegen sie, welche der vielen Praktiken und Tätigkeiten für sie berufsbiografisch perspektivreich sein können.

Zur ersten Frage kann angemerkt werden, dass es in den meisten Fällen nicht für sich genommen die Methoden der Theologie sind, die beruflich eine Bedeutung haben. Das leuchtet schnell ein zum Beispiel im Hinblick auf eine Theologin, die im Social Media Management eines großen Unternehmens beschäftigt ist, oder einen Theologen, der bei der Agentur für Arbeit angestellt ist. Genauso stehen im Alltag einer Pastoralreferentin in der Regel nicht die Methoden im Mittelpunkt, die sie im Rahmen ihres wissenschaftlichen Studiums kennenlernen konnte. Die wissenschaftliche Qualifikation dieser Personen besteht nicht vorrangig in der Fähigkeit, Methoden korrekt anwenden zu können, weil auch der wissenschaftliche Anspruch der Theologie sich nicht in der Profilierung einer ureigenen theologischen Methodik erschöpft, wie Michael Schüßler mit Blick auf die Praktische Theologie beschreibt: „Nicht die Methode macht eine Untersuchung wissenschaftlich-theologisch (etwa Dreischritt), auch nicht der Gegenstand (etwa Kirche oder Religion), sondern die Perspektive und der Horizont, in dem und von dem her geforscht wird. Die Methodenfrage ist dann nicht unbedingt entscheidend, sondern ob man im reden, handeln und forschen wirklich mit der Gegenwart Gottes rechnet."[8] Der praktische Mehrwert eines theologischen Studiums ergibt sich von daher nicht in erster Linie aus dem Erlernen einiger Methoden der Theologie, die eher zweckmäßig und abhängig von der jeweiligen Frage oder dem jeweiligen Problem sind. Der Anwendungsbezug der Theologie erschließt sich erst über die Perspektive und Haltung der Anwenderin oder des Anwenders.

Zur zweiten Überlegung Studierender, welche Praktiken und Tätigkeiten für sie berufsbiografisch perspektivreich sein können, ist zu sagen, dass es

[7] Vgl. Patrick Becker, Berufsfelder auf dem Arbeitsmarkt. Berufe und der Weg dorthin, in: Patrick Becker – Georg Pelzer (Hg.), Berufschancen für Theologinnen und Theologen. Völlig überarbeitete Neuausgabe, Freiburg/Br. 2012, 12–37, hier: 12–13.

[8] Michael Schüßler, Praktische Theologie im Ereignis-Dispositiv. Positionen zwischen Dekonstruktion und Option, in: Pastoraltheologische Informationen 35 (2015) 97–103, hier: 100.

schwierig ist, sich an der Vielzahl möglicher beruflicher Anknüpfungspunkte für Theolog*innen zu orientieren. Becker listet in seiner Darstellung allein neun Tätigkeitsfelder auf, die sich in eine Vielzahl einzelner Tätigkeiten ausdifferenzieren.[9] Sicherlich ist eine solche Auflistung eine Hilfe für alle, die einen Überblick suchen, doch sie entbindet nicht von einer Auseinandersetzung mit der eigenen Gestaltung eines persönlichen beruflichen Rollenverständnisses und kann schnell überfordern, wenn diese Auseinandersetzung nicht geschieht. Noch bevor der Blick auf konkrete Praktiken und Tätigkeiten gelenkt wird, sollte deshalb zurückgeblickt, reflektiert, werden, auf die eigenen Interessen und Stärken. Am perspektivreichsten sind solche beruflichen Tätigkeitsfelder für Theologiestudierende, die insgesamt persönlich gut zu ihnen passen. Deshalb sollte eine Orientierung an der eigenen Persönlichkeit Vorrang vor einer Orientierung an möglichen Berufsfeldern haben.

Wollen wir also über Praxisphasen im Theologiestudium nachdenken, sollten wir weder bei den Methoden der Theologie, noch bei dem Tätigkeitsspektrum von Theolog*innen heute ansetzen. Entscheidend ist es vielmehr, von einer solchen eher objektiven Orientierung zunächst abzusehen und bei den Studierenden anzufangen: Die Praxis, um die es in einer Praxisphase im Theologiestudium gehen sollte, hängt von der oder dem Praktizierenden ab. Theologische Praxis gibt es dort, wo Theolog*innen Praktiken zu „ihren" Praktiken machen. Das bedeutet, dass sich auch Praktika und Praxisphasen im Theologiestudium nicht an einem Thema, sondern am Subjekt orientieren müssen.

3 Praxiserfahrung im Wechselspiel von „Wahrnehmen" und „Entscheiden"

Damit müssen wir uns fragen, wie wir dem Subjekt entgegenkommen können. Zunächst einmal wollen wir dazu ganz grundsätzlich die subjektbezogene Praxis*erfahrung* in den Blick nehmen. Dabei gilt, dass in der Auseinandersetzung mit der Praxis Fragen nach der eigenen Interessenlage, der Motivation, den Fähigkeiten, Kompetenzen oder Skills, den persönlich relevanten Werten oder den Vorstellungen zur eigenen Lebensgestaltung implizit und explizit thematisiert werden. Wenn wir uns am Subjekt orientieren wollen, kommt es darauf an, Praxisphasen auch als Phasen der biografischen Orientierung zu begreifen.

[9] Vgl. Becker, Berufsfelder 2012, 13–37.

Eine für uns im Folgenden hilfreiche Systematik dessen ist es, die Erfahrungen, die in diesen Phasen gemacht werden, als Wechselspiel von Selbstwahrnehmungen und Entscheidungen zu verstehen. Über einzelne Selbstwahrnehmungen und Entscheidungen hinaus, die in einem *curricular* vorgesehenen Praktikum angestoßen werden können, wollen wir versuchen, Selbstwahrnehmungen und Entscheidungen als hilfreich zu begreifen, um die Erfahrungen, die auch bereits in außercurricularen Praxisphasen gemacht werden, systematisch in den Blick zu nehmen.

Zu Fragen der Selbstwahrnehmung lässt sich unter Rückgriff auf die Beratungsliteratur zur beruflichen Entwicklung dabei ein ganzes Sammelsurium möglicher Anknüpfungspunkte entdecken. So zählt zum Beispiel das Workbook „Durchstarten zum Traumjob" von Richard Nelson Bolles „[s]ieben Möglichkeiten der Selbstbeschreibung" auf: Wissen, soziales Umfeld, Können, bevorzugtes Arbeitsumfeld, Vorstellungen zu Gehalt und Verantwortungsübernahme, Wohnort und Umgebung sowie Lebenssinn- und Zieldefinition.[10] Hinter dieser Auflistung steht der Anspruch, sich selbst in unterschiedlichen Hinsichten beschreiben zu können, über sich selbst sagen zu können „[i]ch bin ein Mensch, der …"[11]. Dieses zu entdecken ist es, was wir hier mit Selbstwahrnehmung meinen: an sich etwas zu erblicken, das auf einen Begriff gebracht werden kann, einen Status Quo der eigenen berufsbiografischen Entwicklung identifizieren und beschreiben zu können.

Zugleich bewegt sich solche Selbstwahrnehmung immer bereits in einem Entscheidungshorizont. Die Identifikation eigener Fähigkeiten, Interessen, Motivationen oder Werte wird begleitet durch die Frage danach, *welche* meiner Fähigkeiten, Interessen, Motivationen und Werte für mich berufsbiografisch überhaupt relevant sein können oder sollen bzw. was ich *mit* ihnen zu tun gedenke, *wo* ich mit ihnen Anknüpfungspunkte für meinen weiteren Werdegang suche oder – alles in allem – was eigentlich mein Ziel ist. Das lässt sich nicht scharf von der Selbstwahrnehmung trennen, sondern geht vielmehr aus ihr hervor. Und dennoch ist es wichtig, explizit auf die Notwendigkeit und Dringlichkeit dieser Entscheidungen hinzuweisen, weil sie vielen Studierenden Schwierigkeiten bereiten: „Das Schwierigste ist immer die Entscheidung"[12], weiß auch die besagte Beratungsliteratur und gibt zahlreiche Hinweise auf Methoden zur Entscheidungsfindung.[13]

Jedenfalls sehen wir „Wahrnehmen" und „Entscheiden" nicht als in absehbarer Zeit abschließbare Ziele an, sondern als Momente eines Wech-

[10] Richard Nelson Bolles, Durchstarten zum Traumjob. Das Workbook, Frankfurt/M. ^{4}2014, 15.

[11] Bolles, Durchstarten zum Traumjob, 13.

[12] Uta Glaubitz, Generation Praktikum. Mit den richtigen Einstiegsjobs zum Traumberuf, München 2006, 60.

[13] Vgl. Glaubitz, Generation Praktikum, 62–64.

selspiels, die sich auch in außercurricularen Praxisphasen neben dem Studium ereignen. Mit der Entscheidung für ein Theologiestudium öffnen sich neue Felder der Selbstwahrnehmung, die Entscheidungen verlangen, die wiederum mittels einer präziseren Wahrnehmung vertiefte Entscheidungen ermöglichen, und so weiter. Ein Beispiel: Wer sich für ein Theologiestudium entscheidet, entdeckt im Laufe ihrer oder seiner Studienzeit vielleicht, dass ihr oder ihm außerschulische Jugendarbeit Freude bereitet und entscheidet sich deshalb dafür, sich um eine Teamer*innenstelle für Tage religiöser Orientierung (TrO) zu bemühen, weil dies einerseits zur Finanzierung des Studiums beiträgt und andererseits für den beruflichen Werdegang einen Vorteil darstellen könnte. Nun könnte die Person wahrnehmen, dass die Arbeit als solche ihr tatsächlich liegt und deshalb entscheiden, eine höhere tätigkeitsspezifische Qualifikation erwerben zu wollen, um bessere Chancen auf eine spätere Stelle zu erhalten. Dazu müsste sie aber wiederum wahrnehmen, an welchen ihrer Fähigkeiten sie sinnvollerweise arbeiten möchte, um eine Entscheidung für eine Zusatzqualifikation treffen zu können und so weiter.

Diese Darstellung ist natürlich sehr vereinfacht. Zum Beispiel wurde bislang noch nicht gezeigt, dass auch negative Praxiserfahrung produktiv für die berufliche Orientierung sein kann. Wir können dies hier nicht weiter vertiefen, halten aber fest: Tatsächlich sind Wahrnehmungs- und Entscheidungssituationen weitaus komplexer und laufen zweifellos nicht so linear ab, wie es nun vielleicht auf den ersten Blick scheint. Wir können aber annehmen, dass noch bevor Praktika als *curriculare* Lernprozesse angeboten werden, häufig bereits Praxiserfahrungen vorliegen und in der Regel bereits ein berufsbiografisch relevanter Lernprozess im Gange ist.

4 Das Praktikum als curricularer Lernprozess

Curriculare Praktika stoßen deshalb in der Regel nicht einen völlig neuen Lernprozess an, sondern greifen – bestenfalls fördernd – in ihn ein. Dabei sind die Lern*ziele* von Praktika abhängig von denjenigen, die sie absolvieren. Ein Praktikum kann Vieles zum Ziel haben: einen Arbeitgeber kennenlernen, das eigene Interesse an einem Praxisfeld erkunden – vielleicht auch ein Praxisfeld ausschließen –, eigene Fähigkeiten im Hinblick auf ein Tätigkeitsfeld entdecken, ein gutes Praktikumszeugnis für die Bewerbungsmappe erhalten und anderes mehr. Das Praktikum als curricularer Lernprozess sollte nicht von außen Ziele für die Studierenden setzen, sondern es ihnen überlassen, diese selbst zu entwickeln.

Uns kann nun das Wechselspiel von „Wahrnehmen" und „Entscheiden" ebenfalls eine Hilfe sein, um Überlegungen zur sinnvollen Begleitung des Lernprozesses anzustellen. Sofern wir keine konkrete Lernzieldefinition von außen vornehmen wollen, sollten wir beim jeweiligen Stand der einzelnen Personen ansetzen und von dort aus das Wechselspiel von „Wahrnehmen" und „Entscheiden" sozusagen „in Gang bringen". In der Folge dessen können Elemente der Praktikumsbegleitung nur als Lern*angebote* verstanden werden. Das heißt, dass es weniger darum gehen sollte, mit einer Lerneinheit oder einer Methode Studierende darauf zu verpflichten, etwas zu lernen, sondern vielmehr darum, dazu *Zeit* und *Ressourcen* für Studierende zur Verfügung zu stellen.

Zeit zur Verfügung stellen heißt, nicht nur die Durchführung eines Praktikums im curricularen Stundenkontingent abzubilden, sondern auch dessen Vor- und Nachbereitung, damit Räume für das „Wahrnehmen" und „Entscheiden" geöffnet werden. Dazu kann sich zum Beispiel ein Praxiskurs oder Praxisseminar, aber auch eine Anlaufstelle für individuelle Begleitung anbieten. Indem Begleiterinnen und Begleiter mit ihrer Zeit, ihrer Expertise und ihrem Engagement zur Verfügung stehen, eröffnen sich nutzbare Ressourcen für Studierende. Begleiterinnen und Begleiter können auf Wunsch Anregungen für Methoden, Suchstrategien oder weiterführende Kontaktstellen geben, kurzum: bedarfsorientiert auf individuelle Anforderungen reagieren.

Ganz bewusst sprechen wir hier nun nicht von Lehrenden, sondern von Begleiter*innen, um zu betonen, dass es dabei nicht um das zu Lehrende, sondern um die zeitweise Begleitung innerhalb eines längerfristigen Lernprozesses Anderer geht. Wir wollen im Folgenden einige eckpunktartige Anregungen für solche Begleitung von Praktika geben.

In der Vorbereitung, zum Beispiel in einem vorbereitenden Praxisseminar, ist es zunächst wichtig, Setting und Rollen zu klären. Nicht die Begleiter*innen, sondern die Studierenden sind die Expert*innen für ihre Praktika. Die Begleiter*innen können lediglich unterstützend und auf Nachfrage bei der Gestaltung des individuellen Lernprozesses mitwirken, sie können Erfahrungswerte teilen und Einschätzungen abgeben. Zugleich behalten sie den Rahmen im Blick. Ihr Ziel kann darin bestehen, das Wechselspiel von „Wahrnehmen" und „Entscheiden" sichtbar zu machen und dadurch zu fördern. Das bedeutet, die Versprachlichung bereits vorliegender Selbstwahrnehmung oder schon getroffener Entscheidungen anzuregen, um von dort her den derzeitigen Standpunkt – sozusagen den Status Quaestionis der eigenen beruflichen Entwicklung – zu bestimmen. Begleiter*innen können hierbei vor allem Empfehlungen und Angebote hinsichtlich sinnvoll einsetzbarer Methoden und Instrumente machen –

oben wurden bereits zwei Hinweise auf entsprechende Beratungsliteratur gegeben. Ausgehend davon können eigene Lernziele im Hinblick auf konkrete Tätigkeitsfelder von den Studierenden selbst erarbeitet und formuliert werden. Auch die Strategie zur Erreichung der Lernziele, in die auch die Planung der Suche nach konkreten Einsatzorten einbezogen sein sollte, sollten die Studierenden eigenständig entwickeln. Bei der Suche nach konkreten Einsatzorten können Listen theologischer Berufsfelder, wie sie ebenfalls oben bereits benannt wurden, zur Anwendung kommen und Tätigkeitsfelder, die weniger bekannt sind, in den Blick genommen werden. Sicherlich hilfreich zu wissen ist, welche Suchstrategie für welches Praxisfeld anschlussfähig ist. Begleiter*innen können dabei helfen, vielversprechende Ansprechpartner*innen, Netzwerke, Institutionen oder Organisationen zu identifizieren bzw. auf Kommunikationswege hinweisen, über die Ausschreibungen für Praktika verbreitet werden.

Unter Rückbezug auf die Lernziele aus der Vorbereitung kann in der Nachbereitung der Lernfortschritt individuell angesehen werden. Eine Möglichkeit dazu ist, die Studierenden in einem Praxiskurs zur Nachbereitung ihr Praktikum präsentieren zu lassen. Eine Präsentation hat gegenüber einem schriftlichen Bericht den Vorteil, dass sie unmittelbare Resonanz unter Studierenden ermöglicht und außerdem selbst kommunikative Fähigkeiten trainiert, die in sehr vielen Praxisfeldern wichtig sind. Grundsätzlich scheint es sinnvoll, hier größtmögliche Freiheiten in der Gestaltung der Präsentation zu lassen, denn Studierende könnten einzelne Erfahrungen aus ihrem Praktikum nicht thematisieren wollen und sollen dazu nicht gezwungen werden. Lediglich drei Grundregeln für die Präsentation des Praktikums wollen wir vorschlagen: 1. Thema der Präsentation ist das Praktikum, nicht der Praktikumsplatz, 2. Der Schlüssel zu einer gelingenden Präsentation heißt Originalität, 3. Gutes vor Schlechtem.

Mit Regel 1 soll eine allzu objektive Reflexion des Praktikums vermieden werden. Ertragreicher als eine nüchterne Darstellung des Arbeitsumfelds ist eine subjektive Reflexion über Wahrgenommenes und getroffene bzw. künftige Entscheidungen. Mit Regel 2 und der Aufforderung zur originellen Präsentation verbindet sich die Idee, die Reflexion möglichst resonanzfähig zu gestalten. Anstelle einer Powerpoint-Präsentation kann zum Beispiel eine Arbeitsprobe, ein Erlebnisbericht oder eine Fragerunde Ausgangspunkt für eine Reflexion sein, für die auch die übrigen Beteiligten ein Gespür entwickeln können. Im Sinne von Regel 3 sollen die positiven Erfahrungen aus einem Praktikum in der Präsentation Priorität gegenüber den negativen Erfahrungen haben. Um eine Entscheidung für einen Beruf treffen zu können, muss man eher wissen, was man will und kann als das, was man *nicht* will und *nicht* kann. Deshalb lohnt es sich, im Anschluss an eine

Praxisphase eher die positiven als die negativen Erfahrungen festzuhalten, zu bewahren und als Ausgangspunkt für eine weitere Entwicklung zu nutzen.

5 Wie Praktika im Theologiestudium zur beruflichen Entwicklung beitragen können

„Praktisch macht es jeder anders!" – ein Praktikum trägt zur beruflichen Entwicklung bei, wenn es seiner Form nach und in der Begleitung zulässt, dass es von jeder und jedem auf ihre oder seine eigene Weise ausgestaltet wird. Der Umgang mit Praxis geschieht in der Theologie subjektiv, weil jede Studentin und jeder Student anders und vor einem eigenen Horizont und mit eigenen Zielen Theologie studiert.

Wir wollten nun keine Lern- oder Praktikumstheorie aufstellen oder ein fertiges Konzept für die curriculare Implementierung oder Begleitung von Praktika im Theologiestudium liefern. Stattdessen ging es darum, Anstöße auf Grundlage der Erfahrung mit der Arbeit im Netzwerkbüro Theologie & Beruf zu formulieren. Mit dem Ende unserer Überlegungen wollen wir diese Anstöße kurz und thesenartig fixieren:

- Eine Theologie, deren Praxis nicht abschließend auf bestimmte Praktiken festlegbar ist, verlangt ihren Studierenden berufliche Orientierungsprozesse ab.
- Theologische Praxis finden wir dort, wo Theolog*innen mit einer ihnen eigenen Haltung handeln. Theologische Qualifikation erweist sich insofern nicht primär in der Fähigkeit, Methoden anzuwenden, sondern vor allem im bewussten Einnehmen eines Standpunkts. Ein Praktikum wird deshalb dann besonders ertragreich, wenn es nicht von einem Thema (aus der Praxis), sondern vom Subjekt ausgeht.
- Dabei muss berücksichtigt werden, dass Studierende sich bereits in einem Lernprozess befinden, bevor ein Praktikum beginnt. Es kann hilfreich sein, diesen Lernprozess als Wechselspiel von „Wahrnehmen" und „Entscheiden" zu systematisieren.
- Ein theologisches Curriculum kann dieses Wechselspiel fördern, indem es Studierenden Zeit und Ressourcen zur Verfügung stellt. Eine Möglichkeit dazu ist es, Praxiskurse zur Vor- und Nachbereitung von Praktika anzubieten.

Studentisches Kompetenzerleben im Kontext schulpraktischer Anteile in der Religionslehrer*innenbildung

Carina Caruso

1 Das Praxissemester als integraler Studienbestandteil

Seit dem Wintersemester 2014/2015 ist eine fünfmonatige Praxisphase integraler Bestandteil der universitären Lehrer*innenbildung in Nordrhein-Westfalen. Im zweiten von insgesamt vier Mastersemestern sind die angehenden Lehrkräfte überwiegend am Lernort Schule tätig. Nach einer Hospitationsphase erproben sie sich bezüglich der Planung, Durchführung und Reflexion unterrichtlicher Prozesse. Diese Professionalisierungsphase ist in ein Studienjahr eingebettet: Im ersten Mastersemester gehen Vorbereitungsseminare in den Bildungswissenschaften sowie in den Fachdidaktiken dieser Phase voraus. Die Vorbereitungsseminare führen theorieorientiert aus pädagogischer, aber auch aus fachlicher Perspektive in die professionelle Praxis ein. Während der Praxisphase können angehende Lehrpersonen auf dieser Grundlage unterrichtliche und schulische Erfahrungen aus der Perspektive theoretischer Überlegungen in den Blick nehmen bzw. Theorien auf Basis der Erfahrungen kritisch anfragen. Im zweiten Mastersemester besuchen die angehenden Lehrkräfte parallel zu ihrer Tätigkeit an den Schulen – in der Regel an einem Tag in der Woche – Begleitveranstaltungen an den Hochschulen.[1] Diese Begleitveranstaltungen sind in jedem der Fächer und den Bildungswissenschaften obligatorisch und zielen auf die fachdidaktische und forschungsorientierte Begleitung unterrichtlicher Erfahrungen, indem beispielsweise die fachliche Reflexion sowie die Selbstreflexion gezielt angeleitet und somit (weiter-)entwickelt werden. In einem der studierten Fächer ist zudem ein Begleitforschungsseminar zu absolvieren. In diesem Rahmen wird ein Studienprojekt durchgeführt. Die Vorbereitung, Durchführung und Reflexion des Projektes wird durch inhaltliche und methodische Impulse begleitet. Während im Vorbereitungsseminar – im Bereich der

[1] Vgl. Zentrum für Bildungsforschung und Lehrerbildung (PLAZ), Das Praxissemester in der Ausbildungsregion der Universität Paderborn. Informationen für Studierende, Lehrende, Ausbildnerinnen und Ausbildner sowie Mentorinnen und Mentoren: Allgemeiner Teil, Paderborn 2017, 5 (abrufbar unter: https://plaz.uni-paderborn.de/fileadmin/plaz/Praxisphasen/Praxissemester_MA/Allgemeiner_Teil.pdf, Zugriff: 7.3.2018). Der ergänzende fachspezifische Teil zur Katholischen Religionslehre ist abrufbar unter: https://plaz.uni-paderborn.de/fileadmin/plaz/Praxisphasen/Praxissemester_MA/KatholischeReligion.pdf [Zugriff: 7.3.2018].

Religionsdidaktik – religionsdidaktische Grundlagen, persönliche Zielformulierungen und Präkonzepte grundgelegt, diskutiert bzw. aufgedeckt werden, dient das Begleitseminar der Beantwortung von spezifischen Fragestellungen im Schnittfeld der Fachwissenschaft, Fachdidaktik und Unterrichtspraxis. Das voranstehend benannte Begleitforschungsseminar fokussiert hingegen die Begleitung und Unterstützung der Studienprojekte (forschendes Lernen) und leitet religionspädagogische Beobachtungen am Handlungsfeld Schule an.[2]

Die Ausbildung der Studierenden in schulpraktischen Grundfragen liegt in der Verantwortung der Zentren für schulpraktische Lehrerausbildung. Studierende nehmen dort – in der Regel vor Beginn der Praxisphase (nach dem universitären Vorbereitungsseminar) – an der Praxis-Einführung teil. In dieser werden Aspekte des Lehrkräftehandelns „durch ständigen Bezug allgemeinpädagogischer und fachdidaktischer Perspektiven auf die eigene unterrichtliche Praxis erarbeitet."[3] Einen wichtigen Beitrag zur Professionalisierung leistet zudem die Unterrichtsberatung. Diese erhalten die angehenden Lehrpersonen von den Fachleiter*innen, die auch die Praxis-Einführung erteilen „– wenn möglich auch gemeinsam mit den Lehrenden der Universität"[4]. Ebenfalls in der Verantwortung der Fachleiter*innen liegt (neben der Praxis-Einführung und der Unterrichtsberatung) das Bilanz- und Perspektivgespräch. Dieses wird anders als die Unterrichtsberatungen aber nicht in jedem der Fächer durchgeführt und bezieht sich auf den gesamten Prozess des Praxissemesters: „Am Ende des schulpraktischen Teils des Praxissemesters wird ein Bilanz- und Perspektivgespräch durchgeführt, an dem neben der/dem Studierenden eine Mentorin oder ein Mentor der Schule, eine Ausbilderin oder ein Ausbildner des ZfsL und ggf. eine Lehrende oder ein Lehrender der Universität teilnehmen. (…) Dieses Gespräch ist keine Leistungs- und Beurteilungssituation. Es dient der eigenen Reflexion und Rechenschaftsablegung der Studierenden bzw. des Studierenden über den Lernprozess im Praxissemester und den Stand des Kompetenzerwerbs; außerdem sollen gemeinsam weitere Entwicklungsnotwendigkeiten und -möglichkeiten erörtert werden."[5]

Insbesondere dem Lernort Schule kommt eine prominente Bedeutung zu. Berufliche Kompetenzen, die dann im Vorbereitungsdienst weiterentwickelt werden, sollen dort grundgelegt werden. „Zum anderen verknüpfen Studierende [so ist es zumindest intendiert, C. C.] berufsrelevantes wis-

[2] Vgl. PLAZ, Das Praxissemester in der Ausbildungsregion der Universität Paderborn, 22.
[3] PLAZ, Das Praxissemester in der Ausbildungsregion der Universität Paderborn, 7.
[4] PLAZ, Das Praxissemester in der Ausbildungsregion der Universität Paderborn, 7.
[5] PLAZ, Das Praxissemester in der Ausbildungsregion der Universität Paderborn, 7.

senschaftliches Theorie- und Reflexionswissen mit berufspraktischen Erfahrungen und führen dazu im Sinne forschenden Lernens theoriegeleitete Erkundungen sowie ein Studienprojekt durch."[6] Neben der Hospitation und Unterrichtsbeobachtung planen und arrangieren die Studierenden auch unter Begleitung einer bzw. eines Mentor*in Unterricht in jedem der studierten Fächer. Ebenfalls ist die Planung und Durchführung von mindestens einem Unterrichtsvorhaben in beiden Fächern verpflichtend. Weiterhin sollten angehende Lehrkräfte in jedem Fach die Möglichkeit haben, Schüler*innenleistungen zu überprüfen indem sie zum Beispiel einen Test oder eine Klassenarbeit planen, durchführen und auswerten. Das voranstehend erwähnte Studienprojekt sowie die Partizipation am Schulleben sind darüber hinaus obligatorisch.[7] Durch die Integration wird das Lehramtsstudium berufsfeldbezogener. Im Fokus der intendierten Kompetenzentwicklung sind jedoch nicht nur die Kompetenzen, die mit der Haupttätigkeit des Lehrberufs, dem Unterrichten, in Verbindung stehen. Das Langzeitpraktikum zielt auch auf die personale Professionalisierung angehender Lehrkräfte.

2 Untersuchungskontext

Die voranstehenden Ausführungen beschreiben die Anlage sowie die Zielperspektive des Praxissemesters. Ob die fünfmonatige Praxisphase de facto einen Beitrag zur Entwicklung professioneller Handlungskompetenz leistet, gilt es allerdings noch empirisch zu verifizieren. Bevor das Untersuchungsdesign beschrieben und anschließend einige empirische Erkenntnisse exemplarisch und in Form eines ersten Impulses präsentiert werden, wird auf aktuelle Überlegungen zur Professionalität und Professionalisierung von Lehrkräften Bezug genommen.[8]

---

[6] PLAZ, Das Praxissemester in der Ausbildungsregion der Universität Paderborn, 6.

[7] Vgl. PLAZ, Das Praxissemester in der Ausbildungsregion der Universität Paderborn, 6.

[8] In einer Vielzahl aktueller Veröffentlichungen in Zusammenhang mit professioneller Handlungskompetenz von Lehrkräften wird auf die Ausführungen von Jürgen Baumert und Mareike Kunter (vgl. Jürgen Baumert – Mareike Kunter, Stichwort: Professionelle Kompetenz von Lehrkräften, in: Zeitschrift für Erziehungswissenschaft 9 (2006) 469–520) Bezug genommen (vgl. z. B. Alexander Martin, Medienerziehung im Unterrichtsfach Pädagogik – Praxisorientierte Entwicklung, Durchführung und Evaluation einer Lehrkräftefortbildung zu den Themenbereichen Cybermobbing, Gewalt und Sexualisierung in Medien, Paderborn 2017, 57–68; Christoph Vogelsang, Validierung eines Instruments zur Erfassung der professionellen Handlungskompetenz von (angehenden) Physiklehrkräften. Zusammenhangsanalyse zwischen Lehrerkompetenz und Lehrerperformanz, Berlin 2014; Josef Riese, Professionelles Wissen und professionelle Handlungskompetenz von (angehenden) Physiklehrkräften, Berlin 2009; zur professionellen Habitusbildung vgl. Stefan Heil – Manfred Riegger, Der religions-

2.1 Professionelle Kompetenz

Die Qualität der Bildung von Kindern und Jugendlichen ist von ineinandergreifenden Aspekten abhängig. Maßgeblich ist diese aber auch von den Kompetenzen der Lehrkräfte beeinflusst, die die Heranwachsenden unterrichten.[9] Ewald Terhart stellt heraus, dass sich diese Feststellung nicht allein auf den Lehrberuf beschränkt und konstatiert ähnliche Beobachtungen auch auf Basis anderer Domänen: „Die elementare Voraussetzung für die adäquate Erreichung des Betriebszwecks ist ‚das Personal', ist die Qualifizierung und ständige Weiterentwicklung der beruflichen Fähigkeiten der Mitarbeiter."[10]

Ausgangspunkt dafür, Kompetenzen (angehender) Lehrkräfte zu messen bzw. zu erheben, sind Kompetenzmodelle, die die Komplexität professionellen Handelns zugänglich machen. Zwar existieren Facetten von Lehrer*innenprofessionalität, die nicht operationalisiert werden können, der empirische Zugang durch Kompetenzmodellierung ist jedoch eine Möglichkeit, diese Komplexität „greifbar" und – zumindest im Ansatz – verstehbar zu machen.

Jörg Schlömerkemper definiert Professionalität und verweist darauf, dass er sich an Erläuterungen Johann Friedrich Herbarts (1776–1841) orientiert, die dieser wiederum bezugnehmend auf den „pädagogischen Takt"[11] formuliert. Schlömerkemper hält fest: „Professionalität nimmt die ‚Unsicherheit' pädagogischen Handelns zur Kenntnis, leitet daraus aber nicht die Beliebigkeit dieses Handelns ab. Vielmehr beinhaltet der pädagogische Takt die Notwendigkeit einer möglichst genauen Reflexion der Voraussetzungen des Handelns und einer ebenso sogfältigen Vergewisserung über dessen Folgen"[12]. Aktuellere Ausführungen skizzieren Professionalität hingegen auf Grundlage einer Definition des Handlungsbereichs, womit der Vorteil einhergeht, Erwartungen an die Profession korrigieren zu können, sobald sich Profile verändern. Im Zentrum des Lehrerhandelns steht der Unterricht. Unterricht wird somit oftmals zum Handlungsbereich, auf dessen Basis versucht wird, „Professionalität" zu definieren. In diesem Zusam-

---

pädagogische Habitus. Professionalität und Kompetenzen entwickeln – mit innovativen Konzepten fürs Studium, Seminar und Beruf, Würzburg 2017).

[9] Vgl. Ewald Terhart, Schulentwicklung und Lehrerkompetenzen, in: Thorsten Bohl – Werner Helsper – Heinz-Günter Holtappels – Carla Schelle (Hg.), Handbuch Schulentwicklung. Theorie – Forschungsbefunde – Entwicklungsprozesse – Methodenrepertoire; Bad Heilbrunn 2010, 237–241.

[10] Terhart, Schulentwicklung und Lehrerkompetenzen, 237.

[11] Jörg Schlömerkemper, Leistungsmessung und die Professionalität des Lehrerberufs, in: Franz E. Weinert (Hg.), Leistungsmessung in Schulen, Weinheim ^{2}2002, 311–321, hier: 315.

[12] Schlömerkemper, Leistungsmessung und die professionalität des Lehrberufs 315.

menhang werden Situationen beschrieben und Aspekte definiert, die erlauben zu bewerten, wie professionell in diesem Kontext agiert wird.[13] Überdies ist festzuhalten, dass sich die Orientierung an Standards auch in der Lehrer*innenbildung durchgesetzt hat[14], obwohl die Outputorientierung im Allgemeinen noch immer (heftig) kritisiert und diskutiert wird. Da z. B. Andreas Helmkes Angebots-Nutzungs-Modell der Unterrichtswirksamkeit[15] zeigt, dass die Lehrkraft nicht die einzige, aber eine entscheidende beeinflussende Variable von Unterricht, der die Leistung von Lernenden fördert, ist, kommt – trotz andauernden Kritiken – Kompetenzmessungen bzw. -erhebungen eine tragende Rolle zu. Wirkanalysen in der Lehrer*innenbildung markieren nämlich einen Ausgangspunkt für die systematische Professionalisierung angehender Lehrkräfte.

2.2 Kompetenzmessungen im Kontext von Praktika

Die Ausweitung der schulpraktischen Anteile in der Lehrer*innenbildung ist in vielen Bundesländern festzustellen. In Nordrhein-Westfalen mündete diese in dem skizzierten Praxissemester. Ob mit der Implementation des Praxissemesters ein „Qualitätssprung in der Ausbildung von zukünftigen Lehrkräften“[16] verbunden ist, ist bisher nicht empirisch verifiziert, vielmehr gibt es dazu kritische Stimmen. Das Praxissemester wird derzeit sowohl fachübergreifend als auch domänenspezifisch evaluiert, um diese Kontroverse zu klären.

[13] Vgl. Ewald Terhart, Lehrerberuf und Professionalität. Gewandeltes Begriffsverständnis – neue Herausforderungen, in: Zeitschrift für Pädagogik 57 (2011) 202–224, hier: 216.

[14] Vgl. z. B. Sekretariat der Ständigen Konferenz der Kultusminister der Länder in der Bundesrepublik Deutschland (KMK), Standards für die Lehrerbildung. Bildungswissenschaften. Beschluss der Kultusministerkonferenz vom 16. 12. 2004 i. d. F. vom 12. 6. 2014, Berlin 2014 (abrufbar unter: https://www.kmk.org/fileadmin/Dateien/veroeffentlichungen_beschluesse/2004/2004_12_16-Standards-Lehrerbildung-Bildungswissenschaften.pdf [Zugriff: 7. 3. 2018]).

[15] Andreas Helmke, Was wissen wir über guten Unterricht? Wissenschaftliche Erkenntnisse zur Unterrichtsforschung und Konsequenzen für die Unterrichtsentwicklung, Landau 2017, 2, abrufbar unter: https://www.bildungsserver.de/fisonline.html?FIS_Nummer=1035112 [Zugriff: 7. 3. 2018].

[16] Renate Schüssler u. a. (Hg.), Das Praxissemester im Lehramtsstudium. Forschen, Unterrichten, Reflektieren, Regensburg 2014, 35. Vgl. auch Tina Hascher, Lernfeld Praktikum. Evidenzbasierte Entwicklungen in der Lehrer/innenbildung, in: Zeitschrift für Bildungsforschung 2 (2012) 109–129; Colin Cramer, Theorie und Praxis in der Lehrerbildung. Bestimmung des Verhältnisses von theoretischen Zugängen, empirischen Befunden und Realisierungsformen. Die Deutsche Schule, in: Die deutsche Schule 106 (2014) 344–357; Tina Hascher – Lea de Zordo, Langformen von Praktika. Ein Blick auf Österreich und die Schweiz, in: Journal für LehrerInnenbildung 1 (2015) 22–32.

Forschungen im Zusammenhang mit dem Praxissemester bilden ein breites Untersuchungsfeld für empirische Lehrer*innenbildungsforschung, das noch viele Forschungsdesiderate aufweist.[17] Veröffentlichungen nehmen genuin bildungswissenschaftliche Kompetenzaspekte in den Blick. Häufig werden zudem Kompetenzeinschätzungen dahingehend fokussiert und untersucht, ob und wie sich diese im Kontext des Praxissemesters (Prä-Post-Design) verändern.[18] Ein Mixed-Methods-Ansatz zur Exploration ausgewählter Effekte des Praxissemesters bei angehenden Religionslehrkräften zielt auf die domänenspezifische Beforschung des Praxissemesters. Nachstehend wird zunächst die Untersuchungsanlage beschrieben, bevor daran anschließend einige Ergebnisse dargestellt werden.

3 Untersuchungsdesign, -instrument und -sampling

Der Mixed-Methods-Ansatz besteht aus zwei Teiluntersuchungen, deren Ergebnisse miteinander in Beziehung gesetzt werden.[19] Das Untersuchungsdesign ist als paralleles Design[20] zu bezeichnen: Während in Hinblick auf die quantitative Teiluntersuchung Kompetenzselbsteinschätzungen und Vorstellungen Studierender mittels eines Prä-Post-Designs längsschnittlich betrachtet werden, werden im Bereich der qualitativen Untersuchung individuelle Unterrichtsberatungen sowie Bilanz- und Perspektivgespräche mit Blick auf didaktische, pädagogische und organisatorische Aspekte zusammengefasst.[21] Herausgeabreitet werden dabei pädagogische und didaktische Aspekte, die die Studierenden bei der Unterichtsplanung, -durchführung und –reflexion am Ende des Praxissemesters realisieren. Organisatorische Aspekte, die in den Gesprächen thematisiert werden, stellen hingegen die Grundlage dafür dar, Gelingensaspekte für das Praxissemester abzuleiten.

[17] Vgl. Martin Rothland – Sarah K. Boecker, Viel hilft viel? Forschungsbefunde zum Praxissemester in der Lehr-erbildung, in: Lehrerbildung auf dem Prüfstand 8 (2015) 112–134, hier: 114.

[18] Vgl. Christoph Vogelsang – Carina Caruso – Christopher Wosnitza, Das Praxissemester fachdidaktisch in den Blick nehmen – Zugänge einer interdisziplinären Forschungsgruppe an der Universität Paderborn, in: Die Hochschullehre 3 (2017) 1–19.

[19] Vgl. Udo Kuckartz, Mixed Methods. Methodologie, Forschungsdesigns und Analyseverfahren, Wiesbaden 2014.

[20] Vgl. Kuckartz, Mixed Methods, 73.

[21] Vgl. Jan Woppowa – Carina Caruso, Das Praxissemester als Ort religionspädagogischer Professionalisierung. Einblicke in eine prozessgestaltende Untersuchung, in: Religionspädagogische Beiträge 76 (2016) 96–107.

Im Folgenden werden insbesondere erste quantitative Daten präsentiert.[22] Ein Fragebogen diente der Datenerhebung vor und nach dem Langzeitpraktikum. Standards zu einzelnen Teilkompetenzen theologisch-religionspädagogischer Handlungskompetenz[23], die den Ausführungen der Evangelischen Kirche Deutschlands entnommen wurden, sind in Selbsteinschätzungsfragen transformiert und unter Verwendung einer sechsstufigen Ratingskala (1 = trifft ganz und gar nicht zu; 6 = trifft voll und ganz zu) erhoben worden. Die untersuchten studentischen Vorstellungen beziehen sich u. a. auf die Bereiche Religionslehrer*innenrolle, Zielvorstellungen des Religionsunterrichts und Spiritualität. Die Items, die diesen Bereichen zuzuordnen sind, wurden insbesondere auf Grundlage von Leitfrageninterviews mit Studierenden entwickelt, die während der Konzeptionalisierungsphase geführt wurden. Hinsichtlich der quantitativen Daten handelt es sich um eine Gelegenheitsstichprobe, d. h. dass alle Studierenden der ersten vier Kohorten, die an der Universität Paderborn das Fach Kath. Theologie studieren und mit diesem Fach das Praxissemester absolvieren, an der Untersuchung teilgenommen haben. Nachstehend werden Ergebnisse auf Grundlage der Kohorten II, III und IV präsentiert. Die Daten der ersten Kohorte werden wegen möglicher Verzerrungseffekte an dieser Stelle nicht berücksichtigt. Lehramtsstudierende aller Schulformen (Grundschule; Haupt-, Real-, Sekundar- und Gesamtschulen; Gymnasien und Gesamtschulen; Berufskolleg) haben an der Erhebung teilgenommen (N = 63).

4 Exemplarische Ergebnisse als Einladung zum Querdenken

Bevor Ergebnisse zu den Kompetenzeinschätzungen präsentiert werden, stehen u. a. Ausführungen zur Bedeutung des Praxissemesters und zur Motivation, Religionslehrkraft zu werden (vgl. Tabelle 1) sowie zur Vorstellung von Spiritualität (vgl. Tabelle 2).[24]

---

[22] Die präsentierten Ergebnisse zeichnen lediglich ein Stimmungsbild Da die Ergebnisse an dieser Stelle nur als erste Impulse dienen, die einladen, mit- und querzudenken, ist der Verzicht auf die Skalenbildung im Rahmen der statistischen Auswertung legitim. Es wird dargestellt, inwiefern sich die Kompetenzselbsteinschätzung angehender Religionslehrkräfte in Bezug auf einzelne Standards der Evangelischen Kirche in Deutschland verändert.

[23] Vgl. Evangelische Kirche in Deutschland (EKD), Theologisch-religionspädagogische Kompetenz. Professionelle Standards für die Religionslehrerausbildung (EKD-Texte ; 96), Hannover 2009; sowie katholischerseits: Sekretariat der Deutschen Bischofskonferenz (Hg.), Kirchliche Anforderungen an die Religionslehrerbildung (Die deutschen Bischöfe ; 93), Bonn 2010.

[24] Die nachfolgenden Tabellen zeigen Ergebnisse eines zweiseitigen t-Tests bei voneinander abhängigen Stichproben. Dieser Test dient dem Vergleich von Mittelwerten. Die Variante der

Tabelle 1: Bedeutung des Praxissemesters/Motivation Religionslehrkraft zu werden

Bedeutung des Praxsissemesters / Motivation Religionslehrkraft zu werden		MW[25]	N	SD	SE	T	p
Ich messe dem Praxissemester Religion im Rahmen des Lehramtsstudiums eine sehr hohe Bedeutung bei.	Prä Post	5,06 5,27	62 62	,939 1,043	,119 ,132	-1,437	,155
Die Motivation, Religionslehrer*in zu werden, ist sehr hoch.	Prä Post	4,46 4,57	61 61	,993 1,072	,127 ,137	-,766	,447

Die in Tabelle 1 dargestellten Ergebnisse zeigen, dass Praxissemesterstudierende nach dem Langzeitpraktikum diesem keine signifikant höhere Bedeutung zumessen als vor der Praxisphase. Dass ein signifikanter Mittelwertsunterschied ausbleibt, könnte auf Grundlage des schon tendenziell höchstmöglichen Mittelwertes erklärt werden, der auf den Daten der Prä-Messung gründet. Studierende messen dem Praxissemester insgesamt allerdings eine sehr hohe Bedeutung zu. Zudem sind sie sowohl vor als auch nach der Praxisphase motiviert, Religionslehrkraft zu werden. Hinsichtlich dieses Items ist allerdings ebenfalls kein signifikanter Mittelwertsunterschied festzustellen.

Nachstehender Transkriptauszug aus einem Bilanz- und Perspektivgespräch zeigt ebenfalls die positive Bewertung des Praxissemesters aus Perspektive einer angehenden Religionslehrerin (Studentin HR(S)Ge, Kohorte II):

> //Okay.// Also das Praxissemester insgesamt fand ich jetz erstmal sehr hilfreich. (.) Also, was mir am meisten gebracht hat, war jetz die Materialsammlung, die ich jetz (.) für mich bekommen hab, durch meine Mentoren auch, und durch (.) Austausch von andern Studenten. Ehm, vor allem für's spätere Berufsleben jetzt. Und (.) ja, einfach die Erfahrung, tatsächlich jeden Tag Unterricht zu halten, und nicht nur (.) einmal in/. Ja gut, in Religion is/, war jetz das nur einmal in der (.) Woche, aber in Englisch hab ich dann auch, ehm, (.) komplett von Stunde zu Stunde unterrichtet, so dass dann, (.) ja,

Mittelwertsanalyse ermöglicht die Auskunft darüber, ob Unterschiede zwischen den Mittelwerten zufällig auftreten. Zeigt die Datenanalyse, dass der Mittelwertsunterschied nicht zufällig ist, spricht man von einem signifikanten, d.h. systematischen Unterschied. Ein signifikantes Ergebnis beim t-Test ($p < 0,05$) zeigt an, dass sich die Mittelwerte der Messungen – vor und nach dem Praxissemester – signifikant voneinander unterscheiden.

[25] Die in dieser und den nachfolgenden Tabellen verwandten Abkürzungen stehen für N: Zahl der Befragten, MW: Mittelwert, SD: Standardabweichung, SE: Standardfehler, T: t-Wert, p: p-Wert

> wirklich auch 'n Rhythmus zustande gekommen is, und 'ne Kontinuität. Ehm, (.) um da tatsächlich im Berufsleben zu sein. So kam mir das jetz zumindest vor. Also, ich hatt' natürlich jetz da nich die komplette Verantwortung über alles, aber (.) ich hatte schon eine gewisse Verantwortung, (.) für das, was ich da gemacht hab. (..) Hilfreich fande ich das hinten/. (.) Also, (.) ich hätte auch gerne mal (.) für 'ne zeitlang alleine unterrichtet, muss ich ehrlich sagen, aber (.) in gewissen (.) Phasen war's dann auch ganz hilfreich, dass noch jemand hinten drin saß (..) und mir dann geholfen hat. Auch dass man die Stunden dann meistens zusammen geplant hat, was man macht. Das fande ich dann (.) ganz hilfreich. (..) Ja.

Insgesamt kann nur vermutet werden, warum die angehenden Lehrkräfte dem Praxissemester eine hohe Bedeutung beimessen. Wichtig ist jedoch, mit Studierenden die Intention von Praxisphasen zu besprechen und diese zu erläutern. Professionalisierung und Unterrichten sollte nicht mit dem Archivieren bzw. dem Einsatz von Unterrichtsmaterialien verwechselt werden. Die Bedeutung von Praktika im Studium für die Professionalisierung sollte thematisiert werden, sodass Praxisphasen nicht primär als Beitrag zur Ausbildung eines Berufs instrumentalisiert werden. Dies würde nämlich eine Deprofessionalisierung anstelle einer Professionalisierung evozieren: Praxisphasen sind eine Möglichkeit Praxis theorieorientiert wahzunehmen, die Kompläxität professionellen Handels zu entdecken und dadurch Wissen zu erweitern.

Tabelle 2: Relevanz von Spiritualität (Prätest)

Spielt Spiritualität in Ihrem persönlichen Alltag eine Rolle? (Praetest)		**Häufigkeit**	**Prozent**	**Gültige Prozente**	**Kumulierte Prozente**
Gültig	nein	23	28,4	31,5	31,5
	ja	50	61,7	68,5	100,0
	Gesamt	73	90,1	100,0	
Fehlend	keine Angabe	1	1,2		
	System	7	8,6		
	Gesamt	8	9,9		
Gesamt		81	100,0		

Die Untersuchungsergebnisse zeigen weiterhin, dass ca. 60 % der angehenden Lehrkräfte angeben, es habe für sie Relevanz, in Kirche und Gemeinde aktiv zu sein (vgl. Tabelle 3). Für ca. 70 % der Studierenden spielt Spiritualität in ihrem persönlichen Alltag eine Rolle (vgl. Tabelle 2).

Tabelle 3: Relevanz von Aktivität in Kirche und Gemeinde (Prätest)

Hat es für Sie Relevanz, in Kirche und Gemeinde aktiv zu sein? (Praetest)		**Häufigkeit**	**Prozent**	**Gültige Prozente**	**Kumulierte Prozente**
Gültig	nein	29	35,8	39,7	39,7
	ja	44	54,3	60,3	100,0
	Gesamt	73	90,1	100,0	
Fehlend	keine Angabe	1	1,2		
	System	7	8,6		
	Gesamt	8	9,9		
Gesamt		81	100,0		

Nachgefragt und quergedacht: Ist das überraschend? Ist das viel oder wenig Zustimmung? Ist das Ergebnis beeinflusst durch ein sozial erwünschtes Antwortverhalten? Gilt das Ergebnis auch in anderen Regionen, oder ist ein solches Ergebnis nicht vielmehr besonders beeinflusst von der jeweiligen kirchlichen Situation in der Ausbildungsregion? Wie kann es gelingen, in Praxisphasen zu gewährleisten, dass sich die persönliche Spiritualität angehender Lehrkräfte (und hier sind auch die Studierenden mit Berufsziel Gemeindereferent*in im Blick) entwickeln kann? Welche Lernanlässe kann man den Studierenden in Schule und Unterricht oder auch in der Gemeinde bzw. an anderen pastoralen Orten zur Verfügung stellen, sodass sie Spiritualität erleben können und z. B. ihr Wissen über Spiritualität erweitern?

Tabelle 4 zeigt ergänzend, was die angehenden Lehrkräfte unter „Spiritualität" verstehen: Insbesondere fassen die Studierenden unter Spiritualität die Pflege und Gestaltung einer persönlichen Gottesbeziehung und das Vertrauen auf eine transzendente Wirklichkeit. Sie assoziieren mit Spiritualität kaum die Pflege und Gestaltung einer persönlichen Kirchenbeziehung bzw. die Teilhabe an kirchlicher Tradition. Die Mittelwerte hinsichtlich dieser Items liegen (deutlich) unter dem Wert der theoretischen Skalenmitte. Die studentischen Vorstellungen verändern sich im Kontext des Praxissemesters nicht.

Tabelle 4: Vorstellungen von Spiritualität – t-Test

Was verstehen Sie unter Spiritualität?		MW	N	SD	SE	T	p
Teilhabe an der kirchlichen Tradition	Prä Post	3,37 3,21	62 62	1,209 1,220	,152 ,154	,990	,326
Vertrauen auf eine transzendente Wirklichkeit	Prä Post	4,67 4,79	62 62	1,205 1,003	,152 ,126	-,740	,462
Pflege und Gestaltung einer persönlichen Gottesbeziehung	Prä Post	4,98 4,71	63 63	,959 1,069	,121 ,135	1,754	,084
Die Pflege und Gestaltung einer persönlichen Kirchenbeziehung	Prä Post	2,76 2,87	63 63	1,376 1,251	,173 ,158	-,708	,482

Folgende Fragen stellen sich: Inwiefern beeinflusst das Spiritualitätsverständnis angehender Religionslehrkräfte langfristig religionsunterrichtliche Prozesse? Wo zeigt sich die Spiritualität einer/eines Gemeindereferent*in? Braucht es eine persönliche Kirchenbeziehung als angehende Religionslehrkraft, um professionell Religion zu unterrichten? Anhand welcher Inhalte könnte diese Diskrepanz zwischen Soll und Sein in Bezug auf die Partizipation an kirchlicher Tradition und Gemeindeleben aufgedeckt werden bzw. sich auswirken?

Von insgesamt sechzehn möglich festzustellenden signifikanten Mittelwertsunterschieden (Anzahl der Items zur Erhebung der fachspezifischen studentischen Kompetenzselbsteinschätzung vor und nach dem Praxissemester) zeigt die Datenanalyse neun signifikante Mittelwertsunterschiede. Die Post-Werte sind durchschnittlich höher, d. h. die Studierenden schätzen ihre Kompetenz zum zweiten Messzeitpunkt hinsichtlich des jeweils abgebildeten Standards als ausgeprägter ein als noch vor dem Langzeitpraktikum:

In Hinblick auf das Item zur forschenden Grundhaltung ist kein signifikanter Mittelwertsunterschied festzustellen (vgl. Tabelle 5). Zu beiden Messzeitpunkten liegt der Mittelwert nur geringfügig über dem Wert der theoretischen Skalenmitte. Die Standardabweichungen sind relativ hoch: Die Studierenden scheinen zu beiden Messzeitpunkten nicht im besonderen Maße davon auszugehen, dass sie eine forschende Grundhaltung haben. Forschendes Lernen ist jedoch ein Schlüsselbegriff im Zusammenhang mit dem Praxissemester.

Tabelle 5: Teilkompetenz 1 (TK1) – t-Test

TK1: Fähigkeit zur Reflexion der eigenen Religiosität und Berufsrolle		MW	N	SD	SE	T	p
Ich habe eine forschende Grundhaltung, die mein Handeln in einem theoriegestützten Reflexionsprozess überprüft und verbessert.	Prä	3,81	63	1,134	,143	1,223	,226
	Post	3,59	63	1,340	,169		

Nachgefragt und quergedacht: Entwickelt sich die reflexive Grundhaltung angehender Lehrkräfte im Kontext der Praxisphase nicht? Ist das Reflexionsniveau zum zweiten Messzeitpunkt ausgeprägter und führt dazu, dass sich angehende Lehrkräfte kritischer einschätzen als vor der Praxisphase und daher kein Mittelwertsunterschied konstatiert werden kann? Inwiefern wird im Praktikum der Bezug auf den theoretischen Referenzrahmen von angehenden Lehrkräften oder Gemeindereferenten*innen gefordert?

Auch die Tabelle 6 zeigt keinen signifikanten Mittelwertsunterschied, obwohl der Mittelwert zu beiden Messzeitpunkten über dem Wert der theoretischen Skalenmitte liegt. Die angehenden Lehrkräfte gehen in der Tendenz davon aus, dass sie empirische Ergebnisse für die Qualität des Religionsunterrichts kennen und Kriterien für guten Religionsunterricht benennen können.

Tabelle 6: Teilkompetenz 2 (TK2) – t-Test

TK2: Fähigkeit zum eigenen Handeln in eine reflexive Distanz zu treten		MW	N	SD	SE	T	p
Ich kenne empirische Ergebnisse für die Qualität des Religionsunterrichts und kann Kriterien für guten Religionsunterricht benennen.	Prä	4,06	63	1,030	,130	,231	,818
	Post	4,10	63	1,266	,160		

Bis auf eine Ausnahme sind bezüglich aller Standards, die sich der Teilkompetenz 3 (Fähigkeit zur theologisch und religionsdidaktisch sachgemäßen Erschließung zentraler Themen des Religionsunterrichts und zur Gestaltung von Lehr- und Lernprozessen) zuordnen lassen, signifikante Mittelwertsunterschiede zu dokumentieren.

Tabelle 7: Teilkompetenz 3 (TK3) – t-Test

TK3: Fähigkeit zur theologisch und religionsdidaktisch sachgemäßen Erschließung zentraler Themen des RU und zur Gestaltung von Lehr- und Lernprozessen		MW	N	SD	SE	T	p
Ich kenne Grundlagen der fachdidaktischen Unterrichtsplanung und habe diese an Beispielen erprobt.	Prä Post	3,97 4,65	63 63	1,077 1,019	,136 ,128	-4,190	,000
Ich kann Religionsdidaktische Konzeptionen und Prinzipien auf ausgewählte unterrichtliche Themen beziehen und in Planungen umsetzen.	Prä Post	3,87 4,53	63 63	,924 ,986	,116 ,124	-3,788	,000
Ich kenne schulstufen- und schulformspezifische curriculare Vorgaben des Religionsunterrichts und kann ihre Bedeutung für die Gestaltung von Lehr- und Lernprozessen darlegen.	Prä Post	3,79 4,54	63 63	1,180 ,947	,149 ,119	-4,863	,000
Ich kann ein theologisches Kerncurriculum schulstufen- und schulformspezifisch erschließen.	Prä Post	3,83 4,56	63 63	1,251 ,996	,158 ,126	-5,027	,000
Ich kann zentrale biblische Texte und Themen didaktisch reflektieren und für den Unterricht aufbereiten.	Prä Post	3,97 4,47	62 62	1,145 ,987	,145 ,125	-3,083	,003
Ich kann das geschichtliche Erbe des Christentums in seiner Gegenwartsbedeutung erschließen.	Prä Post	3,84 4,25	63 63	1,125 ,950	,142 ,120	-3,013	0,004
Ich kann christliche Spiritualität und Praxis veranschaulichen und Sensibilität dafür wecken.	Prä Post	4,00 4,19	63 63	0,933 1,110	,118 ,139	-1,426	,159
Ich bin in der Lage, die Entwicklung elementarer theologischer Denkstrukturen bei Schülerinnen und Schülern unterschiedlichen Alters zu fördern.	Prä Post	3,76 4,21	63 63	,979 1,050	,121 ,132	-2,935	,005
Ich bin in der Lage ethische Orientierungen aus christlicher Perspektive zu vermitteln.	Prä Post	4,21 4,68	63 63	,953 1,045	,120 ,132	-3,178	0,002

Studierende gehen zwar zu beiden Messzeitpunkten davon aus, christliche Spiritualität und Praxis veranschaulichen und Sensibilität dafür wecken zu können, aber der Mittelwert unterscheidet sich in Bezug auf dieses Item nicht signifikant. Insgesamt sind die Mittelwerte zum zweiten Messzeitpunkt durchschnittlich höher (vgl. Tabelle 7) und die Post-Standardabweichungen sind im Vergleich zu den Prä-Werten durchschnittlich geringer. Das Antwortverhalten ist demnach nach der Praxisphase in Bezug auf diese Itembatterie homogener. Auffällig ist, dass auch die Prä-Mittelwerte über dem Wert der theoretischen Skalenmitte liegen.

Wiederum stellen sich vor dem Hintergrund dieser Befunde einige Fragen: Entwickeln angehende Lehrkräfte im Kontext des Langzeitpraktikums (wirklich) die Fähigkeit zur theologisch und religionsdidaktisch sachgemäßen Erschließung zentraler Themen des Religionsunterrichts und zur Gestaltung von Lehr- und Lernprozessen? Was ist eine sachgemäße Erschließung aus studentischer Perspektive und welche unterrichtlichen Themen sind für Studierende zentrale Themen? Können sie zentrale biblische Texte und Themen didaktisch reflektieren und für den Unterricht aufbereiten, das geschichtliche Erbe des Christentums in seiner Gegenwartsbedeutung erschließen, christliche Spiritualität und Praxis veranschaulichen sowie Sensibilität dafür wecken oder ethische Orientierungen aus christlicher Perspektive vermitteln?

Tabelle 8: Teilkompetenz 5 (TK5) – t-Test

TK 5: Fähigkeit zur religionsdidaktischen Auseinandersetzung mit anderen konfessionellen, religiösen und weltanschaulichen Lebens- und Denkformen		MW	N	SD	SE	T	p
Ich kann Besonderheiten der Teilnahme von Kindern und Jugendlichen mit einer religionslosen oder atheistischen Biographie am Religionsunterricht wahrnehmen und erklären.	Prä Post	4,05 3,94	63 63	,958 1,091	,121 ,137	,766	,447

Hinsichtlich des zur Teilkompetenz 5 (Fähigkeit zur religionsdidaktischen Auseinandersetzung mit anderen konfessionellen, religiösen und weltanschaulichen Lebens- und Denkformen) zuzuordnenden Standards ist wiederum kein signifikanter Mittelwertsunterschied zu präsentieren. Zu beiden Zeitpunkten liegt der Mittelwert jedoch über dem Wert der theoretischen Skalenmitte (vgl. Tabelle 8). Angehende Lehrkräfte sind demnach zu beiden Messzeitpunkten der Ansicht, sie könnten in der Tendenz Besonderheiten der Lernenden mit einer religionslosen oder atheistischen Biographie wahrnehmen und erklären.

Bezugnehmend auf die der Teilkompetenz 6 (Fähigkeit zur Interpretation und didaktischen Entschlüsselung religiöser Aspekte der Gegenwartskultur) zuzuordnenden Standards ist ebenfalls kein Mittelwertsunterschied feststellbar. Zu beiden Zeitpunkten liegt der Mittelwert nur geringfügig über dem Wert der theoretischen Skalenmitte. Dass sie den religiösen Hintergrund und religiöse Implikationen in gesellschaftlichen Strukturen sowie in kulturellen Phänomenen didaktisch entschlüsseln können, entspricht nicht im besonderen Maße der Einschätzung angehender Religionslehrkräfte (vgl. Tabelle 9).

Tabelle 9: Teilkompetenz 6 (TK6) – t-Test

TK 6: Fähigkeit zur Interpretation und didaktischen Entschlüsselung religiöser Aspekte der Gegenwartskultur		MW	N	SD	SE	T	p
Ich kann den religiösen Hintergrund und religiöse Implikationen in gesellschaftlichen Traditionen und Strukturen sowie in kulturellen Phänomenen didaktisch entschlüsseln.	Prä	3,57	63	,979	,123	-4,75	,636
	Post	3,63	63	1,112	,140		

Nachgefragt und quergedacht: Ist (angehenden) Lehrkräften bewusst, dass in gesellschaftlichen Traditionen und Strukturen ein religiöser Hintergrund enthalten ist? Hat der Religionsunterricht, in dem hospitiert wird, der aber auch von den Studierenden geplant, durchgeführt und reflektiert wird, den Charakter eines konfessionellen, bekenntnisgebundenen Unterrichts, oder vielmehr religionskundlichen Charakter? Spielt die eigenständige Entschlüsselung religiöser Aspekte der Gegenwartskultur de facto keine Rolle im Kontext schulischen Religionsunterrichts?

Tabelle 10 zeigt, dass die Studierenden sowohl vor als auch nach der Praxisphase davon ausgehen, dass sie Medien unterschiedlicher Art fachspezifisch kategorisieren und an Beispielen ihre unterrichtliche Bedeutung entschlüsseln können. Der Mittelwertunterschied ist jedoch nicht als signifikant zu bezeichnen. Signifikant ist der Unterschied des Mittelwerts allerdings in Hinblick auf die Auffassung, unterschiedliche Konzeptionen von Schulbüchern und Kinderbibeln zu kennen und Kriterien für ihre Beurteilung benennen und anwenden zu können. Zum ersten Messzeitpunkt stimmen Studierende tendenziell weniger der Aussage zu, dass sie unterschiedliche Konzeptionen von Schulbüchern und Kinderbibeln kennen bzw. Kriterien für ihre Beurteilung anwenden können.

Tabelle 10: Teilkompetenz 8 (TK8) – t-Test

TK8: Religionspädagogische Methoden- und Medienkompetenz		MW	N	SD	SE	T	p
Ich kann Medien unterschiedlicher Art fachspezifisch kategorisieren und an Beispielen ihre unterrichtliche Bedeutung entschlüsseln.	Prä Post	3,97 4,22	63 63	1,047 ,924	,132 ,116	-1,898	,062
Ich kenne unterschiedliche Konzeptionen von Schulbüchern und Kinderbibeln für den Religionsunterricht und kann Kriterien für ihre Beurteilung benennen und anwenden.	Prä Post	3,11 4,08	63 63	1,404 1,274	,177 ,160	-4,755	,000

Wird – so kann gefragt werden – im Religionsunterricht mit (verschiedenen) Kinderbibeln gearbeitet, sodass unterschiedliche Konzeptionen zum Einsatz kommen? Haben die Praktikumsschulen aktuelle, kompetenzorientierte Unterrichtswerke, die den (angehenden) Lehrkräften zur Verfügung stehen? Was bedeutet es, Medien fachspezifisch kategorisieren zu können?

Tabelle 11: Teilkompetenz 9 (TK9) – t-Test

TK9: Religionspädagogische Wahrnehmungs- und Diagnosekompetenz		MW	N	SD	SE	T	p
Ich kann den religiösen Entwicklungs- und Lernstand von Schülerinnen und Schülern im Religionsunterricht ermitteln und vor dem Hintergrund empirischer Erkenntnisse interpretieren.	Prä Post	3,22 3,68	63 63	1,099 1,162	,138 ,146	-2,489	,016

Hinsichtlich des letzten an dieser Stelle zu präsentierenden Items ist wiederum kein signifikanter Mittelwertunterschied festzustellen (vgl. Tabelle 11). Die Mittelwerte, die zu beiden Messzeitpunkten nur unmittelbar um den Wert der theoretischen Skalenmitte liegen, zeigen, dass angehende Lehrkräfte nicht der Ansicht sind, den religiösen Entwicklungs- und Lernstand von Schülerinnen und Schülern im Religionsunterricht ermitteln zu können und vor dem Hintergrund empirischer Erkenntnisse zu interpretieren. Können angehende Lehrkräfte den religiösen Entwicklungs- und Lernstand von Schüler*innen im Religionsunterricht wahrnehmen? Woran mag es liegen, dass angehende Lehrkräfte diesen nicht wahrzunehmen wissen? Spielt die Wahrnehmung des religiösen Entwicklungs- und Lernstands von Schüler*innen im Religionsunterricht an den Schulen (k)eine besondere Rolle?

5 Fazit und Perspektiven

Insgesamt ist festzuhalten, dass Praxisphasen von den Studierenden selbst sehr positiv bewertet werden. Die präsentierten Ergebnisse zeigen, dass auf Basis von Kompetenzselbsteinschätzungen zudem Mittelwertunterschiede konstatiert werden können, die signifikant sind. Das Praxissemester scheint das Kompetenzerleben der angehenden Religionslehrkräfte positiv zu beeinflussen.[26] Ob die angehenden Lehrkräfte nach dem Praxissemester de facto kompetenter/professioneller agieren, kann nicht beantwortet werden. Die Evaluation von Praxisphasen auf Basis der Erhebung von Kompetenzeinschätzungen stellt somit einen notwendigen, jedoch keinen hinreichenden Zugang dar. Die Bedingung der Möglichkeit für eine adäquate domänenspezifische Evaluation bzw. wissenschaftliche Begleitung von schulpraktischen Anteilen in der Lehrer*innenbildung – auf deren Basis langfristig und systematisch die Kompetenzentwicklung angehender Lehrkräfte unterstützt und optimiert werden kann –, ist die Entwicklung von validen Verfahren der Kompetenzmessung, die größtenteils auf eine indirekte Operationalisierung verzichten und zudem auf Standards basieren, die eine geringere Interpretationsoffenheit implizieren.

[26] Das Kompetenzerleben kann als eine Facette von professioneller Handlungskompetenz interpretiert werden.

Das Beste aus zwei Welten

Blended Learning und Praxislernen

Martin Ostermann

Praktika vorzubereiten, durchzuführen und auszuwerten, bedeutet vor allem einen erhöhten organisatorischen Aufwand: Es bedarf der entsprechenden Praktikumsstellen sowie der Betreuenden und Zeiten der praktischen Tätigkeit und der parallelen Reflexion müssen aufeinander bzw. auf die Teilnehmenden abgestimmt werden. Nicht zuletzt muss der gesamte Prozess begleitet und schließlich wissenschaftlich ausgewertet werden. Fazit: Ein Praktikum verspricht durch die Verzahnung von Praxis und Theorie einen erhöhten Lerngewinn, ist aber in der Regel ebenso mit erhöhtem Aufwand verbunden.

Vergleichbares gilt für Blended Learning, worunter in einer Kurzdefinition die Kombination von virtuellem und nicht-virtuellen Lernsettings und Methoden zu verstehen ist.[1] Das virtuelle Lernen erfolgt in der Regel über ein Lernmanagementsystem (z. B. Moodle, ILIAS). Zudem gibt es unterschiedliche Tools (= Werkzeuge), wie z. B. Foren, Chats, virtual classroom, Podcasts, Lehrvideos, digitalisierte Dokumente u. v. m., mit denen Inhalte vermittelt und Kommunikation geregelt werden können. Daneben gibt es aber auch Zeiten der Präsenz als nichtvirtuelles Lernsetting, sei es in Form von Seminaren, Informationsveranstaltungen, Beratungsgesprächen oder auch als Supervision. Fazit: Ein Blended-Learning-Konzept für einen Anlass und eine bestimmte Zielgruppe vorzubereiten, durchzuführen und auszuwerten bedeutet einen erhöhten organisatorischen Aufwand, bietet aber aufgrund der zeitlich-räumlichen Flexibilität und der Vielfalt der Zugangs- und Methodenwahl eine erhebliche Erweiterung des Lernspektrums und schließlich auch des Lernertrages.

Es gibt neben der Kombination aus erhöhtem Aufwand und erweitertem Lernertrag noch eine weitere Gemeinsamkeit des Praxislernens und des Blended Learnings: Beides erfordert eine besondere Didaktik. Lernen kann überhaupt erst gelingen, wenn sich noch einmal differenziert mit Lehr-Lernwegen, Lehr-Lernmethodik und dem Lehr-Lernumfeld auseinandergesetzt worden ist. In diesem Beitrag soll sich auf die Besonderheiten von

[1] Vgl. Stefanie Quade, Blended Learning in der Praxis (31.1.2017), abrufbar unter: https://www.bpb.de/lernen/digitale-bildung/werkstatt/241001/blended-learning-in-der-praxis [Zugriff: 28.11.2017]

Blended Learning im Zusammenhang mit Praixslernen konzentriert werden, dafür kann gelten: „Erst mit der richtigen Didaktisierung entsteht der eigentliche Mehrwert von Blended Learning.“[2]

1 Flexibilität und Disziplin: Lehre ist ausgerichtet an Bedürfnissen und Kompetenzen der Lernenden

Ebenso wie es in jedem Bereich ein Zuviel und ein Zuwenig gibt, gilt dies auch für Blended Learning. Die digitalen Möglichkeiten gerade in einem immer weiter boomenden World Wide Web scheinen nahezu unerschöpflich. Wir leben zweifellos in einer digitalisierten Welt, so dass sich nicht die Frage stellt, ob digitale Elemente in der Lehre Anwendung finden, sondern nur, auf welche Weise dies geschehen soll. Auf die Möglichkeiten der Digitalisierung in Lehr-Lern-Zusammenhängen zu verzichten, wäre ein Zuwenig, aber alles nur noch „online“ machen zu wollen, wäre definitiv zu viel des Guten. Daher gilt Blended Learning in der Kombination aus virtuellem und nicht-virtuellem Lernen als die beste Wahl aus zwei sich längst vielfach überschneidenden und durchdringenden Welten. Die Tatsache, dass die meisten Menschen nicht mehr „online gehen“ sondern durch Smartphone, Tablet, Smartwatch u. a. ständig „online sind“, sollte in der Lehre fruchtbar eingesetzt werden. Nicht zuletzt ist ein kreativ-kritischer Umgang mit digitaler Vernetzung ohne Zweifel Teil des aktuellen Kompetenz-Kanons. Dazu gehört auch die erhöhte Anforderung an die individuelle Arbeitsdisziplin in Bezug auf Flexibilisierung von Zeit und Ort. Sowohl Lehrende als auch Lernende müssen sich Umgangsweisen aneignen, die in die Lage versetzen, stärker in Modi wie Aufgaben, Zielvorgaben und Zielerreichen, selbstgesteuertem Lernen und in vielfacher Vernetzung zu denken und zu handeln, als das zuvor mit festgelegten Zeiträumen an feststehenden Orten und in recht überschaubaren Kommunikationszusammenhängen der Fall war. Etwas zugespitzt: Flexibilisierung neigt immer etwas zur Verwirrung oder gar zum Chaos. Nur wenn Aufgabenstellungen, Zielvorgaben, Methoden und Eigenverantwortlichkeit nicht nur geklärt, sondern besonders stark betont sind, kann Flexiblisierung, wie sie Blended Learning verlangt, gelingen.

Neben diesen allgemeinen Rahmenbedingungen für die Nutzung von Blended Learning-Modellen gibt es im Bereich des Praxislernens eine besondere Notwendigkeit für Flexibilität, da die Lernenden in der Regel durch ihre Praktikumsstelle sich nicht am sonst üblichen zentralen Ort und zu-

[2] Ebd.

meist auch in unterschiedlich strukturierten Zeitschemata befinden. Zugleich sind die Bedürfnisse während der Praxiszeiten noch einmal heterogener als in herkömmlichen Studienzeiten. Dies hängt zum einen mit dem „doppelten Raumwechsel“ zusammen: „Es werden nicht nur physische Räume gewechselt, sondern auch die Sozial- und Vertrauensräume.“[3] Zum andern ergibt sich durch das Dreieck Lehrende – Lernende – Praxisgeber/-betreuer weniger die Nachfrage nach prüfungsrelevantem Wissen, sondern es „stehen Reflexion, berufliche Orientierung, Persönlichkeitsbildung und letztlich Bildung im gesellschaftlich relevanten Sinne im Vordergrund“[4].

Der steigende Bedarf an Kommunikation und Reflexion während der Praxiszeiten, bei gleichzeitig sehr unterschiedlich ausgestalteten Zeitpotentialen der Teilnehmenden, die sich an jeweils unterschiedlichen (Aufenthalts-)Orten befinden, stellt eine Empfehlung für Blended Learning dar. Die Zeiten gemeinsamer Präsenz an einem Ort und auch die Zeiten synchroner (Online-)Präsenz an unterschiedlichen Orten müssen differenziert geplant werden und sollten auf ein Mindestmaß beschränkt bleiben. Gleichzeitig sollte aber das Bedürfnis nach Austausch, Rückmeldung und inhaltlicher Hilfestellung bedient werden können. Hierzu eignen sich Foren, die zeitversetzt bearbeitet werden[5], ebenso geeignet sind Online-Tagebücher oder Wikis, d. h. Texte, die von mehreren Personen online erstellt und zeitversetzt bearbeitet werden können. Synchrone Online-Präsenz wäre in einfacher Form die Möglichkeit des Chats oder in etwas aufwändiger aber zugleich auch die Kommunikationsmöglichkeiten erweiternder Weise das virtuelle Klassenzimmer.

Neben einer dafür notwendigen technischen Ausstattung, die allerdings vielfach zur Grundausrüstung der meisten Personen gehört, die sich heute weiterbilden bzw. studieren, verlangen diese Formen des Arbeitens eine erhöhte Aufmerksamkeit und Selbstdisziplin. Wenn nicht mehr der festgelegte Ort und die fest vereinbarte Zeit für die Organisation des Termin- und Arbeitsplans auschlaggebend ist, sondern die zu erfüllenden Aufgaben, so hängt es u. a. von dem Grad der Verbindlichkeit dieser Aufgaben ab, ob die entsprechenden Angebote und Kommunikationswege genutzt werden. Neben der Verbindlichkeit spielt auch die Frage nach dem je individuellen Nutzen des Angebots eine wichtige Rolle. Das Bedürfnis, Hilfestellungen zu erhalten und sich austauschen zu können, bedeutet nicht automatisch, dass

[3] Philipp Marquardt, Portal Praktika, in: Klaus Rummler (Hg.), Lernräume gestalten – Bildungskontexte vielfältig denken, Münster 2014, 608–613, hier: 609.

[4] Marquardt, Portal Praktika, 609.

[5] Selbstverständlich können Foren auch in synchroner Form genutzt werden. Die Beteiligten schreiben und kommentieren Beiträge, während sie zur gleichen Zeit an ihren Internetfähigen Geräten arbeiten.

der Zugriff auf Werkzeuge des virtuellen Lernens auch stattfindet. Auch für die so genannten „Digital Natives" gilt: Ein Forumseintrag will gut formuliert sein und das Warten auf eine Antwort muss mit einkalkuliert werden. Selbst die Kommunikation in einem virtuellen Klassenzimmer folgt nur teilweise den gleichen Regeln wie die Kommunikation im Rahmen der gemeinsamen zeitlichen und örtlichen Präsenz. Im virtuellen Klassenzimmer findet deutlich stärker formalisierte und durch mehr Regeln geprägte Kommunikation statt. Gleichwohl überwiegen sicherlich die Vorteile der flexiblen Ortswahl und der (vorrangig) flexiblen Zeitgestaltung.

2 Standardisierung und Individualisierung: Die Wege zum passenden Blended-Learning-Konzept sind vielfältig

Es ist sicher keine neue Erkenntnis, dass Lehr-Lern-Zusammenhänge sich schon immer in einer Spannung befanden: Standardisierte und damit für alle Beteiligten gleichermaßen zugängliche und im vorliegenden Schwierigkeitsgrad gut zu bearbeitende Lernumgebungen bzw. Lernmaterialien auf der einen Seite treffen auf besondere Anforderungen, Personenkreise und individuell abgestimmte Konzepte auf der anderen Seite. Die didaktische Verbindung zwischen beiden Polen ist so einfach zu verstehen, wie sie schwer umzusetzen ist: „In jedem Fall ist das Ziel dieser Unternehmungen der Lernende selbst. Es geht um seinen Lernprozess, seinen Lernfortschritt, seine Kompetenzen und deren Optimierung. Bei der Entwicklung von Lernumgebungen ist es daher notwendig, die Anforderungen an das zukünftige Produkt klar zu benennen."[6] Sowohl die äußeren Rahmenbedingungen als auch die inhaltlichen Anforderungen müssen untereinander vergleichbar aber auch so weit wie möglich auf die je eigene Situation anwendbar sein.

In Lehramtsstudiengängen kann die Vergleichbarkeit eines Schulpraktikums formal relativ gut ermittelt werden: Kriterien sind Schultyp, Klassenstufen, Vormittagsunterricht. Inhaltlich ist aufgrund gültiger Bildungspläne und Curricula ebenfalls recht gut eine gemeinsame Grundlage aller Praktikant*innen zu ermitteln. Schwieriger wird diese Einordnung, wenn das Praxisfeld heterogener ist. Formal kann dann die jeweilige Einsatz- bzw. Arbeitszeit tagsüber oder abends, unter der Woche und/oder am Wochen-

[6] Axel Dürkop – Henning Klaffke – Sönke Knutzen, Lernerorientierte Forschung zur Entwicklung von digitalen und reflexiven Bildungsmedien, in: Claudia Bremer – Detlef Krömker (Hg.), E-Learning zwischen Vision und Alltag. Zum Stand der Dinge, Münster 2013, 74–84, hier: 75.

ende liegen. Auch die Einsatzorte können durch größere Unterschiede geprägt sein: Eine Sozialstation funktioniert anders als ein Krankenhaus, welches wiederum anders funktioniert als ein pastoraler Verbund mit mehreren Standorten.

Als ein Tool, welches im Rahmen des Blended Learnings im Zusammenhang mit Praxislernen eingesetzt werden kann, wird das E-Portfolio erprobt: „In der Pädagogik stellen Portfolios ein Instrument zur Dokumentation, Reflexion und Bewertung von individuellen Lernprozessen dar. Mit dem Begriff Portfolio wird eine Zusammenstellung von Dokumenten bezeichnet, die einen Lernprozess oder die ganze Lernbiografie darstellen. Portfolios dienen häufig dazu, Lernerfahrungen und -erfolge systematisch zu erfassen sowie persönliche Lern- und Weiterbildungsstrategien zu planen. Vielfach werden Portfolios auch als Instrument zur alternativen Leistungsbeurteilung eingesetzt. Wesentliches Ziel der Portfolioarbeit ist in der Regel die Stärkung der Reflexionsfähigkeit der Beteiligten, die als wichtige Voraussetzung für die Erhöhung der Selbststeuerung und Selbstbestimmung von Lernprozessen gilt."[7] Der zitierte Beitrag unterscheidet dann noch einmal weiter zwischen „Arbeits-, Beurteilungs-, Entwicklungs- und Bewerbungsportfolios"[8], um anschließend das Entwicklungsportfolio als dasjenige herauszustellen, welches insbesondere die Verzahnung von Theorie und Praxis unterstützt und dokumentieren hilft. Die zu diesem Zweck entwickelte Software muss auf Datensicherheit und Anwenderfreundlichkeit überprüft werden, um dann durch die Möglichkeiten der Vernetzung, der Nutzung von mehreren Personen und Gruppen gleichzeitig und durch die Verbindung mit bereits alltäglich genutzten Medien oder Portalen die Vorteile digitaler Technik gegenüber herkömmlichen Portfolio-Techniken ausspielen zu können. Auch das E-Portfolio bedarf der Begleitung durch Rückmeldung und Beratung, die sowohl in zeitlich synchroner wie asynchroner Form erfolgen kann und die in der Initiierungsphase sicher auch durch Präsenzveranstaltungen den Teilnehmenden vorgestellt werden sollte. Als Kombination aus Standardisierung und Individualisierung ist das E-Portfolio in der Lage, den Lernprozess auch über den Zeitraum des (reinen) Praxislernens hinaus zu fördern.

---

[7] Dürkop – Klaffke – Knutzen, Lernerorientierte Forschung, 79.

[8] Dürkop – Klaffke – Knutzen, Lernerorientierte Forschung, 79–80.

3 Innovation und Improvisation, Freiwilligkeit und Verpflichtung. Neues entsteht selten von selbst

Philipp Marquardt verweist in seinem Beitrag „Portal Praktika“ auf weitere „didaktische Features“: „Moderierte Foren“, „Steckbrief“ und „Fragebogen Berufspraktika“, „Tagebuch Schulpraktika“ oder auch ein „Online-Seminar“.[9] Alle diese Möglichkeiten waren entwickelt worden, aufgrund der Erfahrungen in bereits zurückliegenden Phasen des Praxislernens und auf der Basis von Studierendenäußerungen, die Verbesserungsbedarf anmahnten. So lauteten die Ziele des mit Mitteln des „Qualitätspakt Lehre“ geförderten Projekts: „Studierendenzufriedenheit erhöhen, Studienabbruchquote verringern und Studienentscheidungen festigen/reflektieren.“[10] Das Pilotprojekt zeigte aber auch, dass die Nutzung dieser Angebote sehr stark von vorheriger Motivation und der Einbindung in den jeweiligen Studienverlaufsplan abhängt.

Es ist also an dieser Stelle noch einmal ausdrücklich darauf hinzuweisen, dass nicht allein die technische Innovation oder der reine Hinweis auf die Existenz entsprechender Möglichkeiten ausschlaggebend für die Nutzung ist, sondern entscheidend ist die Einbindung in ein Gesamtkonzept. Dieses Gesamtkonzept verlangt für die Nutzung des „Besten aus zwei Welten“ eine Neuorientierung, die in der Anfangsphase immer wieder mit Improvisation einhergeht. „Die Interaktion und gemeinsame Wissenskonstruktion unter den Lernenden nimmt im virtuellen Raum eine große Bedeutung ein, die Instruktion durch die Lehrperson steht nicht mehr im Mittelpunkt.“[11]

Aus didaktischer Sicht ist also zu betonen, dass ein Blended Learning-Konzept ein neues Rollenverständnis von Lernenden und Lehrenden verlangt. Während die Selbsttätigkeit und die Interaktion miteinander bei den Lernenden viel größeren Raum einnimmt und damit auch höhere Anforderungen an die Selbstdisziplin stellt als in herkömmlichen Lehr-Lernsituation der reinen Präsenz, werden Lehrende zunehmend zu Lernbegleitern, die nur noch teilweise auch Vermittelnde von Wissen sind. Diese didaktische Veränderung geht einher mit der Veränderung der Wissensaneignung bzw. dem Kompetenzerwerb im Allgemeinen: „Das nicht an Institutionen gebundene informelle Lernen nimmt in seiner Bedeutung gegenüber dem formellen Lernen zu […].“[12] Dieses informelle Lernen kann sich auch da-

---

[9] Vgl. Marquardt, Portal Praktika, 610–611.

[10] Marquardt, Portal Praktika, 608.

[11] Elke Lackner – Michael Kopp, Lernen und Lehren im virtuellen Raum. Herausforderungen, Chancen, Möglichkeiten, in: Klaus Rummler (Hg.), Lernräume gestalten – Bildungskontexte vielfältig denken, Münster 2014, 174–186, hier: 186.

[12] Lackner –Kopp, Lernen und Lehren im virtuellen Raum, 186.

durch auszeichnen, dass der Lernweg bzw. die Lernmedien sich nach dem Lerntyp eines Individuums richten und nicht umgekehrt. Neben die bereits erwähnte Flexibilisierung von Zeit und Ort tritt also auch die flexiblere Gestaltung des eigenen Lernens. Während Lehrende als Lernbegleiter aufgefordert sind, unterschiedliche Lernmedien für gleiche bzw. ähnliche Ziele und Kompetenzen bereit zu stellen, müssen Lernende in Selbsttätigkeit auswählen, welche Medien und Wege für sie je nach Schwierigkeitsgrad und Lernzugängen in der jeweils aktuellen Situation angemessen sind. Der vormalige Klassenverband oder die gemeinsam voranschreitende Lerngruppe differenziert sich auf diese Weise weiter aus.

Unterschiedliche Geschwindigkeiten und Lernfortschritte hat es schon immer gegeben, aber durch den verstärkten Einsatz von Blended Learning ergeben sich mehr Möglichkeiten, auf diese Heterogenität zu reagieren und diese im Sinne der Lernenden zu unterstützen. Lackner und Kopp stellen in ihrem Beitrag u. a. das „Cyberstorming“ vor, welches in einer Übertragung des bekannten Prinzips des Brainstormings auf Blended Learning vorsieht, die Selbsttätigkeit und das informelle Lernen anzuregen: „Die von der Lehrperson zur Verfügung gestellten Lernmedien sind nicht mehr alleinige Wissensgrundlage, vielmehr werden die Studierenden dazu angehalten, sich auch selbst auf die Suche nach Materialien zu begeben und von den Entdeckungen ihrer Kolleginnen und Kollegen zu profitieren (Stichwort: Schwarmintelligenz) sowie sich gemeinsam auszutauschen und in diesem Zusammenhang neues Wissen zu generieren [...]. Zum Teilen der gefundenen Ressourcen können Tools aus dem Bereich der Content Curation [= Kuratieren, also Zusammentragen und Aufbereiten von Inhalten, die man nicht selbst erstellt hat, M. O.] ebenso verwendet werden wie klassische Wikis, Foren oder Datenbanken, um nur einige Möglichkeiten zu nennen.“[13]

4 Das Beste aus zwei Welten, oder: Auf die Nutzerperspektive kommt es an

Der kurze Überblick, der Blended-Learning-Konzepte und Praxislernen in eine Beziehung zueinander setzte, sollte zeigen, dass in einem ersten Schritt die Möglichkeiten der Digitalisierung und der Erweiterung des zum Lernen Verfügbaren durch das World Wide Web in Lehr-Lern-Zusammenhängen kreativ und zielgerichtet eingesetzt werden können. Nicht nur deshalb, weil die Vorzüge der Technik so auch didaktisch nutzbar sind, sondern auch weil Lernende (und wohl auch Lehrende) der Gegenwart längst diese Technik

---

[13] Lackner –Kopp, Lernen und Lehren im virtuellen Raum, 178–179.

bzw. diese Medien als Teil ihres Alltags und ihres je individuellen Weltzugangs begreifen. Insofern ist Lehre dann ausgerichtet an Bedürfnissen und Kompetenzen der Lernenden, die neben reinem Wissenserwerb vor allem darauf angewiesen sind, für Probleme der Gegenwart Lösungskonzepte zu verstehen, eigenständig zu entwickeln und anzuwenden.

In einem zweiten Schritt ist sorgfältig zu prüfen, welche Medien, Methoden und Settings miteinander kombiniert werden sollen, um das formulierte Ziel zu erreichen. Praxislernen, so wurde mehrfach betont, möchte vor allem Reflexion, berufliche Orientierung, Persönlichkeitsbildung und letztlich Bildung im gesellschaftlich relevanten Sinne ermöglichen. Da dies in sowohl örtlich, wie zeitlich, wie auch methodisch sehr unterschiedlicher Art und Weise geschieht, bedarf es eines Lehr-Lern-Zusammenhangs, der einerseits durch Standardisierung von Inhalten und Formen Chancen- und (weitgehend) Inhaltsgleichheit zusichert, der aber andererseits ein Höchstmaß an Flexibilisierung, Ort, Zeit und Lernweg betreffend, zur Verfügung stellt. Um diese Kombination aus Standardisierung und Flexibilisierung zu ermöglichen, müssen Lehrende und Lernende gleichermaßen zu einer Änderung ihres Rollenverständnisses bereit sein. Während Lehrende vermehrt Lernprozesse initiieren und begleiten und weniger Wissensvermittler sind, müssen Lernende die Interaktion und Selbsttätigkeitsbereitschaft erhöhen, um auch selbstständig Wissen und Fertigkeiten generieren, kommunizieren und anwenden zu können. Die Kommunikationswege differenzieren sich sowohl zeitlich (synchron/asynchron) als auch formal (schriftlich/mündlich, gemeinsam/individuell) aus und die Entscheidung über die Wahl des Lernweges und des Lernmediums tritt gleichberechtigt neben das angestrebte Lehr-Lernziel.

Bei aller Innovation verlangt Blended Learning eine hohe Eigen- bzw. Arbeitsdisziplin von allen Beteiligten. Diese kann nur dann vorausgesetzt werden, wenn das Blended-Learning-Konzept fest in den gesamten Studienzusammenhang integriert ist. Für ein fast ausschließliches Präsenzstudium ist daher die Integration von Blended Learning sicher aufwändiger als für ein Fernstudium, welches per Definition durch Ortsunabhängigkeit und flexible Zeitstruktur gekennzeichnet ist. Insofern ist das Praxislernen ein gutes Beispiel für einen Ort, an dem es anzusetzen gilt, und wo das „Beste aus zwei Welten“ einen notwendigen Vermittlungsdienst leisten kann.

„Lernen ist Erfahrung, alles andere einfach nur Information."[1]

Wie die Verbindung von Theorie und Praxis im Blended Learning gelingen kann

Elisabeth Vanderheiden

„Wolken ziehen auf, der Himmel verdunkelt sich, die Blätter kräuseln sich nach oben, und wir wissen, dass es regnen wird. Wir wissen auch, dass der Niederschlag nach dem Unwetter viele Kilometer entfernt ins Grundwasser fließt und dass der Himmel morgen wieder aufklaren wird. All diese Ereignisse sind räumlich und zeitlich voneinander getrennt, und doch gehören sie alle zu demselben Muster. Die Ereignisse beeinflussen sich gegenseitig, auch wenn wir dieses Wechselspiel normalerweise nicht wahrnehmen. Man kann das System eines heftigen Regens nur verstehen, wenn man über die Einzelteile hinausblickt und das Ganze betrachtet."[2]

Dieses Zitat zeigt eindrucksvoll, worauf es auch beim Praxis-Lernen im Fernstudium bzw. digital unterstützten Fernstudium – hier als Blended Learning bezeichnet –, ankommt, nämlich auf das Wissen, dass es sich hierbei um ein Gesamtsystem handelt, in dem jedes Einzelelement sensibel, stimmig und nachhaltig mit den anderen verbunden ist bzw. werden muss. Das heißt auch, dass die Veränderung eines Elementes Einfluss auf das Zusammenspiel aller anderen Elemente und auf das Gesamtsystem hat.

Der Referenzrahmen für die nachfolgenden Ausführungen ist fast ein Vierteljahrhundert Erfahrung in der Konzeption und Umsetzung von Fernstudiengängen, ursprünglich in klassischer Form mit gedruckten Studienbriefen oder als Telekolleg realisiert, seit 2007 zunehmend mit digitaler Unterstützung als Blended-Learning-Szenarien. Konkret handelt es sich dabei um fünf berufsbildende Angebote, die entweder in alleiniger Trägerschaft der Katholischen Erwachsenenbildung Rheinland-Pfalz oder in Kooperation, z. B. mit dem Landesverband der Volkshochschulen Rheinland-Pfalz, durchgeführt werden. Der *Fernkurs Erziehen* und der *Fernkurs Heilpädagogik* bereiten in zweieinhalb bzw. dreieinhalb Jahren auf die staatliche Nichtschüler*innenprüfung in Rheinland-Pfalz als staatlich anerkannte*r Erzieher*in oder Heilpädagog*in vor.[3] Die Angebote von FIF

[1] Albert Einstein, zitiert nach http://www.wiwi.uni-bielefeld.de/lehrbereiche/bwl/pou/ [Zugriff: 31.01.2018].

[2] Peter M. Senge, Die fünfte Disziplin. Kunst und Praxis der lernenden Organisation. Aus dem Amerikanischen von Maren Klostermann und Hans Freundl , Stuttgart [11]2011, Seiten 16 und 17

[3] www.fernkurs-erziehen.de [Zugriff: 31.01.2018]

(*Förderung der Integration durch Fortbildung*) qualifizieren in sechs- bis neunmonatigen Lehrgängen Lehrkräfte für Integrationskurse für Deutsch als Zweitsprache mit und ohne Alphabetisierung nach Standards des Bundesamtes für Migration und Flüchtlinge (BAMF)[4], die Angebote des Projektes BBQ (*Basisbildungsqualifizierung*) unterstützen Lehrkräfte in der Alphabetisierung und Grundbildung Deutsch als Erst- und Deutsch als Zweitsprache[5]. Insgesamt wurden in diesen vier Angeboten bislang ca. 2.500 Teilnehmende qualifiziert. Für alle Angebote ist kennzeichnend, dass sie Praxiselemente inkludieren, die aber je nach Maßnahme variieren.

Unsere Grundhaltung orientiert sich an der Konstruktivistischen Didaktik, zunehmend mehr auch an einer Ermöglichungsdidaktik im Sinne von Rolf Arnold[6], die den Lernenden wertschätzend begegnet, sie als Expert*innen betrachtet, sie als kompetent wahrnimmt und in der Lage sieht, Lernprozesse eigenständig und selbstgesteuert zu gestalten, und dies in Kooperation mit anderen: nicht als passive Wissensaufnehmende, sondern als aktive am Konstruktionsprozess Beteiligte. All dies bedarf der Wertschätzung individueller Voraussetzungen und der Aufmerksamkeit für die jeweiligen situativen Kontexte.

Arnold fordert dazu auf, Lernsettings so zu gestalten, dass sie

- „selbstgesteuertes Lernen unterstützen sollen;
- produktiv sein sollen, also die Möglichkeit bieten sollen, etwas zu entdecken;
- aktivierend sein sollen, indem die Lernenden Lösungswege selbst entwickeln, planen und durchführen;
- situativ sein und einen Bezug zur Lerngruppe haben sollen;
- sozial sein sollen, also Wertschätzung, konstruktive Kritik und die Möglichkeit, Gefühle wahrzunehmen beinhalten sollen.“[7]
- Im sogenannten S.P.A.S.S.-Modell wird in Bezug auf dazu geeignete Methoden ausgeführt:[8]

Die Fernkurse Erziehen und Heilpädagogik umfassen verschiedene Elemente, die Praxis-Lernen in das Blended-Learning-Szenario integrieren und

www.fernkurs-heilpaedagogik.de [Zugriff: 31.01.2018]

[4] www.fif-rlp.de [Zugriff: 31.01.2018].

[5] https://www.bbq-rlp.de [Zugriff: 31.01.2018].

[6] Vgl. Rolf Arnold, Wie man lehrt, ohne zu belehren. 29 Regeln für eine kluge Lehre. Das LENA-Modell. Heidelberg 2012; Rolf Arnold – Thomas Prescher – Christiane Stroh, Ermöglichungsdidaktik konkret. Didaktische Rekonstruktion ausgewählter Lernszenarien. Baltmannsweiler 2014; Kathrin Quilling, Ermöglichungsdidaktik. Der DIE-Wissensbaustein für die Praxis, Bonn 2015, abrufbar unter: www.die-bonn.de/wb/2015-ermoeglichungsdidaktik-01.pdf [Zugriff: 06.01.2018].

[7] Quilling, Ermöglichungsdidaktik, 4.

[8] Quilling, Ermöglichungsdidaktik, 4.

S.P.A.S.S.-Methodenkriterien	
SELBSTGESTEUERT	• Lernende haben die Möglichkeit, Wissen und Lernwege selbst zu bestimmen. • Lernende überprüfen ihre Lernergebnisse selbst. • Lernende gestalten Ziele, Prozesse und Lernbedingungen mit. • Lernende werden darin unterstützt, die Verantwortung für ihr Lernen selbst zu übernehmen. • Die/Der Lehrende ist prozessverantwortlich: Sie/Er schafft die Bedingungen für das gelingende Selbstlernen der Lernenden.
PRODUKTIV	• Vorerfahrungen und Vorwissen der Lernenden werden eingebunden. • Lernenden wird Raum geboten für Neugier und Entdeckung(sarbeit). • Lernende nehmen unterschiedliche Perspektiven ein. • Lernende erhalten die Möglichkeit, eigene Sichtweisen zu hinterfragen.
AKTIVIEREND	• Lernende bearbeiten konkrete Arbeitsaufträge. • Lernenden wird ermöglicht, Lösungswege selbst zu planen, durchzuführen und zu überprüfen. • Lernende entwickeln selbst Initiativen. • Lernenden wird ermöglicht, praxis- und erlebensorientiert zu arbeiten.
SITUATIV	• Lernende nützen und reflektieren die Hier- und Jetzt-Situation. • Die Methode nimmt Bezug auf die Situation der Lerngruppe. Sie ist auf die Situation der Lernenden und der Lerngruppe abgestimmt. • Lernende erarbeiten Lösungen anhand von Praxisbeispielen. • Lernende übertragen Musterlösungen in die eigene Praxis. • Lernenden werden Empfehlungen für Praxistransfer geboten.
SOZIAL	• Lernende erleben Wertschätzung. • Lernende erhalten Zeit und Raum für ihre Fragen und Feedback. • Lernende nehmen Emotionen wahr. • Lernende üben konstruktive Formen der Kommunikation. • Lernende werden bei der kooperativen Erarbeitung von Lösungen gefördert.

(Quelle: Arnold, 2012, S. 79)

Abb. 1: S.P.A.S.S. – Methodenkriterien

mit den anderen Lernbestandteilen (Online-Studienbriefen, Präsenzphasen und der Moodle-basierten Internetlernplattform) verbinden und dabei zahlreiche Elemente des S.P.A.S.S-Methodenmodells nutzen:

- Lern- und Arbeitsgruppen
- Hospitationen
- Exkursionen
- Präsenzphasen
- Praktika.

Das Gesamtsystem wird von den Projektleiter*innen und der/dem zuständigen Kurs-Mentor*in über ein sogenanntes Studienbuch, einen Baustein-Kompass und entsprechende Organisations-, Beobachtungs- und Dokumentationstools in der virtuellen Lernumgebung gesteuert. Für die jeweiligen Praxiselemente gibt es Leitfäden, die den Teilnehmenden relevante Informationen über obligatorische formale Vorgaben wie Dauer, Einsatzfelder, Berichtsnotwendigkeiten etc. vermitteln. Darüber hinaus werden konkrete Tools zur Verfügung gestellt, die zum einen bestimmte notwendige formale Qualitätsstandards abbilden oder sicherstellen (z. B. Bescheinigungen, Kriterien für die Auswahl oder den Ausschluss von Einrichtungen, die hospitiert oder bei Exkursionen besucht werden), zum anderen aber auch der persönlich-professionellen Reflexion oder der qualitativen Evaluation dienen.

Aus systemischer Sicht besonders bedeutsam sind hier vor allem die *Lern- und Arbeitsgruppen*, die wesentliche Aspekte aus allen fünf S.P.A.S.S-Feldern abdecken und miteinander in Beziehung setzen. Die Teilnehmenden sind angehalten, sich regelmäßig (ca. alle vier bis sechs Wochen) mit drei bis vier weiteren Fernkursteilnehmenden direkt vor Ort oder auch per Videotelefonie (z. B. Skype, Hangout oder Facetime) in einer regionalen Arbeitsgruppe zu treffen. Insgesamt sind 120 Unterrichtsstunden Arbeitsgruppenzeit in einem vorgegebenen Formular zu dokumentieren, das auch der/dem zuständigen Mentor*in vorzulegen ist und von diesem/dieser mit einem Feedback versehen wird. Die Arbeitsgruppe dient zur Kommunikation über die Inhalte des Selbststudiums, zur Klärung von Verständnisproblemen und zur gegenseitigen Motivation. Sie bietet außerdem Gelegenheit zur Diskussion und zur Erprobung und Reflexion praktischer Übungen. In einigen Lernsituationen[9] werden explizit Aufträge für die Arbeitsgruppe gegeben. Auch die *Hospitationen* und *Exkursionen* können in diesem Rahmen organisiert und durchgeführt werden. Diese Lern- und Arbeitsgruppen sind von daher von zentraler Bedeutung im Gesamtsystem des Blended-Learning-Settings, auch im Hinblick auf die Verbindung von Theorie und Praxis. Zur Sicherung der Qualität der Arbeit gibt es unterstützende Dokumente, z. B. sehr konkrete Vorschläge zum Sinn und Zweck dieser Arbeitsgruppen, zur Moderation und kollegialen Reflexion von Fällen.

[9] Lernsituationen sind fächerübergreifende komplexe Aufgabenstellungen: „In der Erarbeitung konkreter Lernsituationen sollen fachwissenschaftliche und berufsrelevante Kenntnisse und Fertigkeiten erlangt werden. Dies erfordert die Integration von Theorie und Praxis in die Ausbildung. Zentral ist der Ansatz, Lernen in Form der eigenständigen und eigenverantwortlichen Erarbeitung vollständiger Handlungen zu ermöglichen. Die verantwortliche Gestaltung des eigenen Lernprozesses trägt zur Entwicklung der Persönlichkeit bei.“ (Weiterbildungsinitiative Frühpädagogische Fachkräfte (WiFF), Qualifikationsprofil „Frühpädagogik“ – Berufsfachschule, München 2012, 11, abrufbar unter: https://www.weiterbildungsinitiative.de/uploads/media/Koop_Qualifikationsprofil.pdf [Zugriff: 31.01.2018]).

Aber auch die *Präsenzphasen* sind in unseren Fernkursen keine Orte, an denen sich Lernende vor allem Theorie-Inputs erarbeiten oder diese konsumieren können oder müssen, sondern vor allem Räume des Erprobens und des praktischen Lernens sowie des fachlichen Debattierens und des Austauschens von Feedbacks. Es sind Orte, an den soziales Lernen geschieht und wo Lösungen und Handlungsimpulse für fachliche Herausforderungen entstehen. Der Ökonom und Managementberater Claus Otto Scharmer vom *Massachusetts Institute of Technology (MIT)* hat zu Recht auf Folgendes hingewiesen: „Lernen hat einen großen Haken: Es ist ein Download von Mustern aus der Vergangenheit, denn wir lernen aus unseren Erfahrungen. Was aber tun, wenn die Erkenntnisse von gestern für morgen nicht mehr taugen? Die Herausforderung heute ist, unsere Wahrnehmungsfähigkeit weiterzuentwickeln – und von einer im Entstehen begriffenen Zukunft zu lernen."[10] Diesem Anspruch versuchen wir z. B. durch eine bestimmte Gestaltung der Aufgabenstellungen in unseren Fernkursangeboten gerecht zu werden, indem wir – soweit möglich und den Vorgaben aus Lehrplänen etc. entsprechend – diese so konzipieren, dass nicht lediglich Wissen reproduziert wird, sondern vorrangig Wahrnehmungs- und Beobachtungsfähigkeit, aber auch Bewertungskompetenzen und Handlungsspielräume geschult und erweitert werden. Beim Fernkurs Erziehen sieht das ganz praktisch so aus, dass hier von den Lernenden ihr theoretisches Wissen fächerübergreifend für die Bearbeitung sogenannter Lernsituationen herangezogen wird. Die Komplexität der Lernsituationen steigert sich im Kursverlauf.

Die Prüfungsordnung schreibt für die beiden Ausbildungen jeweils *Praktika* vor. Zwei dreiwöchige Praktika mit einer wöchentlichen Arbeitszeit von 38,5 Stunden sind während des Fernkurses Erziehen abzuleisten, insgesamt 400 Stunden heilpädagogisches Praktikum sind es laut Lehrplan beim Fernkurs Heilpädagogik. Es ist auch möglich, die Praktika in Teilzeitform zu absolvieren, wodurch sie sich dann entsprechend verlängern. Diese Praktika sind ein wichtiger und zentraler Bestandteil der Ausbildung zum/zur Erzieher*in bzw. Heilpädagog*in, denn natürlich setzt der Erwerb professioneller Handlungskompetenz die Verzahnung von theoretischem Wissen und praktischen Handlungsvollzügen voraus. Gerade Praktika sind in besonderer Weise geeignet, das in anderen Bestandteilen des Fernkurses erworbene Wissen und Können in der Fachpraxis zu überprüfen, weiterzuentwickeln und zu integrieren sowie professionelle Haltungen und Einstellungen einzunehmen. Sie bieten auch die ganz besondere Möglichkeit, vielfältige Erfahrungen in verschiedenen Einrichtungen und Arbeitsfeldern zu sammeln, verschiedene pädagogische Ansätze kennenzulernen sowie

[10] Vgl. http://www.changex.de/Author/266 [Zugriff: 31.01.2018].

deren Umsetzung. Praktika stellen zudem ein realitätsnahes und umfassendes Arbeitstraining dar und konfrontieren die Lernenden zugleich mit der Realität des Berufsalltags. Zugleich stellen sie eine wichtige Gelegenheit dar, Berufserfahrung zu sammeln und die Eignung für das Arbeitsfeld zu prüfen. Den Teilnehmer*innen wird ein Leitfaden zur Auswahl des Praktikumsplatzes bzw. zur Vorbereitung des Einsatzes, zur Reflexion der Erfahrungen und zur Erstellung des Berichtes zur Verfügung gestellt.

Anders als die beiden Fernkurse Erziehen und Heilpädagogik, die inhaltlich-fachlich auf staatlichen Lehrplänen basieren und auf entsprechende externe Nichtschüler*innen-Prüfungen vorbereiten, liegen bei den beiden anderen Blended-Learning-Angeboten keine entsprechenden staatlichen Lehrpläne zugrunde. Bei den sechs- bis neunmonatigen Lehrgängen im FIF-Projekt zur Qualifizierung von Lehrkräften für Integrationskurse für Deutsch als Zweitsprache mit und ohne Alphabetisierung nach Standards des Bundesamtes für Migration und Flüchtlinge ist bei der Qualifizierung für die Integrationskurslehrkräfte ein vom BAMF vorgegebenes Curriculum zu beachten. Als Nachweis dient ein sogenanntes Portfolio, vergleichbar mit einer umfangreichen schriftlichen Unterrichtsplanung, wie sie aus der klassischen Lehrer*innenausbildung bekannt ist, das dem BAMF zur Begutachtung vorzulegen ist. Für die Qualifizierung der Lehrkräfte für die Alphabetisierungskurse liegt ebenfalls ein entsprechendes Kurskonzept des BAMF vor, das es zu beachten gilt.

Die Angebote des Projektes BBQ sind eine Weiterbildung für Lehrkräfte, die in Zukunft in der Alphabetisierung und Grundbildung in den Bereichen Deutsch als Erstsprache und Deutsch als Zweitsprache sowie in Sprach- und Orientierungskursen für Flüchtlinge in Rheinland-Pfalz tätig sein möchten. Hier gibt es keine externen Vorgaben oder Curricula, die es zu beachten gilt. Ziel ist es, eine Professionalisierung anzubieten, die die jeweils vorhandenen Qualifikationen und Praxiserfahrungen wertschätzt und würdigt und Angebote bereithält, diese in einem modularen System weiterzuentwickeln.

Kennzeichnend für beide Qualifizierungsangebote ist ein sehr elaboriertes *tutorielles Betreuungssystem.* Anders als in den beiden vorab beschriebenen Fernkursen gibt es in diesen beiden Angeboten keine Kurs-Mentor*innen. Im Rahmen dieses Kurskonzeptes sind es die Tutor*innen, die als erste Ansprechpartner*innen zu allen inhaltlichen Fragen zur Verfügung stehen. Dies betrifft die Bearbeitung der Studienbriefe sowie der Foren- und Aufgabenbeiträge auf der Moodle-Plattform. Die Teilnehmer*innen werden daher von ihren Tutor*innen dazu eingeladen, sich bei inhaltlichen Nachfragen ausschließlich an sie zu wenden. Tun sie dies, erhalten sie in der Regel innerhalb von zwei bis drei Tagen eine qualifizierte Rückmeldung und die Tutor*innen begleiten alle weiteren Foren- und

Aufgabenbearbeitungen mit entsprechenden Kommentaren. Die Tutor*innen erinnern an Einreichungspflichten und sichern so ab, dass im Idealfall alle Teilnehmenden am Präsenztermin auf dem gleichen Informations- und Bearbeitungsstand sind. Insbesondere beobachten die Tutor*innen, ob Teilnehmende mehrere Tage oder gar Wochen gar nicht auf der Plattform aktiv sind. Sie nehmen Kontakt auf, bieten Unterstützung an und informieren gegebenenfalls zeitnah das Projekt-Büro.

In beiden Qualifizierungen nehmen *Hospitationen* bei bereits zugelassenen Lehrkräften eine wichtige Rolle im Hinblick auf die Verbindung und Reflexion von Theorie und Praxis ein. Diese Hospitation ist auch ein Bestandteil für das erfolgreiche Bestehen der FIF-Qualifizierungen. Die Hospitation ist im Umfang von insgesamt vier Unterrichtseinheiten in einem Integrationskurs zu leisten und gliedert sich in zwei Phasen: eine Beobachtungsphase (3 Unterrichtseinheiten) und eine Durchführungsphase (1 Unterrichtseinheit). Dazu begleitet der/die Teilnehmer*in zunächst eine*n zertifizierte*n Integrationskursleiter*in und beobachten deren/dessen Tätigkeiten für drei Unterrichtseinheiten. Zur Dokumentation der eigenen Beobachtungen, stehen insgesamt 13 Unterrichtsbeobachtungsbögen zur Verfügung, aus denen vier Bögen ausgewählt werden können. Drei davon werden von dem/der Teilnehmer*in selbst ausgefüllt, während er/sie den/die Kursleiter*in beobachtet, ein vierter wird von einem/einer zertifizierten Kursleiter*in ausgefüllt, während der/die Teilnehmer*in selbst im Rahmen einer Unterrichtseinheit als Kursleiter*in fungiert.

Da es sich bei BBQ um ein trägerentwickeltes Angebot handelt, ergeben sich hier deutlich größere Freiheiten bei der Ausgestaltungen der inhaltlichen Schwerpunkte und der Auswahl der methodischen Ansätze. So kann hier z. B. vor allem dadurch ein ganz anderer Praxisbezug hergestellt werden, dass konkrete Fortbildungsbedarfe von (potentiellen) Kursleitenden unmittelbar aufgegriffen werden und umgesetzt werden können, u. a. in einem Angebot „Förderung von Resilienz in Sprachkursen für Geflüchtete durch künstlerische Angebote“ oder ein Angebot „Kunst und Resilienz“ für Kursleitende. Andererseits besteht die Möglichkeit durch die Anbindung an einen bzw. mehrere große staatlich anerkannte Weiterbildungsträger, dass auch potentielle Kursleitende bei der Entwicklung von zukünftigen Unterrichtsmaterialien mitwirken können, wie aktuell bei einem gemeinsamen Projekt mit dem Bundeszentrum für Ernährung (BZfE) in der Bundesanstalt für Landwirtschaft und Ernährung (BLE) in einer Maßnahme „Ernährungsbildung und Bewegungsförderung im Kontext von Alphabetisierung und Integration“ (EBALPHI).

Beide Angebote stellen zur Erarbeitung von Inhalten theoretische Inputs zur Verfügung. Beim erstgenannten Angebot wurden hierzu eine vierbändige Reihe entwickelt, die die entsprechenden im Curriculum geforderten Inhalte abbildet, fernstudiendidaktisch aufbereitet und möglichst anwendungsorientiert vermittelt.[11] Ergänzend dazu gibt es aktuelle Quellen (Texte, Audios, Videos), die über die Lernumgebung bereitgestellt werden. In diesem Zusammenhang besonders wichtig sind die *Aufgabenstellungen*, die von den Lernenden bearbeitet werden. Auch hier sind es vor allem Fragestellungen, die anwendungsorientiert Reflexions- und Bewertungsfähigkeiten fördern, Orientierung anbieten, zur Zusammenarbeit und kollegialer Diskussion inspirieren, die Verknüpfung mit individuellen Erfahrungen und Vorwissen ermöglichen, aber auch Erfolge vermitteln.

Blended-Learning-Angebote sind faktisch immer „work in progress" und eigentlich niemals fertig. Das hat viele Gründe, angefangen von der tatsächlichen oder der vermeintlichen Halbwertzeit von Wissen, der tatsächlichen kurzen Lebenszeit von URLs, von Versionsänderungen von Moodle und vielem mehr, bis hin zu vor allem intrinsischen Optimierungsbemühungen. Vier aktuelle Handlungsfelder und Entwicklungsaufgaben in Hinblick auf eine noch bessereTheorie-Praxis-Verbindung haben wir für die nächsten Jahre identifiziert:

- Vor einigen Jahren haben wir die in vielen Blended-Learning-Angeboten übliche Verlinkungen auf Youtube oder anderen Movie-Plattform-Providern zur Ergänzung eigener Online-Lernmaterialien nach und nach begonnen, durch eigene Film-Produktionen zu ersetzen. Wir arbeiten hierzu mit eigenen Kräften (eine Mitarbeiterin hat Publizistik/Film studiert, eine FSJ-Kulturstelle wurde in Kooperation mit einem Offenen Kanal eingerichtet) oder externen Filmemacher*innen zusammen.[12] Diese „learning-nuggets" sind zwar extrem aufwendig und manchmal auch teuer, bewähren sich aber in hohem Maße, vor allem auch hinsichtlich der besonderen Optionen, hier sehr anwendungsorientiert und der eigenen Didaktik entsprechend und auch durchaus Elemente des S.P.A.S.S-Modells aufgreifend gestaltend tätig werden zu können. Dies soll in allen Fernkursen ausgebaut werden.
- Die Fortentwicklung und Optimierung der Lernumgebung ist eine weitere spannende zukünftige Entwicklungsaufgabe. Unsere internen quantitativen und qualitativen Evaluationen haben ergeben, dass die Teilnehmenden mehrheitlich die virtuelle Lernumgebung noch nicht optimal nutzen. Deshalb soll sie in den nächsten Monaten und Jahren

[11] Susan Kaufmann – Erich Zehnder – Elisabeth Vanderheiden – Winfried Frank (Hg.), Qualifiziert unterrichten. Fortbildung für Kursleitende Deutsch als Zweitsprache, 4 Bände, Ismaning 2007–2009.

[12] Ein Beispiel für ein externes Kooperationsprojekt mit Berliner Filmemacher*innen: https://www.trainerscut.com [Zugriff: 31.01.2018].

kontinuierlich dahingehend weiterentwickelt werden, dass sie noch weniger „virtueller Unterrichtsmittelschrank“ und „virtueller Kursraum“ ist und mehr „Lounge“, mehr ästhetischer Ort, an dem Lernende Anderen begegnen und sich austauschen, gemeinsam vorhandenes Wissen teilen und neues erforschen und reflektieren, Fachliches kontrovers diskutieren und Erfolge erfahrbar und dokumentiert werden. Dazu wurde eigens eine Medienpädagogin eingestellt und kürzlich eine neue Reflexionsübung eingeführt: „Wie sieht für mich eine gute Lernumgebung aus, was inspiriert mich beim Lernen?“ – die zu Beginn der Ausbildung bzw. Qualifizierung auf der Moodle-Plattform als Übung eingeführt wird und dann in der Präsenzphase ihre Fortsetzung erfährt.

- Individualisierung der Lernwege und Selbstorganisierung ausbauen: Ein besonderer Vorteil von internet-basierten oder Fernstudienangeboten ist das Lernen unabhängig von vorgegebenen Orten und Zeiten. Das wird naturgemäß dann eingeschränkt, wenn das Lernangebot sich in einem Kurs mit einem bestimmten Anfangs- und Enddatum ereignet und entsprechend organisiert werden muss. Zukünftig soll hier nach Möglichkeiten gesucht werden, innerhalb bestimmter Zeitfenster noch mehr Rücksicht als bislang auf individuelle Lerntempora zu legen und zu prüfen, inwiefern weitere Individualisierungen von Lernwegen möglich sind.
- Es ist vor allem dem indischen Bildungsforscher und Informatiker Sugata Mitra und seinem berühmten „Loch in der Wand-Experiment“ aus dem Jahre 1999 zu verdanken, dass wir wissen, welches enorme Potential im Selbstorganisierten Lernen liegt[13] und dass es sich vor allem im Interesse einer nachhaltigen Theorie-Praxis-Verbindung als relevant erweisen kann. Deshalb wird eine weitere Entwicklungsaufgabe sein, in den hier beschriebenen Blended-Learning-Angeboten die Elemente des Selbstorganisierten Lernens noch stärker auszubauen. Dies kann z. B. dadurch erfolgen, dass in den Qualifizierungen, in denen es bislang noch keine Lern- und Arbeitsgruppen gibt, diese eingerichtet werden. Dies allein wird aber nicht ausreichen, es werden weitere konzeptionelle Innovationen notwendig sein. Hierzu wurde von den Projektverantwortlichen u. a. eine Zeitreflexionsübung entwickelt, die ab sofort obligatorisch immer in der ersten Präsenzphase einer Qualifizierung stattfindet. Sie unterstützt die Teilnehmer*innen in Anlehnung an das Eisenhower-Prinzip dabei, Prioritäten zu überdenken und neu zu setzen, zu unterscheiden zwischen „wichtig“ und „dringend“, zu delegieren etc. Der

[13] https://bildungsreporter.wordpress.com/2010/03/26/das-loch-in-der-wand; https://www.ted.com/talks/sugata_mitra_the_child_driven_education#t-278530 [Zugriff: 31.01.2018].

Prozess ist so angelegt, dass jede*r Teilnehmer*in einen ausgefüllten Wochenplan mit nach Hause nimmt. Er soll ganz konkret dabei helfen, Lern-Aufgaben in Zusammenschau mit Beruf und Privatleben neu und anders zu strukturieren und zu priorisieren. Denkbar wäre dazu auch ein Entwicklungsworkshop unter Beteiligung von Kursteilnehmenden, Tutor*innen, Trainer*innen und Projektverantwortlichen.

Wir hoffen so, noch stärker dazu beitragen zu können, dass für unsere Teilnehmenden Lernen zur nachhaltigen Erfahrung wird, damit sich – ganz im Einstein'schen Sinne – Lernen optimal mit der Erfahrung verbinde.

Praxislernen organisieren?!

Ein Werkstatt-Bericht aus der Katholischen Hochschule Nordrhein-Westfalen

Ulrich Feeser-Lichterfeld / Michaela Labudda / Bergit Peters / Alexander Saberschinsky / Wilhelm Tolksdorf

Praktika gehören zu einem anwendungsorientierten Studium, ja zeichnen es in besonderer Weise aus. So selbstverständlich diese Aussage scheinen mag, sie bedarf doch der Begründung und Konkretion. Im Kontext der sogenannten „Bologna-Reform" sind Praktika und Praxisbezüge in das Blickfeld der gesamten Hochschullandschaft gerückt (worden).[1] Doch: Wer das Studium der Religionspädagogik, wie es an der Katholischen Hochschule Nordrhein-Westfalen (KatHO, vormals: Katholische Fachhochschule Nordrhein-Westfalen) seit Studienbeginn im Wintersemester 1971/1972 gelehrt wird, in den Blick nimmt, wird rasch einige markante Züge erkennen, die seit der mit dem Stichwort „Bologna" verknüpften Studienreform zu den Eigenschaften moderner Studiengänge zählen: Theorie und Praxis werden in vielerlei Weise wechselseitig korreliert; die Förderung von *Employability* (Beschäftigungsbefähigung) wird groß geschrieben; die Arbeitsmarktbezüge, sprich die Vernetzungen zu den kooperierenden Diözesen, sind eng; wie zuvor das Diplom soll nun der Bachelor-Abschluss für den Gemeindereferent*innen-Beruf bzw. für den zweiten Abschnitt des Ausbildungsweges hierzu qualifizieren. Der vorliegende Bericht gibt im Hinblick auf das Ziel, „gute" Praktika zu organisieren, Rechenschaft über die gestarteten Initiativen und dabei bislang gesammelten Erfahrungen.

1 Potenziale von Praktika

Laut der von den deutschen Bischöfen erstmals 1987 vorgelegten und 2011 überarbeiteten „Rahmenordnung für die Ausbildung, Berufseinführung und Fortbildung von Gemeindereferenten/-referentinnen"[2] sollen in „der ersten Bildungsphase [...] die menschlichen, religiösen, kirchlichen und fachlichen Voraussetzungen für die Ausübung eines hauptberuflichen pas-

[1] Vgl. zum Überblick: Wilfried Schubarth – Karsten Speck – Juliane Ulbricht, Qualitätsstandards für Praktika: Bestandsaufnahme und Empfehlungen, Potsdam – Oldenburg 2016.

[2] Vgl. Sekretariat der Deutschen Bischofskonferenz (Hg.), Rahmenstatuten und -ordnungen für Gemeinde- und Pastoral-Referenten/Referentinnen (Die deutschen Bischöfe ; 96), Bonn 2011, 31–54.

toralen Dienstes und die Erteilung des schulischen Religionsunterrichtes" grundgelegt werden. „Diesem Ziel", so die Bischöfe, „dienen spirituelle Anregungen und Übungen, praxisbezogene Studien und berufsorientierende Praktika" (Nr. 6). Von Praxiseinsätzen in dieser ersten Bildungsphase und den sie begleitenden Praxisreflexionen wird erwartet, dass sie die „Einübung in pastorale und religionspädagogische Tätigkeiten, Vertrautheit und Umgang mit kirchlichen und schulischen Einrichtungen, Verstehen und Annehmen der künftigen Berufsrolle" (Nr. 16) ermöglichen und befördern.

Das der Wiederveröffentlichung der genannten Rahmenordnung hinzugefügte und aus dem Jahr 2006 stammende „Eckpunktepapier zur Modularisierung des Studiengangs ‚Religionspädagogik und kirchliche Bildungsarbeit' an den Katholischen Fachhochschulen"[3] betont, dass das berufsvorbereitende Studium „den Veränderungen in den kirchlichen und gesellschaftlichen Rahmenbedingungen für den Beruf der Gemeindereferentinnen Rechnung zu tragen" habe und ein „Gemeindereferent [...] insbesondere befähigt werden" müsse:

- „angesichts der wachsenden missionarischen Herausforderungen an Kirche heute sprach- und antwortfähig in Fragen des Glaubens zu sein;
- in größer werdenden Seelsorgeeinheiten im Rahmen einer kooperativen Pastoral verstärkt eigenständig und verantwortlich Aufgaben in Kooperation und Koordination wahrzunehmen;
- im Lern- und Lebensraum Schule, dem wachsende Bedeutung zukommt, kompetent religionspädagogisch und pastoral tätig zu werden;
- sich in die kirchlichen wie schulischen Organisationsformen aktiv und gestaltend einbringen zu können." (Nr. 5)

Weiter heißt es: „Der spezielle Berufsfeldbezug des Fachhochschulstudiengangs ‚Religionspädagogik und kirchliche Bildungsarbeit' erfordert eine intensive und kontinuierliche Kooperation zwischen den Katholischen Fachhochschulen einerseits und den Trägerdiözesen bzw. den entsendenden Bistümern andererseits. Bei der Modularisierung des Studiums, der Definition von Ausbildungsschwerpunkten und der grundsätzlichen Festlegung der Praktika und eventueller Praxissemester sind die Bistümer einzubeziehen. Hierzu sind verbindliche Kooperationsformen und -strukturen zu vereinbaren" (Nr. 9). Und schließlich: „Bei den Praxisanteilen ist frühzeitig und hinreichend Zeit für Praktika im Heimatbistum vorzusehen" (Nr. 10).

[3] Vgl. Sekretariat der Deutschen Bischofskonferenz (Hg.), Rahmenstatuten und -ordnungen, 55–61.

Auch wenn im Folgenden die zum Curriculum gehörigen Praktika im Mittelpunkt der Reflexion stehen, sind die Gelegenheiten zum Praxislernen an der KatHO im Studiengang Religionspädagogik vielfältiger (z. B. Praxisforschungsprojekte, Übungen zur seelsorglichen Gesprächsführung und Moderation von Gruppen, Teilzeitpraktika zum Kennenlernen diverser Handlungsfelder diakonischer Pastoral und zum Vertiefen seelsorglich-kommunikativer Kompetenzen, Dialoge mit Praktiker*innen im Rahmen von Kooperationsveranstaltungen, Einladungen von Religionslehrer*innen an die KatHO oder Exkursionen) und greifen die bischöflichen Richtungsanzeigen auf je eigene Weise auf. Sie sorgen mit dafür, dass Student*innen ihr Studium „nicht als praxisferne, nur mit mehr oder weniger nützlicher Theoriearbeit befasste Lebenszeit", sondern als „Praktikum oder Laboratorium eigener Art"[4] begreifen und – hoffentlich – zu schätzen lernen.

Sind all diese Lehr-Lern-Gelegenheiten relativ eng an die Hochschule und ihre System- und Handlungslogiken gebunden, werden die Student*innen für die Praktikumszeiträume doch in die nicht selten ganz anders strukturierte und funktionierende „Berufswelt" entlassen. Umso größer ist deshalb die Herausforderung, diesen Situations- und Perspektivwechsel in das komplexe Gesamtgefüge des Studiums zu integrieren und als Wechsel des Lern-Ortes zu interpretieren und zu nutzen. Studienansprüche wie Reflexivität, kritische Distanz, wissenschaftliche Redlichkeit und Originalität bleiben im Idealfall erhalten und werden im Praktikum durch „Realitätschecks" und die Erkundung des potenziellen Berufsfeldes, den Kompetenzzuwachs im Beobachten und Erproben von berufstypischen Handlungssituationen sowie die Selbstwahrnehmung im mehr oder weniger neuen Kontext und die Selbstreflexion über den weiteren Studien- und Berufsweg bereichert. Begleitung hierbei erfolgt sowohl an der Hochschule in vor- und nachbereitenden Lehrveranstaltungen und durch eine zentrale Ansprechperson, das mit Praxis- und Praktikafragen durchweg beschäftigte Kollegium und Supervisor*innen als auch „vor Ort" durch Mentor*innen, die von den diözesanen Ausbildungsleitungen gewonnen und auf ihre anspruchsvolle Aufgabe vorbereitet werden. Es ist sicher nicht übertrieben zu behaupten, dass die Qualität der Praktika maßgeblich von der Güte dieser mehrschichtigen Begleitung und ihrer wechselseitigen Verzahnung abhängt. Mindestens ebenso verantwortlich für den Erfolg eines Praktikums ist selbstverständlich die/der Praktikant*in selbst, die/der trotz bzw. wegen

[4] Hans-Martin Gutmann – Norbert Mette, Orientierung Theologie. Was sie kann, was sie will, Reinbek bei Hamburg 2000, 148.

ihres/seines Wechsels in die Arbeitsprozesse Student/in bleibt bzw. in neuer, existentiell bedeutsamer Weise dazu wird.

Kurz zusammengefasst gesagt, können Praktika die kompetenzorientierte Lehre dadurch ergänzen und unterstützen, dass sie den Studierenden konkrete Erfahrungs- und Reflexionsgelegenheiten bieten, in denen fachwissenschaftliche Erkenntnisse und Methoden angewendet und angemessene, fachlich geprägte Handlungsstrukturen zur Bewältigung situativer Aufgaben ausprobiert und eingeübt werden können. Praktika können auf diese Weise als ein „'situierter' – situations- und kontextgebundener sowie in Interaktionen eingebetteter –, aktiver und selbstgesteuerter Prozess betrachtet [werden], in dem Wissen vom Individuum neu konstruiert wird."[5]

2 Praktika im Fachbereich Theologie der KatHO NRW

Laut Studienordnung für den Bachelorstudiengang Religionspädagogik im Fachbereich Theologie an der Katholischen Hochschule Nordrhein-Westfalen haben die Student*innen aktuell zwei Praktika zu absolvieren, so dass sie die Vielfalt kirchlicher Handlungsfelder in Gemeinde und Schule kennenlernen und dabei die im Studium erworbenen Einsichten und Fähigkeiten einbringen und überprüfen können.[6] Konkret sind hierfür ein fünfwöchiges „Orientierungspraktikum Gemeinde und Schule" (OPGS) im Übergang vom ersten zum zweiten Fachsemester und ein siebenwöchiges „Gemeinde- und Schulpraktisches Studium" (GSPS) in der vorlesungsfreien Zeit nach dem dritten Fachsemester vorgesehen. Das OPGS ist in erster Linie ein Hospitationspraktikum, wohingegen das GSPS den Schwerpunkt auf das aktive Mitwirken der Studierenden und ihr eigenständiges Tun setzt.

Diese Grundstruktur der Einbettung der Praktika in den Studienverlauf und ihrer primären Zielsetzungen reicht bis in die Anfänge des Studiengangs zurück[7], wurde und wird aber immer wieder an der einen oder anderen Stelle modifiziert. In Folge der Pensionierung von Heinz Ruland, der als Praxisdozent mehr als dreißig Jahre die Verantwortung für die Praktikumsorganisation an der KatHO trug, der Einrichtung einer Professur für Praktische

[5] Rüdiger Preißer, Kompetenzorientierte Hochschuldidaktik, in: Florian Bruckmann – Oliver Reis – Monika Scheidler (Hg.), Kompetenzorientierte Lehre in der Theologie. Konkretion – Reflexion – Perspektiven, Berlin 2011, 17–36, hier: 30.

[6] Vgl. § 11 dieser Studienordnung in der gültigen Fassung aus dem Jahr 2013, abrufbar unter https://www.katho-nrw.de/paderborn/studium-lehre/fachbereich-theologie/religionspaedagogik-ba/ [Letzter Zugriff: 16.2.2018].

[7] Vgl. z. B. den von der damaligen Praxisdozentin, Gertrud Baumgarten, im Jahr 1980 vorgelegten „Wegweiser für Mentoren und Praktikanten" (36-seitiges maschinenschriftliches Manuskript im Archiv des Fachbereichs Theologie der KatHO NRW).

Theologie mit einem Schwerpunkt im Bereich der Praxisbegleitung und der Berufung von Ulrich Feeser-Lichterfeld auf diese Position des verantwortlichen Praxisdozenten, sowie weiterer personeller Wechsel in der „praktisch-theologischen Fraktion" des Fachbereichs bot sich im Jahr 2016 ein Kairos für eine Revision und Neuausrichtung des Praktikumskonzeptes im Studiengang Religionspädagogik.

2.1 Ein gutes Praktikum – eine Frage der Perspektive

Das eingangs bereits erwähnte, im Herbst 2016 veröffentlichte Fachgutachten zu Qualitätsstandards für Praktika bot für die konzeptionellen Überlegungen des Fachbereichs wertvolle Impulse insbesondere für eine bewusste curriculare Integration der Praxisphasen. Hinzu kam eine intensive Kommunikation mit den verschiedenen am Praktikumsgeschehen beteiligten Gruppen der Akteure: allen voran mit den Student*innen, die z. T. auf dem Hintergrund eigener Praktikumserfahrungen Wünsche zur künftigen Praktikumsgestaltung äußerten; mit den Ausbildungsleitungen der (aktuell dreizehn) Diözesen, die mit der KatHO kooperieren und dabei insbesondere die gemeinschaftlich verantworteten Praktikumsphasen ihrer Student*innen im Blick haben; sowie mit den in der Praktikumsbegleitung engagierten Mentor*innen und Supervisor*innen. Diskussionen innerhalb der Lehrveranstaltungen, E-Mail-Umfragen, Gremiensitzungen und weitere Zusammenkünfte sowie nicht zuletzt das im Januar 2017 erstmals veranstaltete Paderborner Symposium zu pastoralen Lehr-Lern-Prozessen boten Foren für einen intensiven Austausch über Stand und Perspektiven der Praktikumsorganisation. All das war und ist getragen von einer intensiven kollegialen Beschäftigung im Kreis der Dozent*innen mit dem Stellenwert der Praktika im Gesamtgefüge des Studiums, so dass dieser deutlich gestärkt werden konnte.

Was ein gutes Praktikum auszeichnet, dazu gab und gibt es in und zwischen den verschiedenen Gruppen teils gemeinsame, teils unterschiedliche Ansichten. Aus *Studierendensicht* basiert das Gelingen auf der frühzeitigen Klärung von Aufgaben und Zielen zwischen allen Beteiligten. Als gelungen gilt ein Praktikum zudem dann, wenn es zu einem guten Ein- bzw. Überblick zur Arbeit der Gemeindereferent*innen führt und zugleich für das im Studium erworbene Wissen und Können offen ist. Dazu nutzt es die Kompetenzen der Student*innen bzw. Praktikant*innen und fördert zugleich deren weitere Kompetenzentwicklung. Ein gutes Praktikum soll Brücken schlagen zwischen den zwei im Praktikumskonzept angezielten, in der Realität aber häufig recht unverbundenen und manchmal gar inkompatibel scheinenden Welten „Gemeinde“ und „Schule“. Dafür brauche es, so die Studierenden, motivierte Mentor*innen und ein Pastoralteam bzw. Kollegium, das der/dem Praktikant*in Interesse und Offenheit signalisiert, sowie hinreichend Zeit für Vor- und Nachbereitung und genug Freiraum für Eigenverantwortung und Experimente. Kontinuierlichem Dialog und konstruktivem Feedback wird eine hohe Bedeutung zugemessen.

Praktika haben aus Sicht der *Ausbildungsleitungen* Theorie und Praxis wechselseitig miteinander zu vernetzen und unterstützten so im Idealfall den Wissens- und Ideentransfer zwischen KatHO und Bistümern. Sie förderten den Perspektiv- und Rollenwechsel vom Ehren- zum Hauptamt und seien ein wichtiger Beitrag zum Hineinwachsen der künftigen Mitarbeiter*innen ins Bistum und seine Arbeitsfelder. Die von vielen als „Stiefkind“ und „Überforderung“ betitelten und nicht selten beklagten schulpraktischen Einsätze böten eine exemplarisch für alle religionspädagogischen Handlungsfelder lohnende Lernchance. Denn insbesondere die im schulischen Religionsunterricht angewendeten religionspädagogischen Tools (z. B. Elementarisierung oder Kompetenzorientierung) könnten gewinnbringend auf alle pastoralen Felder (z. B. in der Sakramentenkatechese oder der Planung von Elternabenden und Gremiensitzungen) übertragen werden. Vor allem aber unterstützten die Praktikumserfahrungen die Arbeit an individuellen Entwicklungsherausforderungen der Studierenden, könnten helfen, die individuelle Studien- und Berufswahlmotivation zu klären, und seien so ein Teil der Eignungsprüfung potenzieller Bewerber*innen.

Dozierende wünschen sich Praktika mit vielfältigen Wechselbezügen zwischen Lernen in den Veranstaltungen der Hochschule, dem Selbststudium und dem Lernen in Berufsfeldern. Auf diese Weise könnten Zusammenhänge zwischen (Hochschul-)Theorie und (Praktikums-)Praxis deutlich, die vielfältigen und in starken Transformationsprozessen befindlichen Handlungsfelder „Gemeinde“ und „Schule“ exploriert und pastorale bzw. religionspädagogische Tätigkeiten eingeübt werden. Neben der Auseinandersetzung mit der facettenreichen und sich ebenfalls neu formierenden Berufsrolle „Gemeindereferent*in“ ergäben sich im Rahmen eines guten Praktikums Erfahrungen und Reflexionseinsichten, die sich entwicklungsfördernd in die persönliche Lernbiografie integrieren ließen und zudem die praktisch-theologische Arbeitsweise mit ihrem spezifischen Praxis-Theorie-Praxis-Kreislauf veranschaulichten.

2.2 Curriculare Integration

„Praktika sind keine Ferien vom Studium." – Dieses zugegebenermaßen holzschnittartige Motto hilft in der Vor- und Nachbereitung der beiden Blockpraktika, deren Zusammenhang mit den diversen Lehr-Lern-Prozessen während des Semesters zu verdeutlichen. Die Zeit im Praktikum ist nicht nur wegen der zumeist hohen Arbeitslast für die Student*innen bzw. Praktikant*innen keine Ferienzeit, sondern weil das Studieren – nun an einem bzw. vielen neuen Lern-Ort(en) – während dieser Phasen fortgesetzt werden soll. Verschiedene mehr oder weniger explizite Bezüge innerhalb der Lehrveranstaltungen verdeutlichen diese Perspektive und fördern damit die curriculare Integration der Praktika im Studienverlauf.

Auf Ziele, Anforderungen und Ablauf bspw. des OPGS bereiten sich die betreffenden Student*innen während des vorausgehenden Wintersemesters insbesondere im Rahmen einer eigens hierfür konzipierten Übung des Moduls 9[8] vor. Es werden dort Hinweise u. a. zu Vor-Ort-Kontakt- und Kontraktgesprächen, Sozialraumorientierung, Kommunikation in Teams und Gruppen, Feedback-Kultur sowie der Praktikumssupervision gegeben. Weiterhin werden auch gruppenpädagogische Grundkenntnisse (z. B. zu Gruppenphasen, zu Rolle und Auftrag der Gruppenleitung und zum Umgang mit Konflikten in Gruppen) vermittelt. Hinzu kommen das Modul 1 mit der Einführung in wissenschaftliches Denken und Arbeiten sowie in Zeitmanagement und Arbeitstechniken, das Modul 4 mit der Einführung in die Liturgiewissenschaft, das Modul 7 mit Lehrveranstaltungen zu pädagogischen Grundfragen bzw. zur religiösen Erziehung und Bildung sowie die Lehrveranstaltung „Pastoraltheologie I" im Modul 8. Darüber hinaus will das gesamte Lehrangebot des Fachbereichs auf das Praktikum vorbereiten und dort genutzt werden.

Während der Praktikumszeiträume sind die in die unmittelbare Praktikumsbegleitung eingebundenen Dozent*innen der Liturgiewissenschaft, Pastoraltheologie und Religionspädagogik, vor allem aber der Praktikumsverantwortliche für Rückfragen oder andere Klärungsbedarfe – natürlich auch im Hinblick auf die vereinbarten Fokussierungen bzw. Projektaufgaben (vgl. Abschnitt 2.3) sowie die im Anschluss an die Praktika vorzulegende schriftliche Hausarbeit (vgl. Abschnitt 2.4) – erreichbar.

---

[8] Ausführliche Beschreibungen der Module und des Curriculums finden sich im Modulhandbuch für den Bachelor-Studiengang Religionspädagogik, abrufbar unter: https://www.katho-nrw.de/paderborn/studium-lehre/fachbereich-theologie/religionspaedagogik-ba/aufbau-des-studiums/ [Letzter Zugriff: 16. 2. 2018].

Im Sommersemester nach dem OPGS bzw. GSPS reflektieren die Student*innen ihre Praktikumserfahrungen zum einen im Rahmen der Lehrveranstaltungen; hier zeigt es sich, wie wertvoll es ist, dass die Kolleg*innen an der Konzeption und Vorbereitung der Praktika beteiligt waren und von daher auch in der Nachbereitung eine aktive Rolle spielen können. Zum anderen beinhalten das Modul 11 (OPGS) und das Modul 19 (GSPS) eine Praktikumssupervision, die in Form einer eintägigen Gruppensupervision mit Praxisbegleiterinnen und Praxisbegleitern bzw. Supervisorinnen und Supervisoren stattfindet. Dort können die Studierenden im vertraulichen Rahmen und ohne Notendruck ihre Praktikumserfahrungen in Kleingruppen für die eigene Entwicklung berufsbezogener Identität und Kompetenz auswerten (vgl. Abschnitt 2.5).

Ein solch umfassendes Praxislernverständnis und Praktikumskonzept erfordert die Mitwirkungs-, Abstimmungs- und Kooperationsbereitschaft aller Beteiligten, die Klärung der notwendigen Kommunikationsschnittstellen und einen erheblichen Koordinationsaufwand auf Seiten der Praktikumsverantwortlichen. Bewährt hat sich ein Kick-off zu Semesterbeginn, wo die beteiligten Dozierenden gemeinsam den Studierenden die grundlegenden Praktikumsinformationen vermittelten. Die Erfahrungen aus nunmehr zwei Durchläufen zeigen, dass sich der Aufwand lohnt: Studierende, Dozierende, Mentor*innen und Ausbildungsleitungen signalisieren – auch wenn es hier und dort noch Nachjustierungen braucht(e) – eine hohe Zufriedenheit mit dem eingeschlagenen Weg.

2.3 Transparenz, Flexibilität und Verbindlichkeit

Wenn ein Praktikum „eine Studienform [darstellt], die im zeitlichen und konzeptionellen Bezug zum Studium steht, dessen Lernzielen und dessen Qualitätsansprüchen folgt“ und sich dabei zugleich „orientiert [...] an dem organisatorischen und räumlichen Rahmen des Praktikumsortes (z. B. Betrieb, Organisation, etc.)“[9], von daher also wie eine „vorübergehende Versetzung in die Berufswirklichkeit“[10] wirkt, dann ist klar, dass es eine enge Abstimmung der verschiedenen Akteur*innen braucht. Diese Notwendigkeit verstärkt sich durch eine markante Besonderheit von OPGS und GSPS:

[9] Winfried Böhm, Wörterbuch der Pädagogik, Stuttgart [14]1994, 550, zitiert nach Schubarth – Speck – Ulbricht, Qualitätsstandards, 7.

[10] Peter Tremp – Markus Weil, Praktika im Studium als Berufswirklichkeit auf Zeit. Zur Planung und Gestaltung obligatorischer Praktika im Studium, in: Brigitte Berendt (Hg.), Neues Handbuch Hochschullehre, Berlin 2010, E 5.3, zitiert nach Schubarth –Speck – Ulbricht, Qualitätsstandards, 7.

Die Studierenden lernen während ihrer Praktika gleich zwei (im Alltag meist nur lose verknüpfte) Berufswirklichkeiten – „Gemeinde" und „Schule" – kennen. Will man nicht nur „Gemeinde(teilzeit)praktikum" hier und „Schul(teilzeit)praktikum" dort, sondern eine sozialraum- oder netzwerkorientierte Verknüpfung dieser zwei Systemwelten, dann braucht es – insbesondere auf Seiten der Mentor*innen und der Praktikant*innen – eine ausgeprägte Kommunikations- und Kooperationsbereitschaft.

Das hier vorgestellte Praktikumskonzept setzt an dieser Stelle auf möglichst umfassende und für die verschiedenen Akteursgruppen gleichermaßen transparente Informationen: Was innerhalb der betreffenden Lehrveranstaltungen kommuniziert wird, steht zusätzlich als schriftliche Handreichung bzw. Internet-Glossar allgemein zur Verfügung[11] und wird, sofern die Ausbildungsverantwortlichen dies für ihr jeweiliges Bistum organisieren, bei Mentor*innen-Treffen bzw. -Schulungen vermittelt.

Neben diesen Standards braucht es für eine Hochschule, die aktuell bereits mit 13 deutschen Diözesen kooperiert und dieses Netzwerk im Zuge des im Wintersemesters 2018/2019 startenden Fernstudiengangs Religionspädagogik (vgl. Abschnitt 3) noch ausweiten wird, eine Sensibilität für bistumsspezifische und -übergreifende kirchliche und gesellschaftliche Transformationsprozesse. Auch die sich weiter ausdifferenzierende Studierendenschaft verlangt nach eher individuellen denn nach standardisierten Lösungen. Von daher braucht es schon jetzt und absehbar noch verstärkt eine Flexibilisierung des Praktikumsrahmens im Hinblick auf spezifisch diözesane Besonderheiten sowie auf die je eigenen Interessen der Student*innen, ohne dabei an Verbindlichkeit und Verlässlichkeit einzubüßen.

Die Vereinbarung von fachwissenschaftlichen Fokussierungen und Projektaufgaben ist ein Instrument, das wir in der Praktikumssaison 2016/2017 erstmals eingesetzt haben und das dem skizzierten Ausgleich von Flexibilität sowie Vergleich- und Verbindlichkeit dienen soll. Jede/r Student*in war aufgefordert, aus der Fülle des Stoffes innerhalb der praktisch-theologischen Lehrveranstaltungen solche Fragestellungen auszuwählen, die sie/ihn besonders interessieren und die (nach Absprache mit den Mentor*innen) auf die Situation am Praktikumsplatz zu passen scheinen. Auf diese Weise konnten exemplarisch Brücken zwischen der Theorie des Studiums und der Praxis des Praktikums geschlagen werden, auf dass – so die Hoffnung der Initiator*innen – über die zwei Praktika und das Gesamt

---

[11] Vgl. https://www.katho-nrw.de/paderborn/studium-lehre/fachbereich-theologie/praktika/ sowie https://www.katho-nrw.de/paderborn/studium-lehre/fachbereich-theologie/praktika/glossar/ [Letzter Zugriff: 16.2.2018].

des Studiums hinweg sich eine Transferkompetenz aufbauen möge. Konkret gefordert waren je eine Fokussierung in den Fächern Liturgiewissenschaft, Pastoraltheologie und Religionspädagogik – im OPGS als Beobachtungs- und im GSPS als Mitwirkungsaufgabe. Die gewählten Fokussierungen waren auch Gegenstand der schriftlichen Reflexion in der im Anschluss an das Praktikum zu erstellenden Hausarbeit.

Die Einführung dieses Instruments hat sowohl bei den Student*innen, wie auch bei den Mentor*innen für Verunsicherungen und Nachfragen gesorgt. Manche/r fürchtete, die Hochschule wolle jetzt in die Praxis hineinregieren oder die Vielfalt an Praxiseindrücken werde durch eine überzogene Fokussierung unterdrückt. Auf der anderen Seite gab es Rückmeldungen, die das neue Konzept dafür lobten, dass es zur Stärkung der Inhaltlichkeit bzw. Fachlichkeit des Praxislernens beitrage und die eigenständige Leistung der Studierenden herausfordere und honoriere. Als Überforderung wurde es von vielen erlebt, dass die Fokussierungen individuell formuliert und in Form einer schriftlichen Praktikumsvereinbarung zwischen Student*in, Mentor*in, Dozent*innen und Ausbildungsleitung abgestimmt werden mussten.

Im Praktikumsdurchgang 2017/2018 wurde auf die Premierenkritik insofern reagiert, als dass die Fokussierungsspielregeln spürbar vereinfacht und klarer kommuniziert wurden: Für das OPGS legten die beteiligten Dozierenden für ihr jeweiliges Fach einen Auswahlkatalog von möglichen Fokussierungen (Religionspädagogik und Pastoraltheologie) bzw. eine konkrete Beobachtungsaufgabe (Liturgiewissenschaft) vor. Die Studierenden waren aufgefordert, möglichst frühzeitig Kontakt mit ihren Mentor*innen aufzunehmen und auszuloten, welche Fokussierungen sich vor Ort anbieten. Diese wurden dem Praktikumsverantwortlichen, der Ausbildungsleitung und den Mentor*innen durch Ankreuzen auf einem Formblatt mitgeteilt. Änderungen an dieser Fokussierungsauswahl sind nun innerhalb der ersten drei Praktikumswochen möglich und per Mail zwischen den Beteiligten zu kommunizieren.

Im GSPS wird an Stelle von Fokussierungen jetzt von drei Projektaufgaben gesprochen. Im Handlungsfeld „Gemeinde" wird die Planung, Durchführung und Auswertung a) eines eigenen Pastoralprojektes in angemessenem Umfang (als Richtwert hierfür gilt ein Viertel der in der Gemeinde absolvierten Arbeitszeit) und b) einer Wortgottesfeier bzw. einer anderen nicht-eucharistischen Gottesdienstform wie einer Andacht oder Tagzeitenliturgie o. ä. erwartet. Im Handlungsfeld „Schule" gilt es, ein eigenes Lernvorhaben im Umfang von ca. fünf Religionsunterrichtsstunden zu planen, durchzuführen und zu reflektieren.

Es wird sich zeigen müssen, ob das nachgebesserte Verfahren sich bewährt oder wiederum angepasst werden muss. Schon jetzt ist spürbar, wie die Auseinandersetzung mit den Beobachtungs- und Reflexionsaufgaben (OPGS) bzw. Projektaufgaben (GSPS) der Verknüpfung des im bisherigen Studium Gelernten mit dem im Praktikum Erlebten dienen. Immer wieder betont werden muss, dass das Bildungserlebnis „Praktikum" deutlich mehr umfasst als Fokussierungen und Projektaufgaben! Es geht darum, den „Lern-Ort Praxis" mit seinen einzigartigen Chancen zur Selbst- und Praxisreflexion zu entdecken und zu nutzen, so dass ein existenziell bedeutsames Studieren und eine erfahrungsorientierte Theoriebildung „aus dem Leben" und „für das Leben" unterstützt werden kann.

2.4 Leistungsnachweis „Hausarbeit"

An der KatHO gilt, was auch andernorts zum Standard von Praktikumsprozessen gehört: Zu einem Praktikum gehört ein Praktikumsbericht. Viele Rückmeldungen und Wünsche im Zusammenhang mit der Neuausrichtung des Praktikumskonzeptes im Fachbereich Theologie signalisierten allerdings, dass diese Formel allein noch nicht zufriedenstellend ist. Viele Ausbildungsleitungen, Mentor*innen und nicht zuletzt die Dozierenden beklagten die mangelnde fachliche Güte der oftmals eher wie eine Anekdotensammlung anmutenden Berichte. Studierende wiederum waren unsicher, was von ihnen verlangt und nach welchen Kriterien ihre Modulnote festgelegt würde.[12]

Im Interesse einer Stärkung der fachwissenschaftlichen Reflexionsanteile im Praktikumsgeschehen wurde deshalb festgelegt, dass als Leistungsnachweis fortan eine schriftliche Hausarbeit und kein Praktikums- oder Erfahrungsbericht anzufertigen und einzureichen sei. In den auf das OPGS bzw. GSPS vorbereitenden Lehrveranstaltungen wurde ausführlich der Unterschied zwischen diesen Textgattungen besprochen.[13] Aufgabe ist

[12] Dass die hier offenbar gewordenen Mängel nicht KatHO-spezifisch sind, zeigt die Darstellung und Forderung von: Klaus-Gerd Eich – Georg Köhl, Lern-Ort Praxis: Erfahrungs- und praxisbezogen Theologie und Seelsorge lernen, in: Johannes Först – Heinz-Günther Schöttler (Hg.), Einführung in die Theologie der Pastoral. Ein Lehrbuch für Studierende, Lehrer und kirchliche Mitarbeiter, Berlin 2012, 285–304, hier: 299, wonach der „Lern-Ort Praxis […] konkrete Vereinbarung zu Beginn des Praktikums, schriftliche Fixierung der Ergebnisse der konkreten [Beobachtungs- und Mitwirkungs-]Aufgaben statt wenig aussagekräftiger Tätigkeitsberichte" braucht.

[13] Vgl. auch die entsprechende Handreichung „Hinweise zu Form und Inhalt der Hausarbeiten im Anschluss an das OPGS bzw. GSPS", abrufbar unter https://www.katho-nrw.de/paderborn/studium-lehre/fachbereich-theologie/praktika/ [Letzter Zugriff: 16.2.2018].

es, entsprechend der individuell gewählten bzw. bearbeiteten Fokussierungen (OPGS) oder Projektaufgaben (GSPS, vgl. Abschnitt 2.3) pointiert konkrete Situationen und Herausforderungen in Gemeinde und Schule zu beschreiben und sozialräumlich sowie systemisch zu verorten bzw. zu kontextualisieren (Kapitel 1), diese vor dem Hintergrund passender pastoraltheologischer, liturgiewissenschaftlicher und religionspädagogischer Theorieansätze zu reflektieren (Kapitel 2–4) und wesentliche persönliche Lernerfahrungen im Hinblick auf den weiteren Studien- und Berufsausbildungsweg zu resümieren (Kapitel 5).

Die Begutachtung der Hausarbeiten erfolgt gemeinsam durch die vier am Praktikumsgeschehen direkt beteiligten Dozierenden, der Praktikumsdozent legt abschließend die Modulnote fest und erläutert sie allen Student*innen in individuellen Feedback-Gesprächen. Die Kriterien der Begutachtung wurden durch sogenannte Kompetenzmodelle zur Selbst- und Praxisreflexion im/des Praktikumsgeschehen(s) mit Kompetenzbeschreibungen der verschiedenen Niveau- bzw. Notenstufen transparent gemacht. Ein solches Stufenmodell trägt der hochschuldidaktischen Einsicht Rechnung, dass die Lernenden Lernstufen wie Wissen, Verstehen, Anwenden usw. nicht linear, sondern ineinander verschränkt erbringen. Zum Beispiel wissen die Studierenden schon etwas vor der „offiziellen“ Wissensvermittlung in der Lehrveranstaltung, und unbewusst wird schon bei der Wissensvermittlung das theoretische Wissen auf neue Sachverhalte angewendet, um sie verstehen zu können. Die Frage ist nur, ob dies mit kritischem Bewusstsein und methodengeleitet geschieht. Dies wiederum versucht das Niveaustufenmodell zu erfassen. Dabei ist die Stufenabfolge von einer zunehmenden Komplexität geprägt: Die unterste Stufen wurde *Reagieren ohne Reflexion* benannt. Weil hier die Reflexion fehlt, wäre eine solche Leistung nicht ausreichend. Für eine gerade noch ausreichende Leistung wäre zumindest die *Reproduktion* von Wissen erforderlich. Auf der darauf folgenden Stufe wird eine *Reflexion* der Beobachtungen erwartet. Da aber der Lernende nicht in einen Diskurs eintritt, ist diese Leistung erst befriedigend. Wer hingegen eine *Multiperspektivität* entwickelt, also z. B. begründete Alternativen vorlegt und reflektiert, erbringt eine gute Leistung. Eine sehr gute Leistung stellt schließlich eine *Transformation* der Reflexionsergebnis im Hinblick auf die erforderlichen Kompetenzen und den eignen Lernweg, den es zum Erwerb dieser Kompetenz bedarf, dar. Dieses Niveaustufenmodell der Kompetenzen macht deutlich, dass die Benotung der Hausarbeit nicht das Praktikum bewertet, sondern die theologische Reflexion des Erfahrenen und die Entwicklung eigener Perspektiven hinsichtlich der eigenen beruflichen Tätigkeit. Das unterscheidet diese Hausarbeit von den bisherigen Praktikumsberichten. In die Gesamtnote der Hausarbeit fließt zusätzlich der sogenannte „Formfaktor" (plus/minus eine Notenstufe) ein für die fristgerechte Abgabe der Hausarbeit und ihre äußere Form inklusive korrekter Rechtschreibung, Grammatik und bibliografischer Nachweise.

Allen Student*innen wird empfohlen, über die Hausarbeit auch mit ihren Mentor*innen und Ausbildungsleitungen ins Gespräch zu kommen. Ausdrücklich betont werden soll, dass die Note in Modul 11 (OPGS) bzw. Modul 19 (GSPS) sich ausschließlich auf die Hausarbeit und nicht (zumindest nicht direkt) auf das Praktikum selbst bezieht. Über dessen Güte können und wollen die Dozierenden, die selbst ja nicht vor Ort im Praktikumsgeschehen involviert sind, nicht urteilen. Aber selbstverständlich brauchen die Praktikant*innen auch hierzu ein Feedback, weswegen alle Mentor*innen aufgefordert sind, zum Praktikumsabschluss eine schriftliche Stellungnahme (Praktikumszeugnis) zu verfassen und diese mit der/dem Praktikantin/en zu besprechen. Diese Stellungnahmen gehen auch der Ausbildungsleitung und der Hochschule zu.

2.5 Praktikumssupervision

Supervision begleitet und berät Menschen in ihrer Arbeit. Dabei reflektiert sie das Zueinander von Person, Organisation, Profession bzw. Rolle sowie Bezugsgruppen wie z. B. Kolleg*innen oder Kund*innen. Die Gelegenheiten oder Notwendigkeiten für Supervision sind so unterschiedlich wie die Arbeitswelt und die in ihr involvierten Frauen und Männer selbst. Dass Supervision bereits in der ersten Ausbildungsphase in Anspruch genommen werden kann und der Kompetenz- und Professionsentwicklung dient, ist wahrscheinlich ein (weiteres) Privileg eines anwendungsorientierten Studiums wie dem der Religionspädagogik an der KatHO.

Die Komplexität des Praktikumsgeschehens mit seinen unterschiedlichsten Akteur*innen und Ansprüchen spricht für die Einbeziehung eines supervisorischen Angebots in das Praktikumskonzept. Gerade die im OPGS und GSPS angezielte Entwicklung von Sozial- und Selbstkompetenzen (im Modul 11 ist diesbezüglich von der „Fähigkeit, unterschiedliche Konzepte, Unterrichtsstile und Arbeitsweisen von Berufsträger/innen wahrnehmen zu können" und von der „Fähigkeit zur Auseinandersetzung mit den fachlichen und spirituellen Anforderungen des Berufes" die Rede, das Modul 19 spricht von der „Fähigkeit, die Anleitung und Begleitung pastoraler Zielgruppen adäquat zu planen und durchzuführen" bzw. von der „Fähigkeit zur Auseinandersetzung mit den fachlichen und rollenspezifischen Anforderungen des Berufes"[14]) kann ohne Zweifel von der Praktikumssupervision als thematisch offenem und vor Bewertung geschütztem Raum profitieren. Deshalb wurde in der Überarbeitung des Praktikumskonzeptes dafür gesorgt, dass die Praxisbegleiter*innen bzw. Supervisor*innen ansonsten nicht am Praktikumsgeschehen beteiligt sind und auch keine Einsicht in die Hausarbeit und in die Stellungnahmen der Mentor*innen nehmen. Sie melden dem Praktikumsverantwortlichen lediglich die Teilnahme der/des Studierenden und anonymisiert ggf. solche Aspekte, die in der Supervision zur Sprache kamen und für die zukünftige Gestaltung der Praktika relevant sein könnten. Die Supervision selbst findet im Rahmen von eintägigen Gruppensupervisionen in zeitlicher Nähe zum Praktikumsende statt.

Die Resonanz auf diese Profilschärfung der Praktikumssupervision (zuvor galt es für alle Studierenden eine Praktikumsauswertung zu absolvieren, in der auch Aspekte des Praktikumsberichtes besprochen wurden und die auch der Notenfestlegung diente) war bislang durchweg positiv. Mehr noch: Sowohl die Student*innen, als auch deren Supervisor*innen werben für mehr Supervisionsstunden. So wird derzeit überlegt, mit dem Supervisionsprozess bereits vor Praktikumsbeginn zu starten. Dann würden die in der Regel noch supervisionsunerfahrenen Student*innen dieses Format frühzeitig kennenlernen und könnten Vertrauen in ihre/n Supervisor*in fassen sowie Erwartungen und Befürchtungen im Hinblick auf das OPGS bzw. GSPS vorab thematisieren. Die Praktikumssupervision im Anschluss an das Praktikum könnte an diese Reflexionen dann anknüpfen.

3 Perspektiven für die weitere Gestaltung der Praktika

Die zuletzt angedeuteten Überlegungen zur weiteren Entwicklung der Praktikumssupervision stehen stellvertretend dafür, dass das Praktikumskonzept im Ganzen als *work in progress* zu begreifen ist. Alle vorgenommenen Veränderungen sind von den Verantwortlichen – möglichst in Konsultation mit den verschiedenen Beteiligtengruppen – auf ihre Wirkungen hin zu evaluieren. Die dabei gewonnenen Einsichten gilt es ebenso wie den Wandel im Kontext der Hochschule – und hier insbesondere in den hoch dynamischen und von vielerlei Traditionsabbrüchen und Transformationen geprägten Praktikumsfeldern „Gemeinde" und „Schule" – auf mögliche oder notwendige Konsequenzen für die Praktikumsgestaltung zu prüfen. Hinzu kommen weitere Herausforderungen, von denen an dieser Stelle fünf stellvertretend benannt seien:

[14] Vgl. Modulhandbuch, 22; 36.

- Die individuellen Biographien der Student*innen, das Hineinschnuppern in exemplarische, aber nicht repräsentative Berufswirklichkeiten und die ungewissen Berufsaussichten von pastoralen Mitarbeiter*innen machen nicht nur die Kirche insgesamt, sondern auch die Praktika als Teil der Professionalisierung kirchlicher Mitarbeiter zunehmend „liquide“[15].
- Wo „Gemeinde“ und „Schule“ als Sozialformen und Arbeitsfelder immer weniger selbstverständlich werden (manche Diözese klagt schon jetzt, dass sie hier keine adäquaten Praktikumsplätze mehr zur Verfügung stellen kann), gilt es den Möglichkeitsraum der Einsatzstellen vielleicht hin zu „Pastoral“ und „Bildung“ zu weiten – nicht ohne dabei die Rückkoppelungen zum ebenfalls im Wandel begriffenen Berufsbild der Gemeindereferent*innen zu beachten.
- Wer die Mentor*innen in der Rolle der Lernbegleiter*innen vor Ort und damit als Kolleg*innen der Dozierenden an der Hochschule sieht, wird Wert auf intensivere Kommunikation und eine auf die Studien- und Praktikaziele besser abgestimmte Qualifikation für die Begleitungsaufgabe legen.
- Die aktuelle Dauer der Praktika – fünf Wochen im OPGS und sieben Wochen im GSPS – wird von vielen Beteiligten als zu knapp bemessen erlebt.
- Last not least: Im Herbst 2018 startet an der KatHO ein Fernstudiengang Religionspädagogik, der hinsichtlich seiner Modul-Struktur und des erreichbaren Bachelor-Abschlusses dem Präsenzstudiengang entspricht. Damit steht die Frage im Raum, wie Praxislernen „in der Ferne“ von der Hochschule organisiert und begleitet werden kann.

Die hier zu meisternden Herausforderungen sind erst in Umrissen erkennbar und werden sich im Laufe der Pilotphase konkretisieren. Schon jetzt ist aber absehbar, dass viele Überlegungen zum Fernstudiengang auch Konsequenzen für das Präsenzstudium haben dürften. Ein Beispiel: Wenn für das den gesamten deutschsprachigen Raum gedachte Fernstudium die Wege der Information der Mentor*innen überdacht und u. a. Online-Tu-

---

[15] Zur Rede von einer „liquid church“ vgl. die Beiträge der entsprechenden Ausgabe 34 (2014) H. 2 der „Pastoraltheologischen Informationen“, z. B. Michael Schüssler, Liquid church als Ereignis-Ekklesiologie. Über Verflüssigungsprozesse in Leben, Lehre und Kirche, in: Pastoraltheologische Informationen 34 (2014) 25–43. Angesichts der radikalen Transformationsprozesse in Gesellschaft und Kirche plädiert auch Christian Hennecke für eine Umkehr „weg von standardisierten Ausbildungsgängen hin zu deutlich personalisierten Entwicklungs- und Ausbildungsgängen“ (ders., Raus aus der Falle. Nachdenken über die Ausbildung von Priestern und Seelsorgenden, in: Lebendige Seelsorge 68 (2017) 2–7, hier: 6).

torials oder Video-Konferenzen entwickelt werden, so ist es natürlich auch möglich, ein solches Angebot zusätzlich zu Handreichungen, Internet-Glossar, Info-Treffen, Schulungen oder Symposium den Praktikumsbegleiter*innen der Präsenzstudierenden zur Verfügung zu stellen.

Insgesamt werden sich – zumindest im Fern-, mittelfristig vielleicht auch im Präsenzstudium – die folgenden, natürlich noch weiter zu diskutierenden und zu konkretisierenden Entwicklungsperspektiven auftun:

- Weil die Fernstudent*innen naturgemäß nur wenig Studienzeit in Paderborn verbringen, gestalten sich die Bildungsprozesse – auch die explizit praxisbezogenen – mehr „lokal" denn „zentral".
- In Folge dessen, vor allem aber angesichts der vermutlich mehrheitlich älteren und lebenserfahreneren Fernstudierenden sollte die Praxisbegleitung weniger „an der Hand führen" und stattdessen mehr auf Selbstorganisation und Peer-Learning setzen.
- Damit verlieren Standardvorgaben an Bedeutung und es gilt stärker differenzierende und individuelle Kontrakte zwischen den Praktikumsbeteiligten zu schließen; zu bedenken wäre hierbei auch, ob die „Felder" Schule und Gemeinde zukünftig die einzig anerkannten Praktikumsstellen bleiben oder auch andere pastorale und pädagogische Orte und Gelegenheiten gesucht und genutzt werden können.
- Ein z. B. berufs- oder erziehungszeitbegleitendes Fernstudium verträgt sich wohl nur in den seltensten Fällen mit Praktikumsblöcken; hier wird man eher von längeren, wenn nicht kontinuierlichen Praktikumsprozessen ausgehen können.
- Diese Entwicklung könnte wiederum dazu beitragen, dass die curriculare Integration des Praxislernens sich nicht nur auf die Vor- und Nachbereitung der Praktika konzentriert, sondern dass mehr vernetztes Praxis-Theorie-Praxis-Transferlernen im gesamten Studienverlauf möglich wird.

All diese Überlegungen zeigen, wie sehr das Praxislernen im Fluss ist. Es zu organisieren, ist die Aufgabe der Verantwortlichen an der Hochschule wie in den Diözesen. Zugleich ist dies „Organisieren" angesichts unzähliger und nicht zu kontrollierender Einflussfaktoren und Wirkeffekten – Gott sei Dank! – letztendlich ein unmögliches Unterfangen. Praxisbegleitung bedarf von daher auf allen Ebenen selbst der Begleitung und Metareflexion.

Perfektionismus ist jedenfalls auch hier keine günstige Triebfeder, mehr noch: Praxisbegleitung innerhalb pastoraler Lehr-Lern-Prozesse zu organisieren und damit auch zu professionalisieren, bedarf des kritischen Blicks auf eine professionalisierte Pastoral. Eine Kirche im Wandel braucht zweifelsohne Mitarbeiter*innen, die diese Wandlungsprozesse professionell begleiten und gestalten – ohne dass dabei allerdings die (künftigen) „Profis" in Distanz zu den „Laien" geraten. Das Gegenteil ist an der Zeit: Laut „Gemeinsam Kirche sein", dem im Jahr 2015 veröffentlichten „Wort der deutschen Bischöfe zur Erneuerung der Pastoral", arbeiten „Priester, Diakone, Pastoralreferentinnen und Gemeindereferenten […] dann professionell, wenn sie die Partizipation vieler fördern und die Delegation auf wenige abbauen."[16] Der eingeleitete Paradigmenwechsel hin zu einer neuen Wertschätzung der Tauf- und Firmberufung, zu Charismenentwicklung und verstärkter Partizipation braucht die professionelle Begleitung. Mit Leo Karrer ist die eigentliche Personalfrage der Kirche nicht bei den Klerikern und weiteren Hauptamtlichen im pastoralen Dienst zu sehen, sondern bei den Menschen im Volk Gottes mit ihren Begabungen und Schicksalen. Für sie habe Seelsorge Anwaltschaft für gelingendes Leben zu übernehmen – und Theologie ihren Beitrag zu leisten für die Ausbildung und Stärkung dieser Ressourcen.[17] Schaut man auf die Ermöglichungsbedingungen einer gabenorientierten Ekklesiogenese, ergeben sich neue Orientierungsmuster von Professionalität. Auch hierfür können Praktika eine Lerngelegenheit sein!

[16] Sekretariat der Deutschen Bischofskonferenz (Hg.), „Gemeinsam Kirche sein". Wort der deutschen Bischöfe zur Erneuerung der Pastoral (Die deutschen Bischöfe ; 100), Bonn 2015, 40.

[17] Vgl. Leo Karrer, Für die Seelsorge ausbilden: Herausforderungen und Optionen, in: Lebendige Seelsorge 68 (2017) 8–13.

III Perspektiven

Jugend und Spiritualität lernen

Katharina Karl

1 Eine Annäherung an Jugendspiritualität(en)

Studien, die zum Begriff der Religiosität arbeiten, unterscheiden sich in gravierenden Nuancen von Studien zum Begriff der Spiritualität. Der „Jugend von heute", so Ergebnisse zur Religiosität Jugendlicher, sind Glaube und Kirche nicht mehr wichtig.[1] Die Riten und Traditionen der großen Kirchen sind der jungen Generation nicht (mehr) selbstverständlich, da vielerorts die religiöse Sozialisation abbricht. Auch ein Zusammenhang von Religiosität und persönlicher Gottesbeziehung bzw. der Glaube an Gott als Person ist bei Jugendlichen wenig nachzuweisen. So hält etwa die Shell Studie 2016 fest, dass junge Deutsche den Glauben an einen persönlichen Gott kaum bejahen.[2] Das Religiöse ist jedoch bei Weitem nicht passé, sondern findet sich weiterhin als Dispersion von Religion in vielfältige Formen des Lebensvollzugs.[3] „Moderne Gesellschaften bringen religiös-existenzielle Fragen keineswegs zum Verschwinden. Sie produzieren sie vielmehr stets neu. Diese Fragen ergeben sich aus den Zumutungen und Härten, Krisen und Pathologien einer technisch-industriellen Kultur sowie aus der Zurückverlagerung der Bewältigung von Daseinsrisiken in die persönliche Lebenswelt als Folge der Erschöpfung kollektiver sozialer Sicherungssysteme."[4]

Ein das Phänomen des Glaubens junger Menschen differenzierendes Bild ergibt sich, wenn die Frage nach der Spiritualität gestellt wird. Hier stößt man auf einige erstaunliche Beobachtungen: „Die Selbstbezeichnung ‚ich bin spirituell' hängt mit mystischer Erfahrung zusammen,"[5] wie eine Be-

[1] Vgl. http://www.katholisch.de/aktuelles/aktuelle-artikel/studie-jungen-europaern-ist-religion-nicht-wichtig [Zugriff: 13.12.2017].

[2] Vgl. Thomas Gensicke, Wertorientierung der Jugend (2002–2015), in: Mathias Albert u.a. (Hg.), 17. Shell Jugendstudie. Jugend 2015. Eine pragmatische Generation im Aufbruch, Frankfurt/M. 2015, 237–272, hier: 255.

[3] Vgl. Hans-Joachim Höhn, Postsäkular. Gesellschaft im Umbruch – Religion im Wandel, Paderborn 2009.

[4] Hans-Joachim Höhn, Eigenes Leben – eigener Glaube, in: Thomas Möllenbeck – Ludger Schulte (Hg.), Zeugnis. Zum spirituellen Ursprung und zur Präsenz des Christlichen, Münster 2018, 10–28, 11.

[5] Heinz Streib, Was bedeutet „Spiritualität" im Jugendalter? – Erkenntnisse zu Aspekten subjektiver Anthropologie und Theologie von Jugendlichen aus religionspsychologischer Perspektive, in: Veit-Jakobus Dietrich – Martin Rothgangel – Thomas Schlag, „Dann müsste ja in

fragung zur Selbstbezeichnung junger Menschen ergibt. Weiter wird festgehalten, „dass die meisten unserer jugendlichen Probanden mit ‚Spiritualität' eine individuelle, erfahrungsorientierte, nach innen gerichtete: eine mystische Religiosität assoziieren."[6] Dies geht, wenig überraschend, einher mit dem Verlust an Traditionsverbundenheit, wie zu Beginn schon anklang.[7] Dennoch finden sich ganz neue und eigene Formen von Spiritualität, die sich unter den Vorzeichen von „Subjektzentrierung, Ästhetisierung und Erlebnisorientierung"[8] kategorisieren lassen. Mehrheitlich sind sie religionsbegrifflich als „Existenzglauben" zu beschreiben. Diese auf Paul Tillichs Religionsverständnis basierende weite Form der religiös-spirituellen Grundhaltung enthält eine auf Kontingenz hin offene „universale Erfahrungs- und Reflexionsdimension"[9], die gerade für Jugendliche in ihrer Identitäts- und Orientierungssuche relevant ist.

Was heißt das dann für Studierende der Theologie und Religionspädagogik und die Art und Weise des Praxis-Lernens auf dem Weg zum pastoralen Dienst? Nun sind Studierende der Theologie und Religionspädagogik wohl eher unter der Gruppe junger Menschen zu finden, denen Religion und Glaube wichtig sind und die entweder in Gemeinden und Jugendverbänden groß geworden sind oder über konversive Prozesse zur Kirche gefunden haben.[10] Richtet man nun die Aufmerksamkeit auf die Spiritualität dieser jungen Menschen, die sich dezidiert als christlich praktizierend bezeichnen und sich christlichen Gemeinden und Gemeinschaften zugehörig fühlen, ist in spezifischer Art danach zu fragen, was es heißt, Spiritualität zu vermitteln.

---

uns allen ein Stück Paradies stecken". Anthropologie und Jugendtheologie (Jahrbuch für Jugendtheologie 3), Stuttgart 2014, 82–90, hier: 86.

[6] Streib, Spiritualität, 87.

[7] Vgl. Streib, Spiritualität, 87; vgl. Gert Pickel, Muss Glaube gelernt werden? In: das baugerüst. Zeitschrift für Jugend- und Bildungsarbeit 69 (2017), H. 4, 10–13, hier: 10.

[8] Höhn, Eigenes Leben, 24

[9] Holger Oertel, „Gesucht wird: Gott?". Jugend, Identität und Religion in der Spätmoderne, Gütersloh 2004, 94–98, hier: 95. Zum Existenzglaube als weitestes Konzept im dreifachen Religionsbegriff vgl. Angelika Gabriel, „…und Religion ist auch immer da" – Religiöse Spuren von Jugendlichen entdecken, in: Martin Lechner – Angelika Gabriel (Hg.), Religionssensible Erziehung. Impulse aus dem Forschungsprojekt „Religion in der Jugendhilfe" (2005–2008), München 2009, 64–86, hier: 71.

[10] Vgl. Katharina Karl, Religiöse Erfahrung und Entscheidungsfindung. Eine empirisch-pastoraltheologische Studie zur Biografie junger Menschen in Orden und geistlichen Gemeinschaften im deutschsprachigen Raum, Würzburg 2015; Ulrich Feeser-Lichterfeld – Tobias Kläden, Religiös-kirchliche Einstellungen von Theologiestudierenden, in: Walter Fürst – Walter Neubauer (Hg.), Theologiestudierende im Berufswahlprozess. Erträge eines interdisziplinären Forschungsprojekts in Kooperation von Pastoraltheologie und Berufspsychologie, Münster 2001, 119–132; Andreas Prokopf, Religiosität Jugendlicher. Zwischen Tradition und Konstruktion. Eine qualitativ-empirische Studie auf den Spuren korrelativer Konzeptionen, Stuttgart 2008.

2 Christliche Spiritualität als Lernkategorie

Bevor die Frage gestellt wird, ob und wie Spiritualität erlernbar ist, soll an dieser Stelle zunächst einmal der Begriff der christlichen Spiritualität näher ins Auge gefasst werden. Wenn von christlicher Spiritualität die Rede ist, ist die Begriffsbestimmung von einer Definition von Spiritualität zu unterscheiden, wie sie etwa in der Soziologie zu finden ist: „Bisherige soziologische Versuche, Spiritualität auf den Begriff zu bringen, haben sich v. a. darauf kapriziert, Spiritualität als eine Form von Religiosität außerhalb kirchlicher/konfessioneller Bindungen zu bestimmen und ihren ‚alternativen' Charakter hervorzuheben."[11] Dies mag als Beschreibung für ein Gegenwartsphänomen plausibel sein, ist jedoch nicht ausreichend, wenn man die Definition christlicher Spiritualität schärfen möchte. Im französisch-katholischen Raum, in dem der Begriff der Spiritualität im 19. Jahrhundert erstmals auftrat, ist mit „spiritualité" die persönliche Beziehung des Menschen zu Gott gemeint.[12] Mit dem Argument, dass Spiritualität im romanischen Verständnis an „bestimmte Formen von Frömmigkeit, deren Vertiefung und Weitergabe als ‚Lehre vom religiös-geistlichen Leben'"[13] gebunden war, lässt sich dem Begriff christlicher Spiritualität neben dem individuellen Aspekt auch eine gemeinschaftliche Dimension zugrunde legen. Erst hier kann dann die Frage der Lern- und Lehrbarkeit von Spiritualität ansetzen.

Spiritualität umfasst „das christliche Leben überhaupt (…), nicht nur Gebetsleben, sondern Lebensführung als ganze."[14] Daher ist christliche Spiritualität immer Haltung und Praxis zugleich und beschreibt einen Lebensvollzug (ausgerichtet auf die Nachfolge Jesu), der geprägt ist von der Erwartung des Heils durch Gott. Somit ist die Biografie des einzelnen Menschen mit seinen Grund- und Grenzerfahrungen und in seiner Verletzlichkeit Ort christlicher Spiritualität.[15] Für das Erlernen von Spiritualität

---

[11] Armin Nassehi, Spiritualität. Ein soziologischer Versuch, in: Eckhart Frick – Traugott Roser (Hg.), Spiritualität und Medizin. Gemeinsame Sorge um den kranken Menschen, Stuttgart 2009, 35–44, hier: 39.

[12] Vgl. Traugott Roser, Innovation *Spiritual Care:* Eine praktisch-theologische Perspektive, in: Eckhart Frick – Traugott Roser (Hg.), Spiritualität und Medizin. Gemeinsame Sorge um den kranken Menschen, Stuttgart 2009, 45–55, hier: 51.

[13] Roser, Innovation, 51.

[14] Ulrich H.J. Körtner, Für einen mehrdimensionalen Spiritualitätsbegriff. Eine interdisziplinäre Perspektive, in: Eckhart Frick – Traugott Roser (Hg.), Spiritualität und Medizin. Gemeinsame Sorge um den kranken Menschen, Stuttgart 2009, 26–34, hier: 29.

[15] Für eine ausführliche begriffliche Definition vgl. Konrad Hilpert, Der Begriff Spiritualität. Eine theologische Perspektive, in: Eckhart Frick – Traugott Roser (Hg.), Spiritualität und Medizin. Gemeinsame Sorge um den kranken Menschen, Stuttgart 2009, 18–25, hier: 19–21.

ist also die Auseinandersetzung mit der eigenen Lebens- und Glaubensgeschichte wesentlicher Bestandteil.

So beschreibt die Idee des Erlernens christlicher Spiritualität die Vermittlung einer individuellen Lebenshaltung, die in Beziehung zur christlichen Überlieferung mit ihren Glaubensformen (und somit auch zur Institution der Kirche) steht, ohne sich darauf beschränken zu lassen.

3 Spirituelle Kompetenz als Lernkategorie

Doch inwiefern ist Spiritualität denn überhaupt erlernbar bzw. didaktisierbar? Es gibt keine Theorie zur Entwicklung von Spiritualität im engen Sinn.[16] Die Didaktisierbarkeit von Spiritualität ist grundsätzlich in Frage zu stellen, denn die „großen Lebensthemen, die unserem Alltag als Motivationsgrund und Handlungsimpuls zugrunde liegen, sind nicht in konkrete Didaktiken zu überführen."[17] Vielmehr müssen sie „erlebt und gelebt werden."[18] Spiritualität entzieht sich zweifelsohne der Überprüfbarkeit. Nimmt man die Freiheit des Menschen ernst, gehört der Bereich des Glaubens zum Innersten, das eine Person ausmacht, dem „Heiligtum, in dem der Mensch mit Gott allein ist" (GS 16). Dabei geht es weniger um Lern- als um Bildungsprozesse. Freilich kann eine didaktische Bearbeitung für gewisse thematische Formate von Vorteil sein, denn neben intrinsischen und existentiell-biografischen spielen auch extrinsische Faktoren eine Rolle, so dass sich der Erwerb von spirituellen Haltungen und Praktiken zwischen den „Pole[n] der Lehrbarkeit und Unverfügbarkeit"[19] aufspannen lässt.

Spirituelle Kompetenz ist ein Begriff, der im Kontext der theologisch-praktischen Ausbildung immer häufiger verwendet wird. Die Kritik am Kompetenzbegriff in der Spiritualität zielt darauf ab, dass hier der Bereich der Unverfügbarkeit und Individualität des Glaubens mit Abprüfbarkeit, Kontrollierbarkeit und somit auch mit Machtfragen verbunden wird. Ein

[16] Studien gibt es in der strukturgenetischen Richtung sehr wohl über das religiöse Urteil (vgl. Lawrence Kohlberg, Die Psychologie der Moralentwicklung, Frankfurt/M. 1996) oder die Stufen des Glaubens nach Fowler (vgl. James W. Fowler, Stufen des Glaubens. Die Psychologie der menschlichen Entwicklung und die Suche nach Sinn, Gütersloh 1991).

[17] Reinhold Boschki – Jan Woppowa, Kann man Spiritualität didaktisieren? Bildungstheoretische und beziehungsorientierte Grundlegungen spirituellen Lehrens und Lernens, in: Stefan Altmeyer – Reinhold Boschki – Joachim Theis – Jan Woppowa (Hg.), Christliche Spiritualität lehren, lernen und leben, Göttingen 2006, 67–84, hier: 67.

[18] Boschki – Woppowa, Grundlegungen, 67.

[19] Boschki – Woppowa, Grundlegungen, 68.

Mensch ist immer mehr als seine Kompetenzen.[20] Dennoch kann der Kompetenzbegriff hilfreich sein, wo es um die Ausbildung von Spiritualität geht. Spirituelle Kompetenz ist hier also verstanden als Teil von Spiritualität, der in didaktischer und entwicklungspädagogischer Hinsicht relevant ist. Spirituelle Kompetenz umfasst folgende Ebenen:

a. Selbstreflexive Kompetenz: Junge Menschen lernen Spiritualität, indem sie sich mit sich selbst und ihrem Leben auseinandersetzen. Hierzu gehört auch die Befähigung zur Aufmerksamkeit und Innerlichkeit.
b. Reflexive Kompetenz: Junge Menschen lernen zu unterscheiden, wie mit bestimmten spirituellen Formen und Prozessen umzugehen ist.
c. Affektive Kompetenz: Junge Menschen finden affektive Zugänge in der eigenen und gegenüber der Spiritualität anderer. Hieraus erwächst die Pluralitätskompetenz im Umgang mit einer Vielfalt an Spiritualitäten mit religiöser wie säkularer Prägung.
d. Handlungspraktische Kompetenz: Junge Menschen lernen Grundformen christlichen Betens, der Meditation und Kontemplation, wozu neben der Kenntnis von Gebetsformen und Traditionen auch die praktische Erfahrung einer eigenen ausgeprägten und gelebten Spiritualität gehört. Sie erwerben die Fähigkeit zu weltkirchlicher Offenheit und einem globalen Bewusstsein für Fragen der Gerechtigkeit sowie Kompetenzen im ökumenischen und interreligiösen Feld.

Versteht man Kompetenz als Befähigungsbegriff, ist darin ein emanzipatorisches Element enthalten. Ein Lernziel ist, dass das Individuum nicht abhängig von der Peer-Group oder anderen Autoritäten ist, sondern über die Fähigkeit verfügt, sich selbstbestimmt zu religiösen Angeboten, Praktiken und Anschauungen zu verhalten. Es ist in der Lage, die eigene Spiritualität zu wählen, zu entfalten und etwa zu beurteilen, inwiefern welche Art von Spiritualität einen Nischenglauben fördert oder Beheimatung, Teilhabe, Lebens- und Weltgestaltung ermöglicht.[21]

---

[20] Vgl. Christoph Benke, Spirituelle Kompetenz? Ein Diskussionsbeitrag, in: Geist und leben 83 (2010) 81–91, hier: 83.

[21] Hierzu die Kritik von Thomas Schlag an der neocharismatischen freikirchlichen Bewegung ICF, vgl. Thomas Schlag, Beheimatend, kontextuell, sprachfähig, solidarisch. Was man vom ICF als urbaner christlicher (Jugend-)kirche lernen kann, in: das baugerüst. Zeitschrift für Jugend- und Bildungsarbeit 69 (2017), H. 2, 22–25.

4 Spiritualität lernen im Kontext theologischer oder religionspädagogischer Ausbildung

Spiritualität lernen, wo es nicht mehr selbstverständlich ist zu glauben, wo die Pluralität an Sinn- und Deuteangeboten eine hohe Kompetenz von jungen Menschen erfordert, ist ein relevantes Anliegen für Bildung und Ausbildung.[22] Der Ansatz der religionssensiblen Erziehung liefert hierfür wertvolle Differenzierungen und Zugänge, da sie eine Unterscheidung zwischen Existenz-, Transzendenz- und konfessionellem Glauben vornimmt.[23] Neben spirituellen Grundhaltungen im Sinne des oben genannten Existenzglaubens gehören in die theologische und religionspädagogische Ausbildung auch Elemente einer Spiritualität im christlich-konfessionellen Sinn. Der Kompetenzkatalog christlicher Spiritualität, wie er in der Erzdiözese Wien formuliert wird und sich der oben vorgenommene Systematisierung von selbstreflexiver, reflexiver und praktischer Kompetenz zuordnen lässt, ist interessant für die Frage der Ausbildung: „persönlicher Zugang zur Heiligen Schrift; Vertrautheit mit den geistlichen und liturgischen Traditionen der Kirche; Erfahrung mit verschiedenen Gebetsformen; Fähigkeit, die eigene Glaubensüberzeugung und Gotteserfahrung zu reflektieren und darüber zu sprechen; Respekt und Ehrfurcht vor Glaubenszugängen Anderer."[24]

Individueller Spielraum ist hier wichtig, der sich in den Kompetenzbestimmungswörtern des Katalogs niederschlägt: Die Studierenden sollen einen Zugang zur Bibel zu finden, Vertrautheit mit den Traditionen erlangen und Erfahrungen mit Formen des Betens sammeln. Entscheidend ist auch, dass durch die reflexive Aneignung einer Haltung der Toleranz einer Verengung und Verkapselung individueller Frömmigkeit entgegengewirkt werden soll.

Viele Lernformen eignen sich für den Erwerb spiritueller Kompetenzen. An dieser Stelle seien drei von ihnen exemplarisch genannt, die die spirituelle Komponente des Lernens in besonderer Weise fördern können:

a) Spiritualität lernen über Personen

Wenn es um Spiritualität geht, wird in der Literatur häufig mit Biografien von Ordensgründern und -gründerinnen oder anderer Persönlichkeiten

[22] In ihrer Studie zur Ausbildung von Pfarrerinnen und Pfarrern geht Sabine Hermisson genau dieser Frage nach, vgl. Sabine Hermisson, Spirituelle Kompetenz, Göttingen 2016.
[23] Vgl. Gabriel, Religiöse Spuren, 70–73.
[24] Benke, Spirituelle Kompetenz, 90.

gearbeitet,[25] beispielsweise mit der Spiritualität von Teresa von Avila, Ignatius von Loyola oder Madeleine Delbrêl. Spiritualität wird gelernt aus der Anschauung von Vorbildern (Nachahmung, imitatio Christi) als Praxis gelebten Glaubens. Dies hat im Christentum Tradition seit den Ursprüngen. Denn neben Predigten und gemeinschaftlichen Feiern waren die ersten spirituellen Quellen Personen: Die Wüstenväter als geistliche Lehrer führten etwa in die monastische Spiritualität ein.[26] Das personale Angebot ist nicht zuletzt seit der Würzburger Synode wesentlicher Aspekt der heutigen kirchlichen Jugendarbeit. Beziehungsorientiertes Lernen von Spiritualität erschließt eine Sensibilisierung in den fünf Dimensionen des Beziehungslernens: Beziehung zu sich selbst, zu Anderen, zur Welt, zur Zeit und zu Gott.[27] Sowohl Personen als Vorbilder wie auch biografische Narrative können die Grundlagen eines beziehungsorientierten ethisch-spirituellen Lernens bilden,[28] wobei allerdings auch die Ambivalenz von Vorbildern zu thematisiert ist.

b) Spiritualität lernen *by doing* – Performation

Neben dem vielbetonten Geschenkcharakter von Spiritualität bedarf es wie in aller geistlichen Praxis auch der Übung.[29] Performative Didaktik zielt auf Erfahrungen und arbeitet mit diesen. Im Sinne der aus der Theaterpädagogik bzw. Ethnologie stammenden Performance, in der fremde Rituale aufgegriffen und durchgespielt werden, „um sie besser verstehen zu können"[30], ist hier eine erste Annäherung an religiöse Praktiken möglich, wenn „Teilnehmer verschiedene Medien benutzen und ein Ereignis intensiv erfahren."[31]

Die Performation von spirituellen Elementen, wie Meditation, Bibelarbeit, aber auch liturgischen Bausteinen gehört zu den wesentlichen spirituellen Kompetenzen von Seelsorgenden und in der Schule und Religionspädagogik Tätigen, denn sie eröffnen den performativen Weg für ihre

[25] Vgl. Anton Rotzetter (Hg.), Geist und Kommunikation. Versuch einer Didaktik des geistlichen Lebens, Zürich 1982.

[26] Vgl. Ernst Dassmann, Vater, gib mir ein Wort. Geistliches Lernen in frühmonastischer Zeit, in: Stefan Altmeyer – Reinhold Boschki – Joachim Theis – Jan Woppowa (Hg.), Christliche Spiritualität lehren, lernen und leben, Göttingen 2006, 29–34.

[27] Vgl. Boschki – Woppowa, Grundlegungen, 71; 80–81.

[28] Vgl. Katharina Karl, Identität durch Anerkennung. Biografisch-ethisches Lernen durch Erzählungen, in: Jochen Sautermeister – Katharina Ebner (Hg.), Verantwortung erzählen. Sozialethische Herausforderungen in praktischer Perspektive, Frankfurt/M. 2018 (im Erscheinen).

[29] Vgl. Benke, Spirituelle Kompetenzen, 84–85.

[30] Hanna Roose, Performativer Religionsunterricht zwischen Performance und Performativität, in: Loccumer Pelikan (2006), H. 3, 110–115, hier: 110.

[31] Roose, Performativer Religionsunterricht, 110.

Schüler*innen bzw. die jungen Menschen in den Gemeinden und Einrichtungen der Jugendhilfe[32]. Der performative Ansatz ermöglicht ein ganzheitliches Erleben von Inhalten, eine Aneignung von Formen auf affektive Weise. Um die Möglichkeit der Entscheidung für performative Akte zu gewährleisten, ist es wichtig, auch reflexive Elemente zu schaffen.[33] So sind praktische und reflexive Kompetenz immer gekoppelt zu betrachten.

c) Spiritualität-Lernen als Mystagogie

„Mystagogie wird als Prozess des Gewahrwerdens der Gotteserfahrung begreifbar, die im Menschen schon immer schon da, aber meistens verschüttet ist."[34] Um einen solchen Weg didaktisch zu erschließen, sind ästhetische, reflexive und handlungsorientierte Zugänge, wie Staunen und Fragen, Stille und Gebet, menschliche Grunderfahrungen und Weltbegegnung sowie die Begegnung mit den Armen und unterdrückten Menschen präferierte Elemente.[35] Auch eine an der Lectio Divina orientierte Schrittfolge des Lernens (actio – meditatio – lectio) eignet sich als grundsätzliche methodische Struktur des Lernens, aber auch in der konkreten Form einer Gebetsschule dafür, diese Art der spirituellen Bildung zu beschreiben.[36] Für die Begleitung von Glaubensbiografien in der seelsorglichen und religionspädagogischen Arbeit ist die Vertrautheit mit dem mystagogischen Ansatz eine Schlüsselkompetenz. „Die Wahl der Glaubenswelt in der Offenheit ihrer Deutung liegt dabei beim Subjekt, das wiederum, eben auch mystagogische, Bezugsdiskurse und Beziehungen, Sprachangebote und symbolische Ausdrucksformen braucht, um die Deutung in intersubjektiver Vergewisserung vornehmen zu können."[37]

[32] Zu Impulsen für religionssensibles Arbeiten in der Jugendhilfe, vgl. Martin Lechner – Angelika Gabriel, Religionssensible Erziehung, 179–191.

[33] Vgl. Roose, Performativer Religionsunterricht, 114–115.

[34] Mirjam Schambeck, Mystagogisches Lernen, in: Georg Hilger – Stephan Leimgruber – Hans-Georg Ziebertz (Hg.), Religionsdidaktik. Ein Leitfaden für Studium, Ausbildung und Beruf, München [5]2008, 400–415, hier: 403; vgl. dies., Mystagogisches Lernen. Zu einer Perspektive religiöser Bildung, Würzburg 2006.

[35] Vgl. Schambeck, Mystagogisches Lernen, 408–412.

[36] Patrick C. Höring, „Einen solchen Glauben habe ich in Israel noch nicht gefunden" (Mk 8,10). Spirituelle Bildungsprozesse in der kirchlichen Jugendarbeit nach dem Weltjugendtag 2005, in: Stefan Altmeyer – Reinhold Boschki – Joachim Theis – Jan Woppowa (Hg.), Christliche Spiritualität lehren, lernen und leben, Göttingen 2006, 225–232, hier: 231.

[37] Vgl. Katharina Karl, Glaubenswelten – Christliche Spiritualitäten im Blick der Pastoraltheologie, in: Zeitschrift für Pastoraltheologie 37 (2017) 219–230, hier: 228.

5 Ausblick

Papst Franziskus traut der Jugend der Welt spirituelle Kompetenzen zu, wenn er sagt: „Auch die Kirche möchte auf Eure Stimme hören, auf Eure Sensibilität, auf Euren Glauben, ja auch auf Eure Zweifel und Eure Kritik."[38] Die für Oktober 2018 angesetzte Bischofssynode zur Jugend will jungen Menschen Gehör schenken und dazu anregen, sie alle ohne Ausnahme auf ihren Entscheidungswegen zu begleiten. Dies ist ein bedeutsamer Anstoß, darüber nachzudenken, wie Spiritualität für junge Menschen auf ihrem Lebensweg förderlich sein kann. Junge Religionspädagog*innen bedürfen spiritueller Kompetenzen für die eigene Glaubensbiografie und für die Begleitung und Unterscheidung auf dem Weg mit anderen. Daher ist die Ausbildung dahingehend angefragt, wie spirituelle Kompetenzen in einem prozessorientierten und biografiestärkenden Sinn gebildet werden können.

[38] Brief von Papst Franziskus an die Jugendlichen anlässlich der Vorstellung des Vorbereitungsdokumentes der XV. Ordentlichen Generalversammlung der Bischofssynode, in: https://www.dbk.de/fileadmin/redaktion/diverse_downloads/presse_2017/2017-007a-Brief_des_Papstes-an-die-Jugendlichen-Weltbischofssynode_Vorbereitungsdokument.pdf [Zugriff: 16.12.2017].

Spirituelle Kompetenzentwicklung in Praxisphasen: (wie) geht das?

Jan Woppowa

Die Rede von spiritueller Kompetenz ist nicht trivial. Beide Begriffe, Spiritualität und Kompetenz, lösen schon jeweils für sich allein betrachtet kritische Nachfragen aus oder stehen an der Spitze eines umfassenden Professionalisierungsdiskurses.

Mit Recht ließe sich sagen, dass es selbstverständlich wäre, im Kontext von pastoralen und religionspädagogischen Professionalisierungsprozessen auch die Domäne *Spiritualität* zu bedenken. Allerdings könnten kritische Stimmen einwerfen, man folge mit der Thematisierung dieses Phänomens nur einem schon lange bestehenden gesellschaftlichen „Megatrend“[1] und einem allerorten begegnenden „Zauberwort“[2] – vielleicht auch gezwungenermaßen, um aus der Sicht einer an Attraktivität nicht gerade gewinnenden christlich-kirchlichen Tradition anschlussfähig zu bleiben. Hat Spiritualität nicht längst ihren genuinen Kontext verlassen, wenn die Ingebrauchnahme dieses Begriffs ganze Bücherregale füllt, die gerade nicht theologischen Ursprungs sind? Wird das Phänomen Spiritualität mittlerweile nicht viel intensiver aus soziokultureller, psychologischer und medizinischer Sicht beleuchtet?[3] Aber man kann auch umgekehrt fragen: Was kann das vielgestaltige Phänomen Spiritualität, das längst zu einem „Volksnahrungsmittel“[4] geworden ist, zu einem tieferen Verständnis einer ausdrücklich christlichen Spiritualität beitragen? Kommt diese vielleicht erst dort zu sich selbst und zu ihrer vollen Entfaltung, wo sie primär bei den Individuen, ihren Bedürfnissen und Lebensfragen ansetzt und sich eben auch in diesen „Megatrend“ produktiv einmischt?

---

[1] Vgl. Leo Karrer, Spiritualität: ein Megatrend? Spurensuche auf den Wegen der Menschwerdung, in: Diakonia 6 (2006) 381–385; Paul M. Zulehner (Hg.), Spiritualität – mehr als ein Megatrend, Ostfildern 2004.

[2] Thomas Möllenbeck – Ludger Schulte (Hg.), Spiritualität. Auf der Suche nach ihrem Ort in der Theologie, Münster 2017, 9.

[3] Vgl. bspw. Traugott Roser, Spiritualität und Gesundheit. Überlegungen zur Bedeutung eines unbestimmbaren Begriffs im interdisziplinären Diskurs, in: Ralph Kunz – Claudia Kohli Reichenbach (Hg.), Spiritualität im Diskurs. Spiritualitätsforschung in theologischer Perspektive, Zürich 2012, 227–240; Arndt Büssing, Messung spezifischer Aspekte der Spiritualität/Religiosität, in: Thomas Möllenbeck – Ludger Schulte (Hg.), Spiritualität. Auf der Suche nach ihrem Ort in der Theologie, Münster 2017, 138–164.

[4] Gottfried Bitter, Chancen und Grenzen einer Spiritualitätsdidaktik, in: Thomas Schreijäck (Hg.), Werkstatt Zukunft. Bildung und Theologie im Horizont eschatologisch bestimmter Wirklichkeit, Freiburg/Br. 2004, 158–184, 158.

Der Diskurs über den Begriff *Kompetenz* ist breit und wird von Anfang an mit kritischen Anfragen aus bildungstheoretischer Perspektive geführt. In der Tat lässt sich in Bezug auf ausgewählte Wissensdomänen immer wieder fragen, wie das Verhältnis von Kompetenz und Bildung sinnvoll zu beschreiben ist. Insbesondere dann, wenn man Kompetenz noch immer lediglich als anwendungsbezogenes Wissen, als Bewältigung von Anforderungssituationen oder Problemlösefähigkeit versteht und dabei Gefahr läuft, Lern- und Bildungsprozesse zu funktionalisieren. Insbesondere die Rede von *spiritueller Kompetenz* kann solche und andere Anfragen nicht unbeachtet lassen.

1 Exposition: Leitfragen und Leitthese

Die erste hier erklingende und in der folgenden Durchführung in Variationen durchgespielte und abgewandelte Leitfrage *Was ist spirituelle Kompetenz?* wird im Blick auf Prozesse pastoraler Professionalisierung gestellt, insbesondere im Rahmen von Praxisphasen. Eine Beantwortung kann positiv, aber auch negativ abgrenzend erfolgen: *Was sollte spirituelle Kompetenz nicht sein oder worin bestehen Gefahren einer unzureichenden Verkürzung?* Damit zusammen hängt die *fundamentale Frage, ob Spiritualität überhaupt lern- und lehrbar ist.* Auch hier kann präzisiert werden: *Welche Spiritualität oder welche Anteile von Spiritualität sind lern- und lehrbar?* Und schließlich: *Von welchen und durch welche Akteure soll Spiritualität gelernt und gelehrt werden?*

Der Blick in das Modulhandbuch des BA-Studiengangs Religionspädagogik an der Katholischen Hochschule NRW fördert eine zentrale Beschreibung zu Tage, die in unserem Zusammenhang besonders relevant ist. So wird in den Kompetenzbeschreibungen des Moduls *Gemeinde- und schulpraktisches Studium* der Erwerb einer *Selbstkompetenz* erwartet, die als „Fähigkeit zur Auseinandersetzung mit den fachlichen, rollenspezifischen und spirituellen Anforderungen des Berufes“[5] umrissen wird. Daraus ergeben sich weitere Leitfragen, die im Folgenden zu bearbeiten sind: *Woraus bestehen die hier genannten „spirituellen Anforderungen“ hinsichtlich der professionellen Rolle von (angehenden) Gemeindereferent*innen? Um welche*

[5] KatHO NRW, Fachbereich Theologie, Modulhandbuch für den Bachelor-Studiengang Religionspädagogik, o. O. 2017, 38 (abrufbar unter: https://www.katho-nrw.de/paderborn/studium-lehre/fachbereich-theologie/religionspaedagogik-ba/aufbau-des-studiums/modulhandbuch/ [Zugriff: 28.2.2018]). Darüber hinaus tritt diese Formulierung fast identisch bereits im Modul *Orientierungspraktikum in Gemeinde und Schule* sowie begleitend in den *Grundlagen pastoralen Handelns* auf (vgl. Modulhandbuch 18, 22, 36).

Spiritualität geht es dabei und inwiefern kann Spiritualität selbst zur Anforderung werden? Da die Beschreibung unter die Teildimension der Selbstkompetenz fällt, sind hier wohl in erster Linie Anforderungen an das eigene in irgendeiner Form eben auch spirituell geprägte professionelle Handeln bzw. an die eigene Identität als „spiritueller Mensch" oder „spirituell lebende/r Christ*in" gemeint. In gewisser Weise wird also spirituelle Kompetenz – oder genauer: spirituelle *Selbstkompetenz* angezielt, die es im Rahmen von Praxisphasen zu entwickeln gilt. Damit lässt sich eine die folgenden Ausführungen leitende These formulieren: *Spirituelle Kompetenz ist angesichts der Herausforderungen religiöser Pluralisierung und Individualisierung eine notwendige Domäne pastoraler Professionalität. Ihre Entwicklung ist im Sinne einer Selbstkompetenz und gegen die Gefahr reiner Funktionalisierung in den größeren Kontext spiritueller Bildung zu stellen.* Das wird im Folgenden zu entfalten sein.

2 Durchführung: Spiritualitätsdidaktik zwischen Kompetenz und Bildung

2.1 Spiritualität im Kontext pastoraler Professionalisierung: eine Begriffsklärung

Bevor man sich dem Phänomen und Begriff Spiritualität allzu schnell aus christlich-theologischer Perspektive nähert, sollte man einen aus Sicht der Spiritualitätsforschung grundlegenden anthropologischen Zugang wählen, der auf einer „Unterscheidung von allgemeinmenschlicher und spezifisch christlicher, buddhistischer, muslimischer etc. Spiritualität"[6] beruht. Spiritualität kommt aus dieser Sicht in universaler Weise als ein anthropologisches und lebenspraktisches Phänomen in den Blick, nämlich als sichtbarer Ausdruck der „Tiefendimension einer heilvollen, identitätsstiftenden Bezogenheit auf eine letzte Wirklichkeit"[7], welche grundlegend zum Menschsein gehört und im Leben eines Menschen Gestalt annimmt. Schon früh, lange vor dem rasanten Aufstieg des Begriffs im Rahmen religiöser Individualisierung und Pluralisierung hat Hans Urs von Balthasar einen anthropologischen Zugang zum Begriff geprägt und Spiritualität als „praktische oder existenzielle Grundhaltung des Menschen" sowie als

[6] Karl Baier, Spiritualitätsforschung heute, in: ders. (Hg.), Handbuch Spiritualität. Zugänge, Traditionen, interreligiöse Prozesse, Darmstadt 2006, 11–45, 14; vgl. Simon Peng-Keller, Einführung in die Theologie der Spiritualität, Darmstadt 2010, 12–15.

[7] Baier, Spiritualitätsforschung, 14.

„akthafte und zuständliche (habituelle) Durchstimmtheit seines Lebens von seinen objektiven Letzteinsichten und Letztentscheidungen her“[8] charakterisiert. Im Begriff der Spiritualität kommen damit zwei Seiten zusammen: einerseits die *Innenseite* der Bezogenheit auf eine identitätsstiftende Wirklichkeit und andererseits die *Außenseite*, in der diese Bezogenheit alltagspraktisch und habituell – man könnte auch sagen: im *Lebensstil* eines Menschen sichtbar wird. Gottfried Bitter, der Spiritualität als Leitbild einer Praktischen Theologie verstanden wissen will, definiert *Spiritualität im weiteren Sinne* als „eine Lebensweise, die aus persönlicher, subjektiver Einschätzung im Kontakt mit einer erwarteten/erhofften geistigen Größe (immanenter oder transzendenter Qualität) dem ganz persönlichen Leben Gestalt sichern will.“[9] Kurz gesagt: „Spiritualität ist gesuchte und gelebte geistige Identität.“[10] Demgegenüber versteht ein *enger*, theologischer bzw. pneumatologischer Zugang christliche Spiritualität im Zusammenhang mit der Unverfügbarkeit des Glaubens als Gnade bzw. als Geistesgabe in ihrer Bestimmtheit durch das Wirken des Heiligen Geistes (griech. *pneumatikos*, geistgewirkt).[11] Bitter nennt dies die „in einer persönlichen, ganzheitlichen Lebensgestaltung vollzogene Ratifikation der christlichen Lebens- und Glaubensüberlieferungen … Christliche Spiritualität ist ausdrücklich gelebte und gnadenhaft gewirkte christliche Identität, ‚Leben aus dem Geist [Jesu Christi]‘ (Gal 5,25).“[12] Sichtbar wird diese persönliche Ratifikation beispielsweise in der spezifischen Rhythmisierung von Zeit, Alltag und Feiertag, durch besondere Gebetspraxis und regelmäßigen Schriftbezug, durch eine geordnete Liturgie, durch bestimmte ethische Präferenzen etc. Mit der Differenzierung zwischen einem anthropologischen und einem theologischen Zugang lässt sich einerseits über das Phänomen Spiritualität aus der Sicht menschlicher Erfahrungen und individueller Einstellungen sprechen. Andererseits kann sich eine davon unterschiedene ausdrücklich christliche Spiritualitätspraxis über ihre Verwiesenheit auf menschliche Erfahrungen und Bedürfnisse vergewissern, um nicht den falschen Rückzug in eine elitäre Innerlichkeit oder Sonderwelt anzutreten.

---

[8] Hans Urs von Balthasar, Das Evangelium als Norm und Kritik aller Spiritualität in der Kirche, in: ders., Spiritus Creator. Skizzen zur Theologie III, Einsiedeln 1967, 247–263, 247.

[9] Gottfried Bitter, Spiritualität als Leitbild Praktischer Theologie heute, in: Lebendige Seelsorge 54 (2003) 292–297, 292.

[10] Bitter, Spiritualitätsdidaktik, 163.

[11] Peng-Keller, Einführung, 14.

[12] Bitter, Spiritualitätsdidaktik, 163; vgl. Bitter, Leitbild, 293.

2.2 Zur didaktischen Frage nach der Lern- und Lehrbarkeit von Spiritualität

Aus dieser Grundunterscheidung zwischen einer weiten, anthropologischen und einer engen, theologischen Begriffsbestimmung heraus lässt sich nun über die Lern- und Lehrbarkeit von Spiritualität, d. h. über eine spezifische *Spiritualitätsdidaktik* sprechen. Beide Zugänge münden zunächst allerdings in prinzipielle Zweifel an einer Didaktisierbarkeit von Spiritualität.[13] Selbstverständlich kann man eine Menge an Kenntnissen über Spiritualität und spirituelle Praktiken erwerben, selbstverständlich kann man bestimmte Ausdrucksformen erlernen und übend nachvollziehen. Spiritualität als geistbestimmtes Leben und gnadenhaft gewirkte Identität aber ist nicht herstellbar, nicht lehrbar, sondern bleibt unverfügbar. Und auch im Sinne eines umfassenden Habitus bzw. Lebensstils eines Menschen entzieht sie sich der zielgerichteten Steuerbarkeit didaktischer Entscheidungen und künstlich umrissener Lernarrangements.[14] Erst recht muss dies angesichts der hochgradig individualisierten Glaubensbiographien der Menschen heute gelten. Allerdings liegt gerade in der Unterscheidung zwischen einem weiten und engen Spiritualitätsbegriff die Bedingung der Möglichkeit, von einer ausdrücklichen Spiritualitätsdidaktik zu sprechen. Deshalb wird hier eine Option *für* die Lern- und Lehrbarkeit von Spiritualität getroffen. Wir folgen dazu einer weiteren Unterscheidung, die Bitter durch zwei unterschiedliche Zugangswege markiert hat:[15] In der ersten Bewegung einer *Spiritualitätsdidaktik von unten* (anabatische Bewegung, naturaler Weg) muss es darum gehen, Menschen in ihren alltäglichen Lebensvollzügen zur Wahrnehmung einer spirituellen Dimension ihres Lebens anzuleiten und sie zu einer Suche nach ihrem geistigen Zentrum zu motivieren. Das geschieht erfahrungsbezogen und an den Biographien der Menschen entlang, so dass charakteristische Lernprozesse eher niederschwellig angelegt sein sollten: ein Aufmerksamwerden und Wahrnehmen für seine Umwelt und sein eigenes Leben; das Einüben einer neuen Sinnlichkeit und in verschiedene Wege der Sinneswahrnehmung; Staunen und Zweifeln über Alltägliches und

---

[13] Vgl. Bitter, Spiritualitätsdidaktik, 165–167; Reinhold Boschki – Jan Woppowa, Kann man Spiritualität didaktisieren? Bildungstheoretische und beziehungsorientierte Grundlegungen spirituellen Lehrens und Lernens, in: Stefan Altmeyer – Reinhold Boschki – Joachim Theis – Jan Woppowa (Hg.), Christliche Spiritualität lehren, lernen und leben, Göttingen 2006, 67–84.

[14] Vgl. Gottfried Bitter, Spiritualität als geistlicher Lebensstil, in: Michael Langer – Winfried Verburg (Hg.), Zum Leben führen. Handbuch religionspädagogischer Spiritualität, München 2007, 15–44, hier insbesondere: 43 f. Auch hinsichtlich der Verwendung des Begriffs spirituelle Kompetenz entsteht damit eine diametrale Spannung zwischen einem theologischen Zugang einerseits und einem psychologisch verankerten Kompetenzbegriff andererseits.

[15] Vgl. Bitter, Leitbild, 296 f.

neu Erlebtes; das Sprechenlernen über neue Erfahrungen oder Überraschendes, das Fragen zurücklässt. Demgegenüber versucht eine *Spiritualitätsdidaktik von oben* (katabatische Bewegung, theologaler Weg) in einer zweiten Bewegung mit Inhalten und Formen der jüdisch-christlichen Glaubenstradition bekannt zu machen. Dazu gehören Personen, die solche Traditionen selbst zum Leben erwecken können („spirituelle Experten"), dafür braucht es eine „Gemeinschaft der Gleichgewillten" sowie bestimmte Zeiten und Räume als „spiritualitätsförderliche Biotope" zur Einübung spiritueller Formen.[16] Die zwei entscheidenden spiritualitätsdidaktischen Grundbewegungen sind also einerseits die „*Sensibilisierung* für die Wahrnehmung des Spirituellen in alltäglichen Lebensformen" und andererseits die „*Einladung* zu einem ausdrücklich christlichen Lebensstil"[17]. Im Zentrum steht die Überzeugung, dass Spiritualität nichts Außergewöhnliches oder Elitäres ist, sondern dass es vielmehr und primär „um die Kultivierung jener ‚Alltagsseite jedes Zeitgenossen [geht], der aus einer geistigen Orientierung lebt'"[18]. Daher ist es wichtig und notwendig, dass jedes auch christlich-kirchlich motivierte Bemühen um spirituelles Lernen zunächst einen anthropologischen Zugang wählt. Erst an zweiter Stelle steht die offene Einladung zu einem Lebensstil aus christlicher Überzeugung.

Von *spiritueller Kompetenz* wäre dann zu sprechen, wenn jemand die Fähigkeit erlernt hat, das eigene Leben insofern domänenspezifisch wahrzunehmen und zu deuten, als sie bzw. er darin eine spirituelle Dimension erkennen und sprachlich zum Ausdruck bringen kann. Von spiritueller Kompetenz wäre auch dann zu sprechen, wenn jemand Kenntnisse über die Vielfalt spiritueller Praxis der christlichen Glaubenstradition erworben hat oder wenn sie bzw. er sich Fertigkeiten angeeignet hat, bestimmte Praktiken zu vollziehen. Schließlich und besonders auch dann, wenn sie bzw. er die Fähigkeit erlangt hat, für sich persönlich einen spirituellen resp. christlichen Lebensstil zu prüfen, zu gestalten und zu verfolgen. Hier wäre dann präziser von *spiritueller Selbstkompetenz* zu sprechen.

Im Kontext *professioneller Handlungskompetenz* wäre von spiritueller Kompetenz zu sprechen, wenn jemand die Fähigkeit erworben hat, entsprechende Lernprozesse als Doppelbewegung zu planen, zu gestalten und zu reflektieren; wenn also eine Fähigkeit vorliegt, einerseits Formen einer

[16] Die beiden zuletzt genannten Begriffe werden verwendet bei Bitter, Leitbild, 297.

[17] Stefan Altmeyer – Joachim Theis, Sensibilisieren und Einladen. Kommunikationstheoretische Grundlegung einer Spiritualitätsdidaktik alltäglicher Lebensformen, in: Stefan Altmeyer – Reinhold Boschki – Joachim Theis – Jan Woppowa (Hg.), Christliche Spiritualität lehren, lernen und leben, Göttingen 2006, 85–99, 97.

[18] Altmeyer – Theis, Kommunikationstheoretische Grundlegung, 97, unter Bezug auf Bitter, Spiritualitätsdidaktik, 164.

offenen, suchenden Spiritualität wahrnehmen und gestaltend darauf reagieren zu können und andererseits Theorie und Praxis einer ausdrücklich christlichen Spiritualität zu kennen und dazu einladen zu können. In dieser spiritualitätsdidaktischen Unterscheidung liegt eine notwendige Kompetenz, die im Rahmen der Professionalisierung pastoraler Mitarbeiter*innen zu verfolgen wäre. Sie ist deshalb notwendig, weil auch die Adressaten in gemeindlich orientierten pastoralen Kontexten „Pilger auf verschiedenen Pfaden"[19] der spirituellen Suchbewegungen unserer Zeit genannt werden können und die persönliche Arbeit an einer eigenen Spiritualität wohl keine Selbstverständlichkeit darstellt; notwendig aber auch deshalb, weil das Phänomen Spiritualität in vielen unterschiedlichen Facetten auch in unseren Pfarrgemeinden präsent ist – in den Städten weit mehr als in ländlichen Räumen. Möglicherweise zählt auch diese Vielfalt von „individualisierten Spiritualitäten" und offenen Suchbewegungen zu den im Modulhandbuch erwähnten „spirituellen Anforderungen des Berufes". Auch die Fähigkeit, diese Offenheit und Fragmentarität im Sinne einer Ambiguitätstoleranz aushalten zu können, muss Teil einer professionsbezogenen spirituellen Kompetenz sein. Notwendig ist die spiritualitätsdidaktische Doppelbewegung schließlich deshalb, weil überlieferte Formen einer traditionellen Spiritualität heute vielfach neu erschlossen werden müssen, wenn sie fruchtbar bleiben sollen; das allerdings kann nur gelingen, wenn im Sinne einer Spiritualitätsdidaktik von unten bei den Menschen selbst begonnen wird.

2.3 Kritische Anfragen an die Rede von spiritueller Kompetenz

Nun ließe sich unschwer folgern: Wenn angehende Gemeindereferent*innen spirituell kompetent genannt werden können, dann sind sie fähig, mit den spirituellen Anforderungen des Berufs umzugehen. Der Erwerb einer spirituellen Kompetenz steht somit im Dienst der Professionalisierung und beruflichen Qualifikation. Denn etwas überspitzt gesagt ist die „bessere" Gemeindereferentin doch offenkundig die, die selbst eine spirituelle Praxis pflegt, die sich bspw. mit den klassischen Ignatianischen Exerzitien auskennt, diese schon einmal während einer Schweigewoche selbst erprobt hat und die das alles zielgruppen- und bedürfnisorientiert auf die ihr überantwortete Klientel didaktisch zu transformieren weiß. Das heißt, ein persön-

[19] Rudolf Englert, Pilger auf verschiedenen Pfaden. Geistige und geistliche Suchbewegungen unserer Zeit, in: Stefan Altmeyer – Reinhold Boschki – Joachim Theis – Jan Woppowa (Hg.), Christliche Spiritualität lehren, lernen und leben, Göttingen 2006, 17–28.

lich gepflegter spiritueller Lebensstil bildet die Grundlage für die Ausbildung spiritueller Kompetenz und fungiert damit als Garantie für eine gut funktionierende Gemeindepastoral. – Was sich hier andeutet, kann eine *Funktionalisierungsfalle* genannt werden. Denn man läuft Gefahr, die Rede von spiritueller Kompetenz aus professionsbezogener Sicht ausschließlich darauf hin zu fokussieren, dass spirituelle Kompetenz eine spezifische Domäne der Ausbildung darstellt und bspw. neben Organisations- oder Kommunikationskompetenz in besonderer Weise für den pastoralen Beruf qualifiziert. Eine solche exklusive Sichtweise würde nicht zuletzt den theologischen Vorbehalten gegenüber einer Lern- und Lehrbarkeit von Spiritualität Vorschub leisten. Bitter nennt dies in aller Schärfe einen Götzendienst: „Spiritualitätstraining kirchlicher Mitarbeiter zur erwarteten allgemeinen Effizienzsteigerung (!) halte ich für Götzendienst."[20] Ob man sich dieser Einschätzung anschließen möchte oder nicht, in ihrem Kern steht der implizite Verweis auf den Kontext spiritueller *Bildung*, gleichsam als kritisches Korrektiv einer zweckorientierten und damit verengenden Sicht auf spirituelle Kompetenz. Kurz gesagt: *Pastorale Spiritualität hat keinen Zweck.*[21]

Dass die Gefahr einer Funktionalisierung von Spiritualität, spiritueller Praxis und Lebensformen nicht unrealistisch ist, hat Sabine Hermisson in ihrer qualitativ-empirischen Studie zu Spiritualität als Teil der Ausbildung zum evangelischen Pfarrberuf eindrücklich gezeigt. Nach dem forschungsmethodologischen Ansatz der Grounded Theory hat sie sämtliche Ausbildungsdokumente der lutherischen, reformierten und unierten Landeskirchen Deutschlands, Österreichs und der deutschsprachigen Schweiz analysiert und damit ein umfassendes Analysekorpus vorgelegt. Im Prozess der Datenkodierung hat sich das Konzept der spirituellen Kompetenz als Schlüsselkategorie herausgebildet, und zwar im Blick auf eine zentrale Erkenntnis der Studie, nämlich dass „die Texte Spiritualität fast durchgängig funktional von der künftigen Berufsaufgabe her entwickeln und mit der Rede von Kompetenzen oder Fähigkeiten verbinden"[22]. So stellt spirituelle Kompetenz bspw. eine der vier Grundkompetenzen des Pfarrberufs dar (neben theologisch-hermeneutischer, kommunikativer und organisato-

[20] Bitter, Leitbild, 295, der selbst im Anschluss kritisch abgrenzend ausdrücklich von spiritueller Bildung spricht.

[21] In Anlehnung an: Winfried Verburg, Religionspädagogische Spiritualität hat keinen Zweck, in: Michael Langer – Winfried Verburg (Hg.), Zum Leben führen. Handbuch religionspädagogischer Spiritualität, München 2007, 333–338.

[22] Sabine Hermisson, Spirituelle Kompetenz. Eine qualitativ-empirische Studie zu Spiritualität in der Ausbildung zum Pfarrberuf, Göttingen 2016, 214.

risch-kybernetischer Kompetenz)[23] und wird in drei Teilbereiche ausdifferenziert:[24] (1) Persönliche Lebensführung und spirituelle Praxis einschließlich der Fähigkeit, die eigenen beruflichen Ressourcen zu reflektieren und mit Krisen und Widersprüchen umzugehen sowie in Bezug auf liturgische Kompetenz; (2) Sachkenntnisse über Spiritualität und spirituelle Praxis; (3) Kommunikation von Spiritualität einschließlich der Fähigkeit, über die eigene Spiritualität Auskunft zu geben und die Spiritualität anderer Menschen wahrzunehmen, darüber zu kommunizieren und entsprechende Lernprozesse zu begleiten. Eine persönliche Spiritualität und spirituelle Kompetenz gilt es beispielsweise durch die zum Teil obligatorische Teilnahme an Spiritualitätskursen oder durch eine spirituelle Begleitung im Alltag zu fördern. Insbesondere hinsichtlich der Kategorie Spiritualitätskurse markiert die Autorin ein sensibles Spannungsverhältnis, insofern nicht selten unterschiedliche Zielvorstellungen von Kirchenleitungen einerseits und externen Kooperationspartnern (Klöster, geistliche Gemeinschaften, Exerzitienhäuser etc.) andererseits aufeinandertreffen. Was die einen als Mittel zum beruflichen Zweck ansehen, verstehen die anderen als zweckfreies und für das Subjekt sinnstiftendes Angebot.[25] Die Erhebung spiritueller Kompetenz zur Schlüsselkategorie zeigt sich auch darin, dass in den Landeskirchen entsprechende Evaluationsverfahren zur beabsichtigten Messung eines Kompetenzerwerbs vorliegen, die sich auf die Teilbereiche der persönlichen Spiritualität, des Sachwissens und der Kommunikation von Spiritualität beziehen lassen.[26] Insgesamt macht Hermisson immer wieder auf die in den Dokumenten vorherrschende funktionale Perspektive auf Spiritualität aufmerksam, sodass die Autorin diese sogar als ein „Proprium der evangelischen Ausbildung“[27] im deutschen Sprachraum kennzeichnet. Angeschärft wird diese Feststellung durch einen methodisch geschickten ökumenisch angelegten Vergleich,[28] in dem danach gefragt wird, ob ein ausnahmslos funktionalisierender Umgang mit Spiritualität allein durch den Ausbildungskontext bedingt sei. Die Autorin negiert diese Vermutung, denn beispielsweise erfolgt in den Dokumenten zur katholischen Priesterausbildung die Thematisierung von Spiritualität in erster Linie im Kontext spiritueller *Bildung* und gerade nicht im Sinne einer berufsorien-

[23] Vgl. Hermisson, Spirituelle Kompetenz, 117, 125.
[24] Vgl. Hermisson, Spirituelle Kompetenz, 126–130.
[25] Vgl. Hermisson, Spirituelle Kompetenz, 154–171, 219.
[26] Vgl. Hermisson, Spirituelle Kompetenz, 136–141.
[27] Vgl. Hermisson, Spirituelle Kompetenz, 217 u. ö. Für eine kritische Diskussion des Spannungsfeldes Spiritualität, Kompetenz und Funktionalität vgl. ebd. 223–251 einschließlich eines Blicks auf das (institutionen)kritische Potenzial von Spiritualität (vgl. ebd. 241, 249).
[28] Vgl. Hermisson, Spirituelle Kompetenz, 186–214.

tierten Qualifizierung pastoralen Handelns. Hermisson begründet diese Differenz mit dem unterschiedlichen Amtsverständnis der evangelischen Ordination bzw. katholischen Priesterweihe. So werde katholischerseits spirituelle Bildung wie das Priesteramt ontologisch bzw. christologisch verstanden, nämlich als Bildung der ganzen Person und als Einübung in eine Existenzweise der Nachfolge und Jüngerschaft Jesu. Evangelischerseits werde demgegenüber nur in wenigen Texten auf die persönliche Spiritualität angehender Pfarrer*innen eingegangen oder diese sogar explizit ausgespart.[29] Da (mindestens) im Blick auf die pastoralen Mitarbeiter*innen ein ämtertheologisches Argument nicht hinreicht, um auf die Rede von spiritueller Bildung abzuheben, ist hier bildungstheoretisch zu argumentieren. So hat sich in den letzten Jahren ein komplementärer Begriff allgemeiner Bildung als wirksam erwiesen, in dem die Domäne Religion und – so kann hier ergänzt werden – auch Spiritualität als gestaltgewordener Ausdruck einer religiösen Orientierung einen nicht ersetzbaren Welt- und Wirklichkeitszugang zur Verfügung stellt. Das Bemühen um spirituelle Bildung als personale Bildung muss daher einerseits Teil eines professionellen Bildungshandelns in den Gemeinden sein und andererseits nicht weniger im Sinne der Selbstbildung angehender pastoraler Mitarbeiter*innen eine zentrale Komponente pastoraler Professionalisierung darstellen.

Unabhängig von dieser kritisch-normativen Beurteilung kann es in deskriptiver Hinsicht durchaus zu wechselseitigen Beeinflussungen zwischen einer ausgeprägten Spiritualität oder einer spirituellen Lebensweise einerseits und professionsbezogenen Kompetenzen andererseits kommen. Das zeigt ein explorativer Blick auf Ergebnisse einer Evaluationsstudie, die wir im Zusammenhang mit dem für Lehramtsstudierende obligatorischen Praxissemester in der Schule durchgeführt haben. Dabei wurden die Studierenden nach ihren persönlichen Kompetenzeinschätzungen hinsichtlich religionsdidaktisch relevanter Kenntnisse und Fähigkeiten (z. B. „Ich kann theologische Themen schulform- und schulstufenspezifisch erschließen." oder „Ich kann christliche Spiritualität und Praxis veranschaulichen und Sensibilität dafür wecken." oder „Ich kann elementare theologische Denkstrukturen bei Schülern unterschiedlichen Alters fördern.") sowie nach ihren Vorstellungen von Spiritualität und spiritueller Praxis befragt (z. B. ob für sie Spiritualität „aktive Teilhabe an der kirchlichen Tradition" oder „Vertrauen auf eine transzendente Wirklichkeit" bedeute oder die „Gestaltung einer persönlichen Gottesbeziehung" bzw. „Kirchenbeziehung" impliziere). Der bivariate Blick auf die Daten offenbart durchaus signifikante

[29] Hermisson, Spirituelle Kompetenz, 215.

Zusammenhänge.[30] Beispielsweise zeigt sich, dass eine ausgeprägte Vorstellung von Spiritualität als aktiver Teilhabe an der kirchlichen Tradition damit korreliert, ob sich jemand als kompetent hinsichtlich der schülerangemessenen Erschließung theologischer Themen und Entwicklung elementarer theologischer Denkstrukturen einschätzt. Wer Spiritualität recht offen als Vertrauen auf eine transzendente Wirklichkeit versteht, schätzt seine Fähigkeit ebenfalls hoch ein, Spiritualität zu veranschaulichen und dafür auch bei Schüler*innen Sensibilität zu wecken – und zwar in stärkerem Maße als durch die Rückbindung an kirchliche Traditionen. Ein hohes Maß der aktiven Gestaltung einer Gottes- oder Kirchenbeziehung zeigt signifikante Korrelationen mit eher hohen religionsdidaktischen Kompetenzeinschätzungen. Die ausgeprägten Signifikanzen schließen die Zufälligkeit solcher Zusammenhänge aus, sodass man davon ausgehen kann, dass es – vorsichtig formuliert – durchaus Auswirkungen auf das professionelle Handeln hat, ob jemand über Spiritualität nachdenkt und auch selbst in irgendeiner Art und Weise ein spirituell geprägtes Leben führt. Möglicherweise stärkt eine solche Verankerung in bestimmten Spiritualitätsvorstellungen und Praktiken das Selbstvertrauen und erhöht die Einschätzung einer persönlichen Selbstwirksamkeit hinsichtlich des eigenen professionellen Agierens.[31]

2.4 Differenzkompetenz als Dimension spiritueller Selbstbildung

Angesichts vorliegender Gefahren von Funktionalisierung und Zweckorientierung scheint es umso notwendiger und geboten, die Rede von spiritueller Kompetenz im Kontext der Professionalisierung angehender Religionslehrkräfte sowie insbesondere auch Gemeindereferent*innen zugleich in den Kontext spiritueller Bildung zu setzen. So impliziert der Erwerb einer „Fähigkeit zur Auseinandersetzung mit den spirituellen Anforderungen des Berufes" nicht zuletzt auch die Auseinandersetzung mit den eigenen Haltungen und Einstellungen hinsichtlich Spiritualität und spiritueller Praxis. Kann bspw. ein junger Gemeindereferent persönlich dahinterstehen, wenn der leitende Pfarrer seiner Gemeinde von ihm verlangt, das nächste Ro-

[30] Für die statistische Aufbereitung der Daten danke ich meiner wissenschaftlichen Mitarbeiterin Carina Caruso (vgl. ihren Beitrag im vorliegenden Band).

[31] Damit fällt die Domäne Spiritualität in den Bereich von Selbstregulationsfähigkeiten und Selbstwirksamkeitserwartungen, den Baumert und Kunter als *motivationale Orientierungen* zum Bestandteil einer (auf den Lehrerberuf bezogenen) professionellen Handlungskompetenz erklären: vgl. Jürgen Baumert – Mareike Kunter, Stichwort: Professionelle Kompetenz von Lehrkräften, in: Zeitschrift für Erziehungswissenschaft 9 (2006) 469–520, hier: 501–505.

senkranzgebet durchzuführen? Und wenn nicht, kann er es zumindest auf Basis seiner pastoralen Professionalität? Oder wie geht eine Gemeindereferentin damit um, wenn eine etablierte Gruppe von Gemeindemitgliedern darum bittet, einen Yoga-Kurs einzurichten oder einen Vortrag über Naturspiritualität und Schamanismus anzubieten? Deutet sie diese Anforderung als „feindliche Übernahme" oder kann sie darin eine willkommene Chance sehen, um offene Suchprozesse mitgestalten zu können? Gerade hier sind insbesondere persönliche Anforderungen zu bewältigen, die nicht von einem professionellen Handeln zu trennen sind. Und wenn umgekehrt bspw. ein Gemeindereferent selbst Yoga oder Zen-Meditation praktiziert, steht er vor der Entscheidung, dies vor seinen eher traditionell orientierten Kolleg*innen öffentlich zu machen. In der Art und Weise, wie die bzw. der Einzelne mit solchen Anforderungen umzugehen vermag und inwiefern sie bzw. er sich selbst und die eigene spirituelle Suche oder Praxis hier mit hineinzunehmen vermag, zeigt sich das Maß spiritueller Bildung. Spirituelle Kompetenz wäre damit nicht nur die Fähigkeit, bestimmte berufliche Anforderungssituationen zu bewältigen, sondern Teil einer umfassenden personalen Selbstbildung.

Was im Kontext einer spirituellen Bildung als Teil pastoraler Professionalität notwendig wird, ist eine *doppelte Reflexionsfähigkeit*, für die Bernhard Dressler im Kontext der Professionsforschung bei Religionslehrkräften und auf Basis der eingeführten Unterscheidung zwischen *gelebter* und *gelehrter* Religion plädiert hat. Denn für Religionslehrkräfte bedeutet der Blick auf die eigene Biographie immer ein Zweifaches: zum einen die im privaten Bereich und kirchlich-institutionell mehr oder weniger beeinflusste *gelebte Religion* zu reflektieren und zum anderen diese aus der professionellen Rolle und Distanz heraus von einer unterrichtlich *gelehrten Religion* zu unterscheiden und dennoch beide Seiten in Beziehung zu setzen. Dressler nennt dies eine „Selbstunterscheidungsfähigkeit"[32] oder „Differenzkompetenz"[33], die Religionslehrkräfte zur reflektierten Bewusstmachung und Unterscheidung zwischen gelebter und gelehrter Religion benötigen. Denn die persönlich gelebte Religion beeinflusst unweigerlich das unterrichtliche Handeln, prägt einen eigenen Stil (Habitus) des Unterrichtens mit spezifischen Präferenzen in der Gestaltung von Religionsunterricht. Das passiert oft unreflektiert und kann sich mitunter in gefährlicher Weise normativ auf Lernende auswirken (bspw. bei einer stark ausgeprägten kirchenkritischen Haltung oder bei primär katechetischen Zugängen zu religiösem Lernen), so

[32] Bernhard Dressler, Was soll eine gute Religionslehrerin, ein guter Religionslehrer können? In: Theo-Web. Zeitschrift für Religionspädagogik 8 (2009) H. 2, 115–127, 117.

[33] Dressler, Religionslehrerin, 118.

dass die Ausbildung von Differenzkompetenz einen wesentlichen selbstreflexiven Aspekt religionsdidaktischer Reflexionsfähigkeit darstellt: „Es ist deshalb ein wichtiges Merkmal der Professionalität von RL [Religionslehrkräften; J.W.], die eigene religiöse Biografie und die darin wirksamen Prägungen und Lebensführungsmuster reflektieren und zu den eigenen unterrichtlichen Ziel- und Gestaltungspräferenzen ins Verhältnis setzen zu können.“[34]

Überträgt man diesen religionspädagogischen Zugang zur Professionalisierung von Lehrkräften auf die Domäne Spiritualität – als sichtbarer Ausdruck und gelebte Gestalt einer religiösen Orientierung – und auf den pastoralen Kontext, hieße das, dass auch pastorale Mitarbeiter*innen eine entsprechende Reflexionsfähigkeit auszubilden hätten. Und zwar im Sinne einer Selbstunterscheidungsfähigkeit zwischen einer persönlichen, *gelebten Spiritualität* einerseits und einer *pastoral gelehrten (und gleichzeitig im pastoralen Kontext gelebten) Spiritualität* andererseits. Eine Reflexion zweiter Ordnung wird dann wirksam, wenn zu klären ist, wie die gelebte Spiritualität innerhalb des professionellen Handelns als gelehrte Spiritualität in Erscheinung tritt, treten kann oder soll – oder auch gerade nicht. Denn unbestritten ist doch, dass analog zum unterrichtlichen Habitus von Religionslehrkräften auch Gemeinde- bzw. Pastoralreferent*innen einen Habitus ausbilden, in dem sich gelebte und gelehrte Spiritualität miteinander verbinden oder in ein didaktisch fruchtbares Spannungsverhältnis eintreten. Im Sinne eines subjektorientierten Lernprozesses wird diese Reflexionsfähigkeit auch und gerade deshalb notwendig, damit persönlich präferierte Formen spiritueller Praxis nicht normativ auf das professionelle Handeln wirken. Wenn Dressler im Blick auf den Religionsunterricht von einer „gebildete[n] Religion“[35] spricht, nämlich einer im Hinblick auf schulische Lernprozesse reflexiv gebrochenen gelebten Religion, dann ließe sich analog für den pastoralen Kontext von einer *gebildeten Spiritualität* der pastoral hauptamtlich Tätigen sprechen. Diese wiederum schließt nicht zuletzt auch die selbstkritische Reflexion und Prüfung im Sinne einer „Unterscheidung der Geister“ notwendig mit ein.[36]

[34] Dressler, Religionslehrerin, 120.
[35] Dressler, Religionslehrerin, 120.
[36] Vgl. Michael Plattig, Prüft alles, behaltet das Gute! Münsterschwarzach ^{2}2008.

3 Reprise: Exemplarische Konsequenzen für die Gestaltung von religionspädagogischen und pastoralen Praxisphasen

Die im Titel dieses Beitrags gestellte Frage lässt sich abschließend im Prinzip positiv beantworten, wenn auch unter bestimmten kritischen Einschränkungen und bildungstheoretischen Einbettungen. Die in der Exposition vorgestellten Leitmotive münden in die abschließend zu stellende Frage: *Was wären Aspekte einer spirituellen Kompetenzentwicklung in Praxisphasen, um bei angehenden Gemeindereferent*innen die „Fähigkeit zur Auseinandersetzung mit den spirituellen Anforderungen des Berufs" und – so ist hier nun konsequenterweise zu ergänzen – zur Auseinandersetzung mit der eigenen Spiritualität auszubilden?* Einige kleine Bausteine können erste Fährten legen:

(1) Auf der kompetenzbezogenen *Ebene von Kenntnissen* und deren Anwendung:

- die als Inhalte eines wissenschaftlichen Studiums erworbenen grundlegenden Kenntnisse der inner- und außertheologischen Spiritualitätsforschung erweitern und deren Relevanz in konkreten pastoralen Handlungsfeldern prüfen

(2) Auf der kompetenzbezogenen *Ebene von Fähigkeiten und Fertigkeiten:*

- Formen christlicher Spiritualität erproben und einüben (bspw. in der Anleitung durch Mentor*innen, mit „spirituellen Experten", durch ein spiritualitätsdidaktisches Projekt, durch eine Kooperation mit einem Anbieter vor Ort)
- „Sensibilisieren und Einladen"[37] als spiritualitätsdidaktisches Programm verfolgen: Formate entwickeln und erproben, um mit den Adressat*innen niederschwellig in einen Dialog zu treten über ihre offene Suche nach Spiritualität und über ihre geistige Mitte und alltagsgestaltenden Ressourcen
- spirituelle Lernprozesse nach ausgewählten didaktischen Modellen planen und durchführen[38]
- ein spiritualitätsdidaktisches Studienprojekt im Praktikum planen, durchführen und evaluieren

[37] Altmeyer – Theis, Kommunikationstheoretische Grundlegung, 96.

[38] Zum Beispiel an Hand eines spirituellen Lernzirkels, vorgeschlagen bei: Jan Woppowa, Ein besonderer Modus der Weltbegegnung? Spirituelle Bildung und spirituelles Lernen in der Schule, in: RelliS, H. 2/2015, 20–24.

(3) Auf der kompetenzbezogenen *Ebene von Haltungen und Einstellungen:*

- einen unverkrampften Umgang mit den vielfältigen Phänomenen einer spätmodernen Spiritualität entwickeln
- eine persönliche Spiritualität und spirituelle Praxis ausbilden, optimalerweise unter professioneller geistlicher Begleitung – und damit Spiritualität als Habitus oder Aufgabe eines lebensstilbezogenen Bildungsprozesses begreifen
- zunehmende Befähigung zur spirituellen Selbstreflexion und Selbstunterscheidung zwischen gelebter und gelehrter Spiritualität

4 Coda: Ein vorläufiges Fazit

Ein Schlussakkord kann hier nur verhalten erklingen. Denn ob man Spiritualität als Domäne der Kompetenzentwicklung ansehen möchte, hängt in hohem Maße davon ab, mit welchem Kompetenzbegriff operiert wird und wie darin Spiritualität einzuordnen ist. Aus theologischer Sicht angemessen erscheint ein umfassendes Verständnis von Kompetenz als einer Fähigkeit, die Summe von Kenntnissen, Fähigkeiten und Fertigkeiten sowie Haltungen und Einstellungen in einer komplexen Situation anwenden und als Performanz zum Ausdruck bringen zu können. Spirituelle Kompetenz wäre hier insofern einzugliedern, als auch spirituelle Anforderungssituationen bearbeitet und aus professioneller Perspektive gestaltet werden müssen. Das schließt den Blick auf Spiritualität als Domäne spiritueller Bildung nicht aus, sondern macht ihn wie oben dargelegt vielmehr notwendig. Denn dort, wo Spiritualität als gelebte Identität zum Ausdruck kommt und als bestimmter Lebensstil des handelnden Individuums ihre performative Wirksamkeit entfaltet, wird der Bezirk professionsbezogener Handlungskompetenz überschritten und damit die Unverfügbarkeit und im positiven Sinne Dysfunktionalität spiritueller Bildungsprozesse Beachtung finden müssen.

Theologisches Lernen in der Praxis

Das Praktikum als Teil des Professionalisierungsprozesses von Theolog*innen/Religionspädagog*innen

Ute Leimgruber

Das Studium der Katholischen Theologie bzw. Religionspädagogik – egal ob als Fern- oder Präsenzstudium, an einer staatlichen Universität, katholischen Hochschule oder bei Theologie im Fernkurs – beinhaltet verpflichtenderweise stets mindestens ein längeres Praktikum, meist in einer Kirchengemeinde, darüber hinaus (z. T. fakultativ) auch auf anderen Feldern kirchlichen Handelns. Das Praktikum soll „zur Erhöhung der Berufsbefähigung (...) dienen"[1] und ist damit Teil des Professionalisierungsprozesses der Theologie- bzw. Religionspädagogikstudierenden. Dabei stellt sich beinahe zwangsläufig auch die Frage nach der Einbettung des Praktikums in den Lehr-Lernprozess des Studiums und umgekehrt. Insbesondere bei Theologie im Fernkurs (ThiF) und an den Katholischen Hochschulen, wie z. B. im Fachbereich Theologie der Katholischen Hochschule Nordrhein-Westfalen (KatHO) in Paderborn, stehen die Ansprüche der Ausbildung zwischen denen eines Studiums und eines Berufs, wird doch hier – deutlicher als an den staatlichen Universitäten – bereits vor (durch die Auswahl der Studierenden an der KatHO seitens der Diözesen) und während der Ausbildung eine konkret umrissene Tätigkeit in der katholischen Kirche angezielt, in der Regel als Gemeindereferent*in.[2] Dabei stellt sich die Frage, wie anschlussfähig das selbstgesteuerte und informelle Lernen im Praktikum während des Theologie- /Religionspädagogikstudiums ist. Und wie kann von Verantwortlichenseite (hier sind mehrere Personen auf unterschiedlichen Ebenen beteiligt: von den betreuenden Lehrpersonen der jeweiligen Bildungsinstitution bis hin zu den Mentor*innen und Praktikumsbegleiter*innen vor Ort) der Lernprozess der Studierenden im Praktikum sinnvoll und effizient vorbereitet, begleitet und nachbereitet werden?[3] Nicht zuletzt

---

[1] Helmut Adelhofer, Optimierter Ablauf obligatorischer Praxisphasen und Nutzung zur Verbesserung von Schlüsselqualifikationen in Bachelorstudiengängen gemäß aktueller Bologna-vorgaben, in: Tobina Brinker – Peter Tremp (Hg.), Einführung in die Studiengangentwicklung, Bielefeld 2012, 163–176; hier: 165.

[2] Der folgende Artikel fokussiert v. a. die Ausbildungsorte ThiF und KatHO, möchte seine Anregungen gleichwohl auch als Impulse für die Universitätsausbildung verstanden wissen.

[3] Vgl. hierzu Markus Weil – Balthasar Eugster, Studium und Praktikum – die Relevanz des informellen und selbstgesteuerten Lernens für die Universität, in: Tobina Brinker – Peter Tremp (Hg.), Einführung in die Studiengangentwicklung, Bielefeld 2012, 177–188; hier: 178 f.

liegt dem ein verantwortetes Theologie-Praxis-Verhältnis zugrunde, das von allen Seiten adäquat reflektiert und in den jeweiligen Lehr-Lernprozessen fruchtbar gemacht werden soll. Es geht darum, Handlung und Reflexion in Studium und Praktikum miteinander zu verknüpfen.

1 Ziel und Zweck des Praktikums: Perichorese von Theologie und Praxiserfahrung

Das Praktikum hat dabei eine eigene Funktion im Gesamt des Studiums. Es sollte derart organisiert und konzipiert sein, dass es im Professionalisierungsprozess der Studierenden auf das Studium bezogen ist und sich beide Lernfelder füreinander als relevant erweisen. Was bedeutet dies nun mit Fokus auf das Praktikum während eines theologischen Fernstudiums, mit Referenz speziell auf die Ausbildungsvorgaben von KatHO und ThiF?

Die KatHO formuliert als Ziel des Praktikums: „(…) die Studierenden [sollen] die Vielfalt kirchlicher Handlungsfelder in Gemeinde und Schule sowie die dort ablaufenden Transformationsprozesse kennenlernen und dabei die im Studium erworbenen Einsichten und Fähigkeiten einbringen und überprüfen können. (…) die Praktika [machen] mit kirchlichen (…) Einrichtungen vertraut, dienen der Einübung in pastorale und religionspädagogische Tätigkeiten und helfen, die künftige Berufsrolle als Gemeindereferentin bzw. Gemeindereferent verstehen und annehmen zu lernen. Die mit dem Praktikum verbundene Selbst- und Praxisreflexion soll ein existenzielles Studieren und eine erfahrungsorientierte Theoriebildung ‚aus dem Leben' und ‚für das Leben' fördern."[4]

Die gegenseitige Verflochtenheit und Relevanz von Studium und Praktikum wird hier ausdrücklich eingefordert. Auch Theologie im Fernkurs legt in den Beschreibungen des Praktikums Wert auf diese Maßgabe: „Für die Verknüpfung von Theorie und Praxis will der Praxisteil des Studiengangs Hilfen geben. (…) Die Fähigkeit, Problemstellungen in Praxis und Theorie mit theologischen Aussagen zu verbinden und mit unterschiedlichen theologischen Erkenntnissen zu verknüpfen, bietet die Möglichkeit, über subjektive Überzeugungen hinaus nachvollziehbare Begründungen für pastorales Handeln zu formulieren."[5]

---

[4] www.katho-nrw.de/paderborn/studium-lehre/fachbereich-theologie/praktika/ [Zugriff: 12. 12.2017].

[5] Theologie im Fernkurs, Praktikumsmappe – für Fernstudierende und Praxisleiter/-innen, Würzburg 2013, 8.

Es wird bei beiden Institutionen eine kreative und lernfördernde Perichorese von theoretischem Wissen, insbesondere der Theologie und dem informell Gelerntem, und der Praxiserfahrung angezielt, die den ganzheitlichen Bildungsprozess der Studierenden mit Fokus auf ihre künftige Berufsrolle in kirchlich-pastoralen Bezügen voranzubringen imstande ist. Doch können mit Blick auf die konkrete Durchführung der Praktika etliche Defizite beobachtet werden, die diese Verzahnung von Theologie und Praxiserfahrung teils massiv behindern. Die Defizite sind auf mehreren Bereichen zu konstatieren: organisatorisch/strukturell, inhaltlich/theologisch, personell. In beinahe jedem Bereich ist es schwierig, Standards und Qualitätssicherungsstrategien zu formulieren und umzusetzen, wenngleich eine Diskussion darüber unabdingbar ist, so dass das „Lernfeld Praxis" für den „Lernort Studium" (und vice versa) und damit ganzheitlich gesehen beides im Lern- und Bildungsprozess des/der jeweiligen Studierenden fruchtbar werden kann: „Lernwirksames Lernen in der Praxis muss wohl bedacht choreographiert werden, um den ‚Lernort Praktikum' für das Studium wirklich nutzbar zu machen (…) Gleichzeitig muss berücksichtigt werden, wie informelle Lernprozesse aus dem Praktikum gewinnbringend in den formalisierten Lernstrang eines Studienverlaufs integriert werden können, auch wenn die Handlungslogiken der beiden Lernorte zuweilen sehr unterschiedlich sind."[6] Im folgenden sollen Vorschläge für die Verbesserung des Praktikums als Teil des Professionalisierungsprozesses von Theolog*innen/Religionspädagog*innen auf den drei genannten Ebenen gemacht werden: organisatorisch, inhaltlich und personell.

2 Organisatorische Standards

Bei einem Bildungsanbieter wie ThiF wird eine strukturelle Schwierigkeit, die bei Praktika häufig besteht, umso deutlicher: die Varianz der Praktikumsorte und ihrer jeweiligen Organisationsstruktur. Je mehr Anbieter und Eigenverantwortliche (und jede (Erz-)Diözese zeichnet für die Ausbildung ihrer pastoralen MitarbeiterInnen selbst verantwortlich), umso größer sind die Unterschiede zwischen den einzelnen Praxisorten. In Deutschland gibt es 27 (Erz-)Diözesen, ca. 20 davon ermöglichen derzeit die Ausbildung zur GemeindereferentIn bzw. zum Ständigen Diakon auch über ThiF. Die KatHO wird von den nordrhein-westfälischen Trägerbistümern Aachen, Essen, Köln, Münster und Paderborn unterstützt, welche im Präsenzstudium auch die Heimatbistümer der Studierenden und damit Partnerbistümer

[6] Weil – Eugster, Studium und Praktikum, 186.

für das Praktikum sind. Beim Fernstudium Religionspädagogik BA, das ab Oktober 2018 an der KatHO in Kooperation mit ThiF startet, erweitert sich das Feld der Partnerdiözesen hinsichtlich der Praktika. Gerade im Fernstudium ist die jeweilige Ausbildungsinstitution auf die Mitarbeit und Kooperation der (Erz-)Bistümer bei den Praktika angewiesen. ThiF kann auf eine langjährige und bewährte Zusammenarbeit mit vielen (Erz-)Diözesen zurückblicken. Bei einem regelmäßig stattfindenden Erfahrungsaustausch werden Themen, das Praktikum betreffend, diskutiert; hier nimmt ein Großteil der (erz-)diözesanen Verantwortlichen teil, um zu einer (eigenen und fremden) Horizonterweiterung sowie zu einer durch den Austausch angeregten Verbesserung der Praktika in der eigenen (Erz-)Diözese beizutragen.

Dabei wird ein strukturelles Problem besonders offenkundig: Auch wenn ThiF Leitlinien für das Praktikum formuliert, sind dies doch für die (Erz-)Bistümer keine verpflichtenden, sondern lediglich orientierende Maßgaben. Dies führt dazu, dass die Organisation und Durchführung der Praktika, ebenso wie die Betreuung und Begleitung der Praktikant*innen bundesweit enorm differieren. Es liegt im Ermessen der (Erz-)Bistümer, Standards für die Praktika in ihren Gemeinden zu formulieren – oder eben nicht. Und es liegt im Ermessen der (Erz-)Bistümer, diese Standards zu realisieren und durch Qualitätssicherungsmaßnahmen zu garantieren. Es ist also keine Seltenheit, dass Praktikantin A in der Diözese A grundlegend verschiedene Bereiche im kirchlichen Leben erfahren und erlernen darf als ihre Kollegin B in der Diözese B. Selbst wenn beide Diözesen ihren Praktikant*innen ein Praktikum ermöglichen, das sich (wie in der Praktikumsmappe von ThiF beschrieben) an den vier Grundvollzügen koinonia, martyria, leiturgia und diakonia orientiert, und die Stundenanzahl bei beiden Praktika gleich ist, sind die Praktika in ihrer Lernwirksamkeit oft kaum vergleichbar. Ob und in welchen Gruppen und Gremien Praktikantin A hospitieren darf, kann sich grundlegend von den Erfahrungsräumen von Praktikantin B unterscheiden: Frau A darf z. B. an Verwaltungsratssitzungen teilhaben (und damit einen Einblick in die finanztechnischen und -rechtlichen Vollzüge einer Pfarrei erhalten), Frau B nicht. Frau A wird während des Praktikums als Teil des Seelsorgeteams verstanden, Frau B nicht. Dazu gehören in Gemeinde A z. B. auch personal-rechtliche Standards wie ein erweitertes Führungszeugnis oder die regelmäßige Teilnahme an Teamsitzungen oder teambildenden Maßnahmen. Frau A darf keine liturgischen Feiern alleine und selbstverantwortlich gestalten, für Frau B hingegen ist dies in ihrem Praktikum Pflicht. Die Liste wäre beliebig verlängerbar, doch die wenigen Beispiele sollen an dieser Stelle genügen, um die Uneinheitlichkeit und Nicht-Vergleichbarkeit der Gemeindepraktika innerhalb des Pastoraltheologischen Kurses von ThiF zu illustrieren. Die Schwierigkeit, den Lernort Praktikum mit seinen informellen Lernergebnissen in den formalisierten Studienverlauf zu integrieren, liegt angesichts der skizzierten Diversität auf der Hand.

Wünschenswert wäre eine echte Absprache der an der theologischen Fernstudien-Ausbildung durch ThiF und KatHO beteiligten (Erz-)Bistümer gemeinsam mit den Lehrenden bei ThiF und KatHO hinsichtlich der Standards, die im Praktikum erforderlich sind. Dass vermutlich in einem ersten Schritt nur Mindeststandards das Ergebnis sein könnten, liegt (zumindest aus rechtlichen und pragmatischen Gründen) an der Entscheidungshoheit eines jeden (Erz-)Bistums über die Ausbildung seiner eigenen Mitarbeiter*innen. Es geht hier darum, die differierenden Einsatzfelder bei den Praktika innerhalb Deutschlands und innerhalb der jeweiligen Ausbildungsschiene in vergleichbare (weil standardisiert formulierte) Lernorte mit entsprechenden Erfahrungsräumen zu transformieren, um den Studierenden bundesweit eine exzellente Ausbildung zu ermöglichen. Es darf mithin nicht vom Glück (bzw. vom Heimatort) der Studierenden abhängen, ob sie eine hervorragende Praxisausbildung erhalten oder nicht. Es ist schließlich nicht nur die formale Vergleichbarkeit, es sind auch die pastoralen und gesellschaftlichen Herausforderungen der Gegenwart, die eine wohldurchdachte und hohen Qualitätsstandards angemessene Lernerfahrung in pastoralen Praxislernfeldern erfordern.

3 Gegenseitige Relevanz von Studium und Praktikum

Ein weiteres Problem bei Praktika liegt auf einem nicht selten zu beobachtenden fragwürdigen Theorie-Praxis-Verhältnis – übrigens nicht nur bei Studierenden, sondern auch bei Praktikumsbegleitenden (zu diesen später noch mehr). Auch wenn z. B. die KatHO ausdrücklich die „gegenseitige Verflochtenheit und Relevanz von Studium und Praktikum“ einfordert, wird nach wie vor und viel zu oft das Praktikum weniger als ein Feld, in dem man „die im Studium erworbenen Einsichten und Fähigkeiten einbringen und überprüfen“ kann, gesehen, sondern als Ort, der sich über die Theorie erhebt oder an dem die theologische Reflexion für die alltäglichen konkreten Herausforderungen gar keine Rolle spielt. An dieser Stelle soll das (wissenschaftstheoretische) Theorie-Praxis-Verhältnis nicht diskutiert werden, dennoch ist das Missverständnis einer entkoppelten oder hierarchischen Theorie-Praxis-Relation erhellend für die Konzeption von Praktika und ihrer Einbindung in das Studium der Lehrbriefe oder Lehrveranstaltungen.

Natürlich sind Praxis und Theorie nicht dasselbe. Sie können zwar voneinander unterschieden, dürfen aber nicht voneinander getrennt oder gegeneinander ausgespielt werden. Deswegen ist die Ansicht, Praxis und Theorie würden einander gegenüberstehen oder wären Gegensätze, zurückzuweisen. Nicht selten aber begegnet man der Behauptung, die Praxis müsse den ohnehin untauglichen Normativitätsanspruch der Theorie zurückweisen; die Praxis sei lebenstauglich und menschennah, während die Theorie genau dieses nicht leisten könne. Die Konsequenz: Intellektuelle und theologische Bildung wird für zweitrangig oder in der Praxis zumindest für tendenziell unbrauchbar erklärt. Die Relevanz der wissenschaftlichen Theologie für das praktische Handeln in gemeindlichen oder anderen kirchlichen Bezügen wird nicht gesehen. Diese Haltung ist für das professionelle Handeln der pastoralen Mitarbeiter*innen fatal – doch gerade die Professionalität ist es ja, die sowohl ThiF als auch KatHO anzielen, man denke an den Selbstanspruch der KatHO, die „künftige Berufsrolle als Gemeindereferentin bzw. Gemeindereferent" in den Blick der praktischen wie wissenschaftlichen Ausbildung zu nehmen.

Menschen, die in einer professionellen Funktion in kirchlichen Handlungsfeldern tätig sein möchten, brauchen die theologische Auseinandersetzung aus studien- und lebenspraktischen Gründen. Die Ausbildung (bestehend aus formellem Studium und informellen Erfahrungsräumen) muss mithin dazu befähigen, Theologie zum eigenen Projekt zu machen. Theologie zum Projekt der eigenen theologischen und spirituellen Existenz entwickelt zu haben, bedeutet, dass man von ihr intellektuell Rechenschaft und spirituell Zeugnis geben kann und so in der Lage ist, die Praxis und deren Anforderungen kreativ zu gestalten. Professionell kirchlich Tätige brauchen emotionale und sprachliche Kompetenzen, ebenso wie spirituelle und selbstverständlich fachlich-theologische. Dies ist die Voraussetzung für verantwortungsvolles, vor der Vernunft gerechtfertigtes, auf dem Evangelium basierendes und nicht privatistisches pastorales Handeln. Es braucht eine Auseinandersetzung mit kirchlich und gesellschaftlich relevanten Fragen, deren Diskussion und schließlich eine Standpunktbildung an gesellschaftlichen und kirchlichen Orten. Diese Auseinandersetzungen müssen ausgebildete Theolog*innen und Religionspädagog*innen führen können. Dazu gehört religiöse Sprachfähigkeit bzw. Artikulationsfähigkeit auf den unterschiedlichen Feldern des eigenen Sprechens, ebenso wie die spirituelle Anstrengung, den eigenen Glauben und die eigenen und fremden Erfahrungen mit Schrift und Tradition ebenso wie mit den „Zeichen der Zeit" zu konfrontieren. Für eine seriöse Ausbildung haben die Fakultäten, ThiF und die kirchlichen Hochschulen wie z. B. die KatHO ebenso wie die (Erz-)Diözesen ihr Ausbildungskonzept genau an diesem Ziel zu orientieren. Der intensive Praxisbezug, den sich sowohl ThiF als auch die kirchlichen Hochschulen auf die Fahnen schreiben, ist in seiner Relevanz nicht zu unterschätzen. Und das Ziel einer untrennbaren Verzahnung von Theologie und Praxis sollten nicht nur die Lehrenden an den Hochschulen bzw. bei ThiF, sondern eben auch die (erz-)diözesanen Verantwortlichen und Begleiter*innen der Studierenden bejahen und verfolgen, damit die Studierenden dies während ihrer Ausbildung in ihr Handlungskonzept integrieren. Es braucht hier einen noch weiter zu intensivierenden Diskurs über das Verhältnis von Wissen und Können der zukünftig pastoral Tätigen. Für das Praktikum des theologischen Fernstudiums heißt das u. a., dass dort die Lehrbriefe als relevant auch für das praktische Lernen der Studierenden gesehen werden. Dabei bedarf es sicher noch einiger Anstrengungen seitens der Autor*innen und fernstudiendidaktischen Redaktion, Praxislernen als Referenzgröße in die Erarbeitung der Lehrbriefe einzuflechten (eine Forderung, die zumindest für den derzeit laufenden Revisionsprozess des Pastoraltheologischen Kurses nicht unbegründet ist). Es geht hier nicht um eine „Praxisanleitung" (die es gar nicht geben kann) oder eine „Anwendung der Theologie in der Praxis" (die aufgrund der heterogenen Praxisverhältnisse das Ziel fast immer verfehlt), sondern darum, die Lehrmaterialien und -formen sowohl im Fernstudium wie auch im Präsenzstudium derart zu gestalten, dass die Studierenden an die kreative Konfrontation von praktischen Herausforderungen und theologischen Diskursen herangeführt werden. Sie sollen dazu befähigt werden, Probleme und Handlungsoptionen in der Praxis wahrzunehmen und die Anforderungen sowie Möglichkeiten von professionellem pastoralen Handeln vor diesem Hintergrund klarer zu reflektieren. Ein perichoretisches Theologie-Praxis-Verhältnis sollte im Praktikum sowohl operativ als auch konzeptionell reflektiert werden und angemessen integriert sein. Diese Aufgabe, den Lernort Praktikum ebenso wie das Lernfeld Studium als beidseitig relevant wertzuschätzen, ist von den Lehrenden und in besonderer Weise von den Praktikumsbegleitenden vor Ort zu erfüllen. Die angezielte dichtere Verzahnung von Studium und Praktikum sollte also allen Beteiligten ein besonderes Anliegen sein, das sie zu operationalisieren versuchen sollten.

4 Professionalität der Mentor*innen

Die Rolle der Mentor*innen bzw. Praxisanleiter*innen im Praktikum ist komplex. Sie sind fachliche Ansprechpartner*innen ebenso wie personale Vorbilder im Praxislernen. Bei ThiF sind sie darüber hinaus auch an der Bewertung der Studierenden und ihrer Praxisleistung beteiligt. Sie spielen in den Praxislernphasen also eine Schlüsselrolle, nicht umsonst formuliert die Praktikumsmappe von ThiF: „Das Gelingen des Praktikums hängt wesentlich von der Anleitung ab.“[7] Es braucht eine gute Qualifikation der Personen, die die Studierenden in ihren Praktika begleiten und anleiten. Gerade deshalb sollte die Auswahl und Ausbildung der Mentor*innen in den (Erz-)Diözesen eine wichtige Rolle bei der Organisation und Planung der Praktika spielen. Allerdings gibt es in diesem Bereich weder einheitliche Vorgaben noch ein vergleichendes Vorgehen bei den einzelnen (Erz-)Diözesen. Es wäre wünschenswert, dass die (Erz-)Bistümer für ihre Praktikumsbegleiter*innen eine entsprechende Aus- bzw. Fortbildung fordern und ihnen diese auch ermöglichen. Dabei ist darauf zu achten, dass die angezielte Verzahnung von Theorie und Praxis von den Mentor*innen selbst reflektiert wird. Die Mentor*innen sollten didaktisch und fachlich ihre komplexen Aufgaben auf entsprechend hohem Qualitäts- und Reflexionsniveau ausüben. Dies würde nicht nur für die Praktikant*innen, sondern auch für die Mentor*innen die Tätigkeit im Lehr-Lern-Feld Praxis erleichtern. Die Übernahme einer Praktikumsbegleitung ist freiwillig und die notwendigen Kompetenzen dafür werden bisher nicht auf breiter Ebene diskutiert und reflektiert. Es geht beim Praktikum also nicht nur um die Anforderungen an die Praktikant*innen, sondern auch an die Praxisbegleiter*innen. Im Erfahrungsaustausch der Praktikumsverantwortlichen bei ThiF kam zur Sprache, dass viele (Erz-)Bistümer händeringend nach geeigneten Mentor*innen suchen, dass es jedoch viel zu wenig Kandidat*innen gibt und man froh sei, „wenn es irgendjemand macht“. Es gibt jenseits einer hoch idealistischen, intrinsischen Motivation oft nur wenig Anreize für die hauptamtlich pastoral Tätigen, sich als Mentor*innen zur Verfügung zu stellen. Es braucht neben einer guten (theologischen, spirituellen und pädagogischen) Aus- und Fortbildung auch eine angemessene finanzielle Vergütung bzw. eine entsprechende Reduzierung der weiteren Tätigkeiten (einige (Erz-)Diözesen setzen dies bereits um). Die Arbeit als Praktikumsbegleiter*in sollte im Stellenplan berücksichtigt werden – und nicht nur ideell, sondern auch finanziell wertgeschätzt werden. Dass viele Mentor*innen ihre Praxisbegleitung ohne klare Ausbildungsstandards, ohne messbare Qualitätssicherung, gewissermaßen „ehrenamtlich“ und zusätzlich zu ihren jeweiligen Aufgaben übernehmen, ist der enormen Bedeutung der Praktika innerhalb der Ausbildung der künftigen Gemeindereferent*innen und dem Arbeitsaufwand der Mentor*innen nicht angemessen. Hinzu kommt, dass die Mentor*innen neben geistlicher Begleitung und Supervision auch die Möglichkeit zu regelmäßigem Austausch mit anderen Mentor*innen haben

[7] Vgl. Theologie im Fernkurs, Praktikumsmappe, 31.

sollten, möglichst bistumsübergreifend. ThiF mit seinem Know-How und seiner Erfahrung und Vernetzung könnte hier organisatorisch und fachlich als Partnerin zur Verfügung stehen.

5 Professionalisierung der Praktika

Zusammenfassend ist zu sagen, dass die Praxisphasen im Studium der Theologie bzw. Religionspädagogik eines Professionalisierungsschubs auf mehreren Ebenen bedürfen. (Erz-)diözesane Standards hinsichtlich der Operationalisierung und Konzeptionalisierung, eine die Komplexität berücksichtigende Theorie-Praxis-Verzahnung und eine exzellente Qualifizierung sowie angemessene Vergütung der Mentor*innen und Praxisbegleiter*innen sind Mindestforderungen. Erst dann kann das Lernpotential der Praktika mit echtem Nutzen für den fachlichen wie personalen Bildungsprozess der Studierenden ausgeschöpft werden. Der Gewinn liegt jedoch nicht nur bei den einzelnen Lernenden, sondern letztlich auch bei der Kirche und ihren pluralen pastoralen Sozialformen. Das Verhältnis von Erfahrungswissen und Studieninhalten spiegelt sich zurecht in den Forschungsfragen (die z. B. an der KatHO als Pflichtteile des Praktikums gelten) wider; darüber hinaus ist dies der Ort innerhalb der Ausbildung, an dem erfahrungsbezogen kirchliches Handeln thematisiert und reflektiert wird: Glaubensinhalte und ihre Realisierung in Wort und Tat. Es sollten sich alle Ausbildungsbeteiligten der Frage stellen, wie dies zum Zentrum der Lehr-Lern-Prozesse in Praktika gemacht werden kann und wie die Studierenden in ihrem Kompetenzerwerb darin bestmöglich gefördert werden können.

Im Gottesdienst professionell agieren

Eine Notwendigkeit zwischen Herausforderung und Chance

Alexander Saberschinsky

Dass ein Praktikum ein „Lern-Ort“ in der Praxis ist, scheint auf den ersten Blick plausibel. Doch die Diskussionen beginnen sogleich bei der Frage, unter welchen Bedingungen es zur „Lern-Chance“ wird. Näherhin ist der Bezug eines Praktikums Studierender zu deren Studium umstritten. Das zeigt sich auch im liturgischen Bereich. Mit Blick auf das Praktikum wird erfahrungsgemäß Kritik laut, wenn den Studierenden aufgetragen wird, ihre gottesdienstlichen Erfahrungen und womöglich ihr eigenes gottesdienstliches Handeln anhand im Studium thematisierter liturgiewissenschaftlicher Kriterien zu reflektieren und zu beurteilen. Manch kritische Stimme will die Studierenden offenbar schützen, indem sie fordert, man solle sie doch „einfach mal machen lassen“. Kann das der Sinn des Praktikums sein? Mit diesem Einwand ist nicht nur die Frage nach dem Sinn des Praktikums aufgeworfen, sondern wird exemplarisch der Sinn des Studiums und dessen Zuordnung zur Praxis infrage gestellt. Die folgenden Überlegungen wollen dem nachgehen, indem hinsichtlich des Faches Liturgiewissenschaft zunächst nach der Zuordnung von Studium und späterer Berufspraxis gefragt wird, um dann die Fragestellung mit Blick auf das Praktikum zu konkretisieren.[1] Denn da das Studium der Kontext des Praktikums ist, sollten zwischen Studium und Praktikum keine Widersprüche bestehen.

1 Studium und Beruf – Liturgiewissenschaft und Seelsorge

Drei Blitzlichter, die im Spannungsfeld von Liturgiewissenschaft und beruflicher Praxis aufgenommen wurden, eröffnen den Horizont der Fragestellung. Sie sind keine theoretischen Konstrukte, sondern haben sich so in der Praxis zugetragen. Ein erstes Blitzlicht: Eine Gemeindereferentin, die einst an der Katholischen Fachhochschule[2] in Paderborn studiert hat, bittet

[1] Die folgenden Reflexionen sind eine grundlegende „Selbstbesinnung“ aus der Sicht eines Dozenten auf die Rolle des Faches Liturgiewissenschaft im Rahmen des Studiums und eine Vergewisserung, was sich daraus für das Praktikum im Rahmen des Studiums ergibt. Dementsprechend wird hier keine breite Literaturbasis zugrundegelegt.

[2] Seit ihrer Gründung 1971 war dies („KFHNW“) der Name der Hochschule, die sich seit 2008 „Katholische Hochschule Nordrhein-Westfalen“ (KatHO NRW) nennt.

den Liturgiereferenten ihres Bistums für eine Onlineschulung einen Text über Liturgie zu schreiben. Sie wendet sich an ihn mit dem Hinweis: „Da kann man ja so viel falsch machen. Bevor ich Schwierigkeiten bekomme … machen Sie das lieber." Liturgie ist scheinbar ein schwieriges Gelände, das zudem als vermint wahrgenommen wird.

Ein zweites Blitzlicht aus der Gemeinde: Es geht um die Fortbildung für liturgische Dienste. Ziel der Fortbildung ist, nicht nur technische Fertigkeiten zu vermitteln, sondern auch ein Verständnis dafür zu wecken, was der tiefere Sinn des liturgischen Geschehens ist. Das ist sicherlich mystagogisch, doch letztlich geht es in der Fortbildung um grundlegende Basics: was die Gläubigen eigentlich tun, wenn sie im Gottesdienst beten – festgemacht am Tagesgebet des letzten Sonntags. Eine ca. 80-jährige, sehr rege und aufmerksame Dame ruft in einer Mischung aus Erstaunen und Begeisterung aus: „Das hat uns nie einer gesagt." Liturgie ist scheinbar etwas, das so kompliziert ist, dass es sich trotz eines lebenslangen Mitfeierns möglicherweise nicht selbst erschließt. Dennoch wird von kirchlicher Seite offenbar zu wenig unternommen, den Gläubigen das näher zu bringen, was das Konzil immerhin als Quelle und Höhepunkt des kirchlichen Lebens beschreibt.

Und ein letztes, drittes Blitzlicht aus der Katholischen Hochschule selbst: Ein Student beschreibt in der Klausur den Rhythmus des Stundengebets mit seinen auf den Tag verteilten verschiedenen Gebetszeiten, um dann mit dem Satz zu schließen: „Da würd' ich ja bekloppt werden, wenn ich so viel beten müsste." Wissenschaftlich gesehen ist das eine unqualifizierte Äußerung. In spiritueller Hinsicht muss man feststellen, dass der angehende Gemeindereferent noch nicht entdeckt hat, dass auch er eingeladen ist, das Stundengebet der Kirche mitzutragen. Doch hier zeigt sich noch etwas anderes: Das eigentlich Bemerkenswerte ist, dass sich hier der Studierende selbst in eine Beziehung zur Liturgie setzt – und zwar in dem Sinne: Wenn Liturgie etwas wird, das sich im eigenen Empfinden nicht mehr in eine Nische abdrängen lässt, wie dies mit einem punktuellen Sonntagsgottesdienst noch gelingen mag, aber nicht mehr mit einem auf den ganzen Tag verteilten Gebet, an Hand dessen deutlich wird, dass Liturgie den Anspruch hat, das Leben zu durchdringen, dann wird Liturgie offensichtlich zu etwas, zu dem man sich verhalten muss.

Diese Blitzlichter sollen nicht die vermeintliche Beweiskraft des Anekdotischen bemühen, sondern dienen dazu, exemplarisch drei Wahrnehmungen zur Liturgie zu benennen: Liturgie wird als so schwierig empfunden, dass sie beruflich gefährlich werden kann; Liturgie ist für viele nicht selbsterklärend und wird scheinbar auch nicht ausreichend erschlossen; Liturgie ist etwas, zu dem ich mich in Beziehung setzen muss, wenn ich sie ernst nehme. Die Bandbreite ließe sich sicherlich noch erweitern, doch das

Entscheidende wird bereits deutlich: So vertraut es gerade für uns katholische Christ*innen ist, dass Gottesdienste und Liturgie Teil unserer religiösen Praxis und des kirchlichen Lebens sind, sie können doch nicht als selbstverständlich hingenommen werden. Natürlich kann man darauf hoffen, dass unser kirchliches Tun und damit die gottesdienstliche Praxis noch ein wenig ihre Plausibilität für die Gläubigen bewahren, doch gute Gründe für eine solche Hoffnung kann man angesichts des Wegbrechens der volkskirchlichen Strukturen samt der mit ihnen gegebenen Selbstverständlichkeiten nicht haben. Sich im kirchlichen Kontext der Frage nach der Bedeutung der Liturgie für heute und morgen nicht zu stellen, ist zumindest blauäugig und verbietet sich jedenfalls für diejenigen, die hauptberuflich in der Seelsorge tätig werden wollen – gleichermaßen um der Bedeutung der Liturgie wie um der Menschen willen. Denn letztere stehen unter dem Anspruch der beruflichen Professionalität. Inwiefern ist hier für Gemeindereferent*innen als Seelsorger*innen ein liturgiewissenschaftlicher Zugang hilfreich, wenn nicht gar erforderlich?

1.1 An der Liturgie theologisch maßnehmen

Um dies zu klären, hilft folgender Zugang zur Liturgiewissenschaft, die sie als theologische Disziplin herausstellt: Theo-logie stellt die Frage nach Gott, eben nach dem Theos. Aber wie tut sie das? Das wird besonders deutlich am Wandel des Offenbarungsverständnisses, denn hier wird geklärt, in welchem Verhältnis das schon sowieso Offenbare zu dem sich neu Offenbarenden steht. Es geht um die Überzeugung, dass es so etwas wie eine größere Wahrheit geben muss, die über das ohnehin Offensichtliche hinausgeht. Das ist auch ein Thema in der Liturgie, z. B. wenn ein sog. Neues Geistliches Lied singt „Da berühren sich Himmel und Erde". Eine klassische theologische Diktion wählt andere Begriffe, aber meint aber etwas Ähnliches, wenn sie zwischen Natürlichem und Übernatürlichem unterscheidet. Die natürlichen Dinge kann der Mensch mittels seiner Vernunft erkennen. Doch was darüber hinausgeht, muss ihm – so zumindest dieser theologische Ansatz – von einer Instanz mit weiterreichenden Erkenntnissen gesagt, also erst geoffenbart werden. Man nennt dies bekanntermaßen das instruktionstheoretische Modell. Vor allem ein Punkt bleibt in diesem Modell unbefriedigend: Das, was geoffenbart wird, wird hier gegenständlich als Wissensinhalte gedacht, die quantitativ das Wissen des Menschen vermehren, aber keine neue Qualität einbringen. Und in diesem Punkt unterscheidet sich das personale bzw. kommunikationstheoretische Offenbarungsverständnis: Hier geht es nicht darum, dass dem Menschen ein neuer Erkenntnisweg eröffnet wird, der ihm den Zugang zu zusätzlichen satzhaften Glaubenswahrheiten eröffnet, sondern hier teilt sich Gott selbst mit. Offenbarung versteht sich also – zugespitzt formuliert – nicht als Übermittlung von göttlichen Informationen, sondern als Selbstmitteilung der göttlichen Person. Offenbarung meint nicht in erster Linie die kognitive Einsicht, dass es einen Gott gebe, sondern die Erfahrung der personalen Zuwendung des lebendigen Gottes selbst.

Freilich ist mit einer solchen Erfahrung grundlegend anders umzugehen als mit einer Einsicht der Vernunft. Letztere habe ich oder nicht, aber zu einer Erfahrung eines personalen Gegenübers muss ich mich verhalten. Pointiert gesagt: Jetzt wird es persönlich! Mit anderen Worten: Im beschriebenen Sinne nähere ich mich Gott nicht an, indem ich die Existenz Gottes als ein Faktum erachte, sondern indem ich mich zu Gott in eine Beziehung setze. Anders ist es auch aus der Perspektive des Menschen gar nicht vorstellbar; denn wer sich mit der Unendlichkeit auseinandersetzen will, kann sich ihr nicht wie einem Objekt nähern. Das wäre die Logik der Endlichkeit, nicht der Ewigkeit. Ewigkeit kann man in dieser Weise nicht greifen, aber man kann sich in eine Beziehung zu ihr setzen. Damit ist konkret gemeint, dass man nicht bekannte Wahrheiten vermehrt, sondern sich in ein Verhältnis zu einem Wahrheitsanspruch setzt – im christlichen Kontext: dem eines personalen, sich mitteilenden Gottes. Es geht um eine grundlegende Disposition im Umgang mit Wahrheit, nicht um einzelne Wahrheiten. Um es konkret zu machen: Glauben heißt vor diesem Hintergrund nicht, anzunehmen, dass es Gott gibt, sondern sich auf die Beziehung einzulassen, die Gott den Menschen anbietet.

Diese grundsätzlichen Überlegungen führen unmittelbar zum Wesen der Liturgie: Sie ist gefeierter Glaube. Hier geht es nicht primär darum, den Glauben im Verhalten gegenüber den Anderen umzusetzen (Diakonia), und es geht auch nicht vorrangig darum, den Glauben zu verkünden (Martyria). Wenn es stattdessen um die Feier des Glaubens geht, dann ist der Kern der Liturgie, dass sie die Feiernden in eine besondere Beziehung zu Gott bringt. Die Aspekte der guten Werke gegenüber den anderen (Kollekte) und der Unterweisung in den Glauben (Predigt) müssen sich im Gottesdienst unterordnen oder ihren Platz in den kirchlichen Grundvollzügen der Diakonia oder Martyria erhalten. Als Feier leistet der Gottesdienst hingegen genau das, was oben im Kontext der Offenbarung beschrieben wurde: Er gestaltet das Verhältnis von Natürlichem und Übernatürlichem und setzt den Menschen in eine grundlegend neue Beziehung zur Wahrheit. Es geht im Gottesdienst weder darum, den Alltag zu spiegeln, noch ihn hinter sich zu lassen und ganz in übernatürliche Sphären abzutauchen. Das Ziel ist vielmehr, den Alltag in ein neues Licht, wenn man so will, in den Schein der Ewigkeit zu halten.

1.2 Liturgiewissenschaft im Dienst der beruflichen Professionalität

Dieses Verständnis von Liturgie hat natürlich unmittelbare Folgen für die Liturgiewissenschaft als theologische Disziplin, die die Liturgie theologisch reflektiert. Denn anders als die Naturwissenschaften kann die Theologie ihren Gegenstand nicht beobachten. Gott ist kein Ding, das man empirischen Beobachtungen unterziehen könnte, um daraus Gesetzmäßigkeit abzuleiten. Die Theologie braucht einen anderen Zugang; sie muss den Prozess des oben beschriebenen In-Beziehung-Tretens mit Gott in den Blick bekommen. Der Mensch als Suchender ist zu betrachten. Eigentlich muss der Theologe, der ja kein unbeteiligter Religionswissenschaftler ist, sich selbst betrachten. Das ist sogar der entscheidende Punkt: Damit dies gelingt, muss der Theologe neben sich selbst treten, sich gleichsam auf die Metaebene begeben, m. a. W. sich von sich selbst distanzieren. Alles andere wäre ein Verharren in vorkritischer Naivität.

Das gilt auch für die Liturgiewissenschaft: Während der Gottesdienst die unmittelbare Beziehung zu Gott anstrebt, fragt die Liturgiewissenschaft nach deren Möglichkeit und ihren Bedingungen. Also: Fördert eine bestimmte Feiergestalt eines Gottesdienstes die Möglichkeit einer Begegnung mit Gott bzw. macht sie die Feiernden beziehungsfähig? Damit geht die Liturgiewissenschaft gewissermaßen in Distanz zur Liturgie, um das gottesdienstliche Geschehen von außen in den Blick zu nehmen. Was die Liturgiewissenschaft damit tut, ist eine Vervielfältigung der Perspektiven, denn zur Innenperspektive des Gottesdienstfeiernden tritt nun die Beobachterperspektive. Das eingangs zitierte Beispiel der älteren Dame zeigt, dass dieser Perspektivwechsel manchmal auch notwendig ist, denn die reine Innenperspektive hat ihr nicht geholfen, den Tiefgang der Liturgie auszuloten. Und so ist dieser Perspektivenwechsel in verschiedener Hinsicht eine Bereicherung:

- Es können Dinge in den Blick kommen, die in der Unmittelbarkeit der Gottesdienstfeier nicht gesehen werden – ganz im Sinne der bekannten Redewendung, die den Wald vor lauter Bäumen nicht sehen lässt. Doch die kritische Distanz kann dazu beitragen, Sachverhalte und Zusammenhänge besser zu erkennen.
- Weiterhin können die Einsichten, die erst aus der liturgiewissenschaftlichen Reflexion hervorgehen, zu einer Verbesserung der Gottesdienstkultur beitragen.

- Schließlich kann nur auf der Basis einer kritischen Reflexion eine Diskussionsfähigkeit über die Gottesdienstfeier erlangt werden. Diese ist für (angehende) Gemeindereferent*innen doppelt wichtig: Sie haben sich gegen Geistliche und Kolleg*innen mit umfangreicherem Theologiestudium zu behaupten und müssen die Gemeinde überzeugen, wenn sie etwas ändern wollen.

Damit dies alles gelingt, ist es unzureichend, einzig vom eigenen, unmittelbaren Empfinden innerhalb der Liturgie auszugehen. Warum sollte auch mein Empfinden plausibler sein als das abweichende Empfinden eines anderen? Sowohl für die eigene Urteilsfindung wie für den Diskurs mit anderen ist ein bloßes „Bauchgefühl" nicht hinreichend. Es ist vielmehr zwingend erforderlich, Kriterien zu finden, die benannt und begründet werden können. Es genügt nicht zu sagen, dieses oder jenes Lied im Gottesdienst singen zu wollen, weil es den Leuten gefällt oder weil man es selbst schön findet. Etwas schön finden, ist kein Kriterium, das am Gottesdienst Maß nimmt. Vielleicht erschließen sich gerade deshalb viele Gottesdienste nicht den Mitfeiernden, weil wir „schön" oder „was gefällt" als Maßstab anlegen. Wie unverzichtbar jedoch Kriterien sind, mögen zwei kleine Beispiele verdeutlichen: Nicht selten hört man, dass der Sonntagsgottesdienst Kraft für den Alltag geben solle. Bei näherer Nachfrage wird dies dann in der Regel erklärt im Sinne von: der Gottesdienst als Auszeit. Da stellt sich natürlich die Frage: Ist das alles – Gottesdienst als Tankstelle, also ganz funktional im Dienst der Lebensbewältigung? Wo bleibt dann all das Über-Funktionale, von dem oben die Rede war, nämlich das Sich-In-Beziehung-Setzen zu Gott, oder auch nur: das eigene Leben zu öffnen für neue Bezüge? Erst die liturgiewissenschaftliche Reflexion ermöglicht es, in diesen wichtigen Fragen diskussionsfähig zu werden. Denn sie ist es, die den Menschen, der sich im Gottesdienst in Beziehung zu neuen Sinndimensionen setzt, in den Blick nimmt.

Ein zweites Beispiel: Es ist nicht abwegig anzunehmen, dass bei der Planung eines Kindergottesdienstes als eine der ersten Frage aufkommt, wie man ihn unterhaltsam gestalten könne. Die Frage scheint hinsichtlich der Adressaten auf den ersten Blick legitim. Doch genauer betrachtet wird man fragen müssen, welches Gottesdienstverständnis sich dahinter verbirgt. Warum ist Unterhaltsamkeit ein Kriterium für einen Gottesdienst mit Kindern? Seit wann ist überhaupt Unterhaltsamkeit ein gottesdienstliches Kriterium? Wird hier in Ermangelung theologischer Kriterien auf Maßstäbe der Eventkultur zurückgegriffen? Mal abgesehen von der Frage: Was sagt das über den Gemeindegottesdienst? Etwa, dass er ganz regulär langweilig sein darf?

Diese zugegebenermaßen polemisch zugespitzten Fragen können das Anliegen deutlich machen: Ein „normaler“ Gottesdienstteilnehmer kann sich mit der Feststellung, dass ihm ein Gottesdienst gefallen hat oder eben nicht, begnügen – jedoch nicht, wer Verantwortung für diesen Gottesdienst trägt. Hier braucht man die schon erwähnten Kriterien, anhand derer man selbst ein sachliches Urteil fällt und die eigene Position zur Diskussion stellen kann. Das macht berufliche Professionalität aus. Und diese kann am Lern-Ort Praktikum eingeübt werden.

2 Praktikum im Studium – Auszeit oder Lernort?

2.1 Was soll ein Praktikum im Studium leisten?

Was schon zuvor im Hochschulrahmengesetz verankert war, rückt im Kontext der in den letzten Jahren neu gestalteten Bachelor- und Masterstudiengänge noch verstärkt in den Blick: die stärkere Ausrichtung auf die berufliche Tätigkeit. Ein Fachgutachten der Hochschulrektorenkonferenz spricht von einem Paradigmenwechsel von der traditionellen Fächerorientierung zu einem stärkeren Berufsfeldbezug.[3] Vor diesem Hintergrund wird auch der Stellenwert der Praktika im Studium bewertet: Sie sind ein Schlüsselelement, um bereits in der Zeit des Studiums „Employability“, also Arbeitsmarktfähigkeit, zu erwerben. Doch damit ist nur die Zielperspektive benannt und noch nicht geklärt, wie Studium und Praktikum aufeinander bezogen sind. Die Verbindung zwischen beiden kann stark variieren; das Fachgutachten nennt folgende Bandbreite:[4]

1. Die stärkste Trennung findet sich, wenn das Praktikum kein integrales Element des Studiums bildet, sondern als eigenständiger Erfahrungsraum gilt. Dies entspricht der eingangs zitierten Forderung, die Studierenden doch „einfach mal machen zu lassen“, um ihre eigenen Erfahrungen zu sammeln. Vorgaben für das Praktikum durch das Studium sind weniger erwünscht.
2. Etwas enger ist der Bezug zwischen Studium und Praktikum, wenn das Studium dem Kennenlernen des Berufsfeldes dient, auf das das Studium vorbereiten soll. Doch ist damit noch nicht gesagt, ob es auch eine inhaltliche Verknüpfung mit dem Studium gibt. Selbst wenn im Praktikum

[3] Vgl. Wilfried Schubarth – Karsten Speck – Juliane Ulbricht, Fachgutachten Qualitätsstandards für Praktika. Bestandsaufnahme und Empfehlungen, Potsdam 2016, 4. Die allgemeinen Überlegungen zum Praktikum in diesem Unterabschnitt knüpfen an dieses Gutachten an.
[4] Schubarth – Speck – Ulbricht, Qualitätsstandards für Praktika, 7 f., 67 f.

bereits handwerklich-praktizistische Fertigkeiten für das Handeln im Berufsfeld vermittelt werden, ist damit noch nichts über die inhaltliche Verknüpfung mit dem Studium gesagt. Das Praktikum würde dann in erste Linie dazu dienen, um z. B. für sich selbst abzuklären, ob der Beruf der bzw. des Gemeindereferent*in für einen persönlich die richtige Wahl ist. Auch kann man erste Tipps erhalten, was beispielsweise bei einer Gottesdienstvorbereitung alles zu beachten ist.

3. Besonders eng ist die Verknüpfung zwischen Studium und Praktikum, wenn das Praktikum der Erforschung des Berufsfeldes dient und zum Gegenstand der wissenschaftlichen Auseinandersetzung wird. Das setzt voraus, dass das Praktikum nicht nur curricular integriert, sondern auch selbst Bestandteil des Studiums ist. Die Lern-/Lehrangebote im Kontext des Studiums würden in diesem Fall zum Praktikum hinführen und dazu anleiten, die dort gemachten Beobachtungen und Erfahrungen wissenschaftlich zu reflektieren. Mit Blick auf das gottesdienstliche Feld würde in diesem Fall das Ziel darin bestehen, die konkret gefeierten Gottesdienste aus dem kirchlichen Leben in der Weise reflektieren und beurteilen zu können, nämlich liturgiewissenschaftlich, dass das eigene Agieren im Berufsfeld zu einer guten und ggf. verbesserten Gottesdienstpraxis beiträgt.

Blickt man auf diese drei unterschiedlichen Akzentsetzungen hinsichtlich des Praktikums und erinnert sich zugleich an die Forderung, dass das Studium auf die berufliche Tätigkeit vorbereiten soll, dann spricht dies für die dritte Akzentsetzung – wenn man nicht die Relevanz des Studiums für die Berufstätigkeit in Abrede stellen will. Doch das muss nicht bedeuten, dass neben der wissenschaftlichen Reflexion des Berufsfeldes nicht auch die anderen genannten Aspekte im Praktikum ihren Platz finden können und sogar haben sollen: Kennenlernen des Berufsfeldes, Vergewisserung über den eigenen Berufswunsch, eigene Erfahrungen machen, eigene Persönlichkeitsentwicklung. Kurzum: „Das Lernen im Praktikum erfolgt sowohl formell als auch informell."[5]

Angesichts dieser Differenzierung wird deutlich, dass die allgemeine Aussage, dass das Praktikum eine „vorübergehende Versetzung in die Berufswirklichkeit"[6] sei, noch nichts über die Beziehung zwischen Berufswirklichkeit und Studium sagt – zumal der Begriff „Berufs-*wirklichkeit*" die Assoziation auslöst, dass das Studium, also Lernprozesse und wissen-

[5] Schubarth – Speck – Ulbricht, Qualitätsstandards für Praktika, 8.
[6] Winfried Böhm, Wörterbuch der Pädagogik, Stuttgart 1994, 550.

schaftliche Auseinandersetzung mit dem Beruf, nicht das wirkliche Leben sei. Auf das Berufsbild Gemeindereferent*in angewandt würde dies bedeuten, dass Theologie – anders als im ersten Abschnitt dieser Ausführungen dargelegt – letztlich nicht für den Berufsalltag und ein professionelles Agieren in diesem Berufsfeld notwendig sei. Doch dann wäre der Beruf des/der Gemeindereferent*in ein Handwerk, und eine Handwerkslehre anstelle eines Hochschulstudiums sollte auf ihn vorbereiten.

2.2 Liturgische Professionalität durch das Praktikum

Sein Potential als Lern-Chance kann das Praktikum entfalten, wenn zu der Sachkenntnis über Gottesdienst Folgendes hinzukommt: das unmittelbare Erleben der Feier des Gottesdienstes und deren liturgiewissenschaftliche Reflexion. Dieses Doppelgespann entbehrt nicht einer gewissen Paradoxie: Einerseits ist die Reflexion nicht ohne die Feier selbst möglich, doch andererseits geht das, was die Feier selbst auszeichnet und erst zur Feier macht, nämlich die Unmittelbarkeit des Sich-Darauf-Einlassens und des Mittuns, in der Reflexion verloren, wenn man sich für die kritische Auseinandersetzung notwendigerweise distanziert. Die Schwierigkeit für den Einzelnen liegt darin, dass wer einmal seine Unmittelbarkeit zum gottesdienstlichen Geschehen aufgegeben hat, weil er die kritische Perspektive der Reflexion eingenommen hat, eventuell nicht mehr zur vorkritischen Naivität zurückkehren kann, sondern Gefahr läuft, dass auch in der Feier des Gottesdienstes selbst immer mehr oder weniger stark ausgeprägt die distanzierte Beobachterperspektive „mitläuft".

Für die Studierenden heißt dies konkret, dass ihnen im Studium der Liturgiewissenschaft letztlich zugemutet wird, in gewisser Weise ihre „liturgische Unschuld" zu verlieren. Andererseits ist das nichts Ungewöhnliches, denn das wiederum können wir von den oben erwähnten Naturwissenschaften lernen: In dem Augenblick, in dem ich ein System beobachte, verändere ich es. Das gilt auch für den Liturgiewissenschaftler: Wenn er das „System" der Beziehung zwischen Gott und Menschen in der Liturgie beobachtet, ändert sich dieses System in dem Sinne, dass sich auch seine eigene Perspektive als selbst Liturgie Feiernder verändert. Das mag man durchaus als ambivalent erfahren, doch ist dies der Preis der Professionalität und damit letztlich alternativlos. Was Professionalität in diesem Zusammenhang meint, lässt sich vielleicht leichter verdeutlichen, wenn zunächst gesagt wird, was sie nicht meint: Im Anzeiger für die Seelsorge hat vor mehreren Jahren ein Autor, selbst Universitätsprofessor der Theologie, die These vertreten, dass uns die Professionalität im Bereich der Liturgie verloren gegangen sei.[7] Er hat dies daran festgemacht, dass der Ablauf der Messfeier so durchschaubar sei, dass man – was natürlich aus dogmatischen Gründen nicht ginge – als einfacher Ministrant die Messe selbst feiern könne. Hingegen sei die Schaltung der Klingelanlage am Pfarrhaus so kompliziert, dass hier ein professioneller Elektriker zu Rate gezogen werden müsse. Auch in der alten Form der Liturgie brauchte man noch solche Profis, nämlich den Priester als Fachmann, weil „selbst ein altgedienter Ministrant oder Messner vom bloßen Zuschauen und Mitwirken kaum das kunstvolle Gebilde aller Rubriken, Kommemorationen und Inklinationen verstanden" hätte.[8] Diese Aussagen lassen nicht viel Spielraum für ihr Verständnis: je komplizierter umso professioneller. Man könnte fast den Eindruck haben, dass es erstrebenswert sei, es möglichst kompliziert zu machen und Dinge zu verunklaren, um die Notwendigkeit von Fachleuten zu rechtfertigen.

Das, was die Hochschulgesetze inzwischen grundsätzlich fordern,[9] liegt für die Katholische Hochschule Nordrhein-Westfalen, die sich als „Catholic University of Applied Sciences" versteht, ohnehin auf der Hand: die spätere Profession der Studierenden in den Blick zu nehmen. Speziell vom Studiengang „Religionspädagogik" heißt es, dass er „zur Ausübung religionspädagogischer und pastoraler Aufgaben im kirchlichen Dienst, in Ordensgemeinschaften, in kirchlich-religiösen Bildungsbereichen, in caritativen Einrichtungen im Elementarbereich und im schulischen Bereich" befähigt.[10] Diese Fähigkeit besteht dem Selbstverständnis der Hochschule nach darin, eigenständig in den beruflichen Handlungsfeldern in sich wechselnden Konstellationen praktikable Lösungen finden zu können, die den Menschen dienen und der Sache gerecht werden. Das ist das, was Kompetenz ausmacht. Für das Fach Liturgiewissenschaft konkretisiert sich das in Kompetenzformulierungen wie etwa: „Gestaltung von Gottesdiensten für unterschiedliche Zielgruppen" oder „Fähigkeit, in liturgischen Feiern sicher zu agieren".[11] Es ist nicht auszuschließen, dass es Menschen gibt, die intuitiv

---

[7] Andreas Wollbold, Professionalisierung und Amateurisierung. Ihr schillerndes Verhältnis in der Seelsorge, in: Anzeiger für die Seelsorge 117 (2008), H. 1, 17–20.

[8] Wollbold, Professionalisierung und Amateurisierung, 17.

[9] Bereits das Hochschulrahmengesetzt fordert, dass die Hochschule und Studiengänge auf die berufliche Tätigkeit vorbereiten sollen (HRG §§ 2,7). Inzwischen ist die Vorbereitung der Studierenden auf die berufliche Tätigkeit in allen Hochschulgesetzen der Länder fixiert. Vgl. Schubarth – Speck – Ulbricht, Qualitätsstandards für Praktika, 4.

[10] Vgl. https://www.katho-nrw.de/paderborn/studium-lehre/fachbereich-theologie/religionspaedagogik-ba/ [Zugriff: 7.3.2018].

[11] Vgl. die Beschreibung des Moduls 23 „Glauben leben, bezeugen und feiern – Theologie und Praxis der Spiritualität, Verkündigung und besonderer liturgischer Feiern" im aktuellen

ansatzhaft solche Kompetenzen besitzen. Doch selbst wenn dies gegeben sein sollte, wäre dies für das professionelle Handeln als Gemeindereferent*in unzureichend, denn als Seelsorger*in und Verantwortliche*r im Bereich Liturgie muss ich mir selbst Rechenschaft geben können, anhand welcher Kriterien ich z.B. einen Gottesdienst gestalte, um 1. auf wechselnde Anforderungen reagieren zu können, 2. kritikfähig mir selbst gegenüber zu bleiben und das Verbesserungspotential zu sehen und 3. im Gespräch mit Kolleg*innen und Gläubigen diskursfähig zu sein. Nicht zuletzt diese Aspekte machen Professionalität aus. Die Praktika im Kontext des Studiums der Liturgiewissenschaft wollen dahin führen.

2.3 Liturgie im Praktikum

Im Praktikumskonzept im Rahmen des Bachelor-Studiengangs Religionspädagogik sind die Praktika nicht nur verpflichtend, sondern auch curricular und inhaltlich in das Studium eingebunden. Dass es hier um die Erforschung des Berufsfeldes geht und dieses zum Gegenstand der wissenschaftlichen Auseinandersetzung wird, wird daran deutlich, dass im Rahmen der Studienleistungen im bzw. nach dem Praktikum eine Hausarbeit zu erstellen ist. Näherhin heißt es in den hochulinternen Hinweisen zu den Hausarbeiten: „In ihr stellt die/der Studierende ihre/seine praktisch-theologische Reflexionskompetenz unter Beweis. Damit ist eine solche Hausarbeit kein bloßer Erlebnis- oder Tätigkeitsbericht, sondern eine wissenschaftliche Arbeit mit konkreten Erfahrungsbezügen. Sie beschreibt pointiert ausgewählte Situationen und Herausforderungen in Gemeinde und Schule, reflektiert diese vor dem Hintergrund passender pastoraltheologischer, liturgiewissenschaftlicher und religionspädagogischer Theorieansätze und resümiert wesentliche persönliche Lernerfahrungen.“[12]

Wohlgemerkt: Der besondere Lern-Ort der Praxis wird dabei ernstgenommen und nicht einfach als erweiterter Hörsaal missverstanden. Aber es geht um eine Inbeziehungsetzung von Studium und Praktikum. Dazu dienen auch die sogenannten Fokussierungen, die in den „Grundzüge[n] des Praktikumskonzeptes“ (Studienjahr 2017/2018) so beschrieben werden: „Fokussierungen in Religionspädagogik, Pastoraltheologie und Liturgie-

Modulhandbuch, abrufbar unter: https://www.katho-nrw.de/paderborn/studium-lehre/fachbereich-theologie/religionspaedagogik-ba/aufbau-des-studiums/modulhandbuch/ [Zugriff: 7.3.2018].

[12] Vgl. „Hinweise zu Form und Inhalt der Hausarbeiten im Anschluss an das OPGS bzw. GSPS“ aus dem Studienjahr 2017/2018, abrufbar unter: https://www.katho-nrw.de/paderborn/studium-lehre/fachbereich-theologie/praktika/ [Zugriff: 24.1.2018].

wissenschaft vorzunehmen, dient der Verknüpfung des im bisherigen Studium Gelernten mit dem im Praktikum Erlebten und seiner fachwissenschaftlichen Reflexion in der Hausarbeit, die nach dem Praktikum zu schreiben ist. Die Fokussierungen sollen den Beobachtungshorizont [...] nicht einengen, sondern die Wahrnehmung unterstützen."[13]

Somit ist auch eine inhaltliche Verknüpfung von Studium und Praktikum im Bereich der Liturgiewissenschaft vorgesehen. Konkret wird dies so umgesetzt, dass die Studierenden sich mit einer Gottesdienstfeier im Praktikum auseinandersetzen. Im ersten Praktikum, das vor allem ein Hospitationspraktikum ist, soll ein mitgefeierter Gottesdienst zunächst anhand der im Studium bereits erarbeiteten liturgiewissenschaftlichen Kriterien analysiert werden, um dann – und dies ist entscheidend – eine Einschätzung zu den Fragen zu geben: „Welche Relevanz hat das, was Ihnen in der liturgiewissenschaftlichen Auseinandersetzung mit einem Gottesdienst grundsätzlich deutlicher geworden ist, für Ihre spätere berufliche Praxis? Welche Konsequenzen ergeben sich daraus für den folgenden Studienverlauf an der KatHO?" Die erste Frage zielt auf die Entwicklung eines professionellen Habitus, der im Sinne der im vorangegangenen Unterpunkt beschriebenen Professionalität die Doppelperspektive als „selbst Gottesdienst Mitfeiernder" und zugleich „professionell diesen Gottesdienst Betrachtender" zusammenbringt. So kann sich mit Blick auf die spätere berufliche Praxis der erwähnte professionelle Habitus entwickeln. Da sich die Studierenden zum Zeitpunkt dieses Praktikums noch deutlich am Beginn des Studiums befinden, wird diese erste Frage nach der späteren beruflichen Praxis noch einmal durch die zweite Frage an das Studium und seinen weiteren Verlauf zurückgebunden.

Im zweiten Praktikum, das den Schwerpunkt auf das aktive Mitwirken der Studierenden und ihr eigenständiges Tun setzt, sollen die Studierenden u. a. einen Gottesdienst vorbereiten und nach Möglichkeit selbst leiten, um dies anschließend wissenschaftlich zu reflektieren. Damit wird – anlässlich des Praktikums, aber im Kontext des Studiums – ein Ineinander von Theorie und Praxis eingeübt, das auch für die spätere berufliche Praxis hilfreich, mehr noch: unverzichtbar ist: Ausgehend von einer Bestandsaufnahme und Situationsanalyse (Situationsvergewisserung) wird die vorgefundene Praxis einer Deutung und normorientierten Überprüfung unterworfen (Auftrags- und Zielorientierung), um auf dieser Grundlage zur Formulierung von in-

[13] Abrufbar unter: https://www.katho-nrw.de/paderborn/studium-lehre/fachbereich-theologie/praktika/ [Zugriff: 24.1.2018].

novatorischen Handlungsimpulsen zu gelangen (Entwurf von Handlungsmodellen).[14]

In beiden Praktika geht es jedoch jeweils darum, mit dem Ziel einer beruflichen Professionalität das Studium und das Praktikum in der Weise zu verknüpfen, dass im oben beschriebenen Sinne das Berufsfeld erforscht und zum Gegenstand der wissenschaftlichen Auseinandersetzung wird. Das setzt freilich nicht nur voraus, dass die Praxis selbst ein Lernort und nicht nur Anwendungsort ist, sondern dass Theologie ihrerseits praxisrelevant ist – zumal eine Liturgiewissenschaft, die sich im von Reinhard Feiter beschriebenen Sinne als Praktische Theologie versteht: „Praktische Theologie will anderes sein als ein Rezeptbuch mit fertigen Antworten und mehr bieten als Gutachten und Anleitungen, wie vorgegebenen Aufgabenstellungen entsprochen werden kann. Das Bemühen Praktischer Theologie zielt ab auf eine kritisch erneuerte und nicht nur blind manipulierte oder selbstgefällig prolongierte Praxis; und sie versteht sich als eine kritische Verständigungsbemühung und Handlungsorientierung.“[15]

[14] Vgl. Reinhard Feiter, Antwortendes Handeln. Praktische Theologie als kontextuelle Theologie – ein Vorschlag zu ihrer Bestimmung in Anknüpfung an Bernhard Waldenfels' Theorie der Responsivität, Münster 2010, 79 (abrufbar unter: https://miami.uni-muenster.de/Record/1972af71-19d5-4fae-be08-cf51fb7ffd6c, Zugriff: 24.1.2018). Vgl. auch Rolf Zerfaß, Praktische Theologie als Handlungswissenschaft, in: Ferdinand Klostermann – Rolf Zerfaß (Hg.), Praktische Theologie heute, München 1974, 164–177.

[15] Feiter, Antwortendes Handeln, 78.

Bleibende Herausforderung

Die Gemeinde im Spiegel von Theologie, Studium und Praxis

Wilhelm Tolksdorf

In der bundesdeutschen Pastoral ist derzeit wohl kaum ein Begriff so intensiv im Gespräch und wohl auch umstritten wie der der Gemeinde. Verantwortliche in allen Bistümern debattieren über das Thema Gemeinde, wenn es um die Neuordnung pastoraler Räume, um neue pastorale Arbeitsfelder und veränderte Zuschnitte von Tätigkeitsbereichen geht. Theologinnen und Theologen reflektieren auf die Herkunft des Gemeindebegriffes und stellen sich der Frage nach seiner Zukunft. Und die, die sich haupt- oder ehrenamtlich seelsorglich in einer Gemeinde engagieren, auch sie fragen nach der Gemeinde: Sie fragen nach den Chancen und Möglichkeiten der Gemeinde heute, suchen in ihr nach Orten, an denen sich die Wirklichkeit des Evangeliums ereignet, loten aus, wo in der gesellschaftlichen Dynamik der Globalisierung und ihrer Folgen „die Gemeinde" ihre Heimat hat. Beunruhigt sind auch viele Gemeindemitglieder: Sie fragen sich – oft in energisch geführter öffentlicher Debatte, vermutlich noch viel häufiger in privaten Gesprächen – wohin das Planen der Bistümer noch führen soll. Und selbst die, die sich nicht zur Kirche zählen, sind erstaunt und bemerken, dass sich mit den Veränderungen in den Gemeinden auch die Viertel und Stadtteile, in denen eine Pfarrei ansässig ist, verändern. Und dies nicht immer zum Vorteil, denn das Leben einer Gemeinde kann zur lokalen Lebensqualität vieles beitragen. Mit dem Wandel in der Gesellschaft aber stellen sich der Gemeinde neue Aufgaben und Themenbereiche. Berufsbilder der Seelsorge verändern sich, Arbeitsfelder wandeln sich. Erwartungen an die Seelsorge und deren Inhalte spiegeln die Anforderungen und Krisen einer Gesellschaft, die nach ihrer eigenen Identität Ausschau hält. In diesem Beitrag ist davon die Rede. An vier prägnanten Positionen werden aktuelle Fragen und Themen in der Debatte um die Gemeinde greifbar. Damit stellt sich aber auch die Frage nach der Ausbildung derer, die sich in Studium und Praktikum auf den Dienst in der Gemeinde vorbereiten. Und auch davon ist hier die Rede: Soll die Ausbildung der gewandelten Situation in der Seelsorge wirksam entsprechen, sind gegebene Studienwege neu zu bewerten und zu gewichten.

1 Unruhige Debatte

Matthias Sellmann hat im Jahr 2013 einen Sammelband zur Gemeindethematik publiziert. Protagonisten in der Debatte sind Rainer Bucher, Herbert Haslinger, Norbert Mette und Andreas Wollbold. Die Akzente, die sie setzen, werden zum Gegenstand eines Gespräches, das durch weitere Autoren Vertiefung und thematisches Profil erhält. Der Herausgeber wird hier zum Moderator.[1]

Rainer Bucher bezieht pointiert Stellung.[2] Er bezeichnet die Gemeindetheologie als schlichtweg „gescheitert“[3]. Bucher begreift sie als ein Erbe einer Theologie der sechziger Jahre. Entstanden als pastoral-theologischer „Transformationsdiskurs“[4] begründete die Gemeindetheologie seinerzeit die „Nachfolgestruktur der als anonym, bindungs- und entscheidungsschwach wahrgenommenen volkskirchlichen Pfarrstruktur“.[5] Leitidee ist der „überschaubare Nahraum einer kommunikativ verdichteten, letztlich nach dem Modell einer schicksalhaft verbundenen Großfamilie gedachten Gemeinde.“[6] Die Gemeinde wurde so zum Hoffnungsträger einer sich erneuernden Kirche: Es „winkte das Versprechen einer Kontrastgesellschaft gegen die zweckrationale Außenwelt.“[7] Daran aber ist die Gemeinde gescheitert: In ihrem Charakter, so Rainer Bucher, ist sie „halbierte, ja selbstwidersprüchliche Modernisierung“[8] geblieben, ein Akteur der Pastoral voller Paradoxien. Die Gemeinde sollte „das Leben in Christus vermitteln und musste doch offenbar selbst ständig ‚verlebendigt‘ werden“[9], sie versprach „Vergemeinschaftung jenseits der Repression einer unverlassbaren Schicksalsgemeinschaft und doch diesseits der unheimlichen und ungebändigten Freiheit des Einzelnen.“[10] Dem Scheitern aber folgt die Neubesinnung: Rainer Bucher schlägt vor, die Religionsgemeinschaft Kirche von ihrem Charakter als Pastoralgemeinschaft her zu entwerfen. Pastoral wird dabei als „kreative und handlungsbezogene Konfrontation von Evangelium

[1] Matthias Sellmann (Hg.), Gemeinde ohne Zukunft? Theologische Debatte und praktische Modelle, Freiburg/Br. 2013.

[2] Rainer Bucher, Die Gemeinde nach dem Scheitern der Gemeindetheologie. Perspektiven einer zentralen Sozialform der Kirche, in: Sellmann, Gemeinde ohne Zukunft? 19–54.

[3] Bucher, Scheitern, 30.

[4] Bucher, Scheitern, 24.

[5] Bucher, Scheitern, 24.

[6] Bucher, Scheitern, 25.

[7] Bucher, Scheitern, 25.

[8] Bucher, Scheitern, 30.

[9] Bucher, Scheitern, 31.

[10] Bucher, Scheitern, 32.

und Existenz heute“[11] verstanden: Rainer Bucher fragt hier nicht länger nach den Sozialformen des Religionsgemeinschaftlichen. Sein Anliegen ist es vielmehr, die Gemeinde „gesamtpastoral zu relativieren“[12] und dazu vernetzte soziale Strukturen von grundsätzlicher Gleichrangigkeit zu suchen.[13] Die Gemeinde kann so zu einem Ort unter anderen Orten werden, der dazu einlädt, in den Charismen der Vielen das „selbstlose Angebot der Nähe Gottes in Wort und Tat“[14] aufzusuchen. Bucher reformuliert die Gemeindethematik konsequent gnadentheologisch: Was der Gemeinde durch die Gnade Gottes geschenkt ist, soll sie verwirklichen, was ihr nicht geschenkt ist, soll sie auch „nicht machen müssen“.[15] Bleibender Standard der Gemeinde ist die Liturgie als „Ort der Integration des Volkes Gottes vor seinem Angesicht“[16] – und der Gemeinde bleibend aufgegeben ist die Herausforderung, sich vor Ort dem Anspruch der Zeichen der Zeit an das Evangelium zu stellen.

In seinem Diskussionsbeitrag analysiert Herbert Haslinger das Thema Gemeinde aus dem Blickwinkel der Diakonie. Haslinger spricht dabei von der diakonischen Verausgabung für die Menschen, die allein die Gemeinde rechtfertigt.[17] Doch zunächst geht es ihm um das hergebrachte Modell der Gemeindetheologie. Geburtsstunde der Gemeindekirche-Konzeption ist die Zeit nach dem Zweiten Vatikanischen Konzil mit der damals gängigen „Rede vom ‚Ende der Volkskirche‘“.[18] Die Gemeinde löst die Volkskirche ab, sie wird zur zeitgemäßen „Form von Kirche.“[19] Ihre Mitglieder schließen sich der Gemeinschaft freiwillig an, sie sind bereit, umfassend und engagiert am Gemeindeleben teilzunehmen.[20] Die Gemeinde nimmt ihrerseits ganz bewusst in Kauf, „sich auf die ‚kleine Herde‘ der bewusst Entschiedenen zu reduzieren.“[21] Die, die zu ihr gehören, werden zu einer Art Familie. Die Gemeinde versteht sich als „Gemeinschaft im Kontrast zur Gesellschaft“.[22] Ein neues Selbstbewusstsein entsteht: Christen sind gleichberechtigt, mündig, nicht länger patriarchalisch bevormundet. Das Konzept der Ge-

---

[11] Bucher, Scheitern, 35.
[12] Bucher, Scheitern, 39.
[13] Vgl. Bucher, Scheitern, 39.
[14] Bucher, Scheitern, 40.
[15] Bucher, Scheitern, 40.
[16] Bucher, Scheitern, 40.
[17] Herbert Haslinger, Gemeinde rechtfertigt sich allein durch ihre diakonische Verausgabung für die Menschen, in: Sellmann, Gemeinde ohne Zukunft? 65–90.
[18] Haslinger, Verausgabung, 65.
[19] Haslinger, Verausgabung, 67.
[20] Vgl. Haslinger, Verausgabung, 67.
[21] Haslinger, Verausgabung, 67.
[22] Haslinger, Verausgabung, 67.

meindekirche aber birgt nach Herbert Haslinger Einseitigkeiten: Die „Gemeinde stellt die umfassende Denkwelt, das ‚Universum' der Pastoral dar, auf das alles hinzuordnen ist, außerhalb dessen keine authentisch christliche Praxis bestehen kann und innerhalb dessen alles kirchliche Handeln seinen Stellenwert erhält."[23] Die Krisendiagnose ist eindeutig: Es kann von einem Passungsverlust[24] gesprochen werden. Die Gemeinden entsprechen unter den Bedingungen einer individualisierten und pluralisierten Gesellschaft nicht mehr den Lebensformen und Lebensanforderungen der Menschen, sie erweisen sich in ihrer Milieuverengung als pluralitätsuntauglich.[25] Überdies suchen sie überkommene kirchliche Bindungs- und Machtverhältnisse zu perpetuieren.[26] Das Spiel einer konstruierten Gemeindewelt funktioniert allerdings nicht mehr[27], viele „Gemeindeverantwortliche fragen immer noch, was sie mit den Gemeindemitgliedern alles machen können; aber die Menschen lassen nicht mehr alles mit sich machen."[28] Haslinger beobachtet eine tektonische Verschiebung, einen umstürzenden „Bruch zwischen ‚Gemeindeleben' der Kirche und Lebenswirklichkeit der Menschen."[29] Dieser Bruch ist nur dann zu überwinden, wenn Gemeinde „einem Zweck und Wert jenseits ihrer selbst, nämlich der menschlichen Person zu dienen hat."[30] Auftrag der Gemeinde ist es, dazu beizutragen, dass Menschen ein Leben „entsprechend ihrer Würde vor Gott, in individueller Stimmigkeit und sozialer Verantwortung"[31] führen können. Leitend wird das Paradigma einer diakonischen Kirche: Die Zukunft der Gemeinde entscheidet sich also an der Frage, „ob die Menschen eine Zukunft haben und ob die Gemeinde als Sozialform das richtige Instrument (‚Werkzeug' – vgl. LG 1) ist, um den Menschen zu einer heilvollen Zukunft zu verhelfen."[32]

Eine ganz eigene Position nimmt Andreas Wollbold in seinen Beiträgen zur Thematik der kirchlichen Grundvollzüge[33] und in der Auseinandersetzung mit den Ansätzen von Rainer Bucher, Herbert Haslinger und Norbert Mette ein.[34] Wollbold erweist sich hier auf eigenwillige Weise als

[23] Haslinger, Verausgabung, 69.
[24] Vgl. Haslinger, Verausgabung, 71.
[25] Vgl. Haslinger, Verausgabung, 71.
[26] Vgl. Haslinger, Verausgabung, 71–78.
[27] Vgl. Haslinger, Verausgabung, 77
[28] Haslinger, Verausgabung, 77.
[29] Haslinger, Verausgabung, 84.
[30] Haslinger, Verausgabung, 85.
[31] Haslinger, Verausgabung, 85.
[32] Haslinger, Verausgabung, 86.
[33] Andreas Wollbold, Grundvollzüge oder dreifaches Amt? Auf der Suche nach einer praktikablen Einteilung der Pastoral, in: Sellmann, Gemeinde ohne Zukunft? 55–64.
[34] Andreas Wollbold, Kommentar zu den Beiträgen der drei Kollegen, in: Sellmann, Gemeinde ohne Zukunft? 122–147.

engagierter Apologet der Gemeinde.[35] Er geht davon aus, dass „Pfarreien auch weiterhin eine privilegierte und unverzichtbare Aufgabe im Gesamt der Kirche haben."[36] Ihre Funktion wird von ihm dabei sehr pragmatisch bestimmt. In den Pfarreien „wachsen neue Christen heran und sie sind für viele der erste (gewiss oft nur ansatzhafte) Lernort des Glaubens, der Hoffnung und der Liebe."[37] Sie sind kein „Vehikel von Kirchenträumen"[38], stehen aber im Dienst am „Heil der Seelen (CD 31)"[39]. Andreas Wollbold argumentiert dazu konsequent christologisch. Jesus Christus ist Priester, Prophet (Lehrer) und König (Hirte): Das Gesamt der Pastoral „erschöpft sich deshalb im dreifachen Amt"[40] Jesu Christi. Christus heiligt, verkündet und lenkt: Als Heilsakrament hat die Kirche allzeit gegenwärtig zu halten, wie der Sohn „das Heilsmysterium des Vaters in der Kraft seiner messianischen Salbung mit dem Heiligen Geist"[41] verwirklicht. Dazu ist die Kirche von Christus gegründet. Andreas Wollbold folgert daraus: In seiner Christusbindung wird der Glaube gemeindlich. Daraus resultiert der hohe Stellenwert der Gemeinde und ihrer Pastoral: Die Gemeindepastoral ist für Wollbold die Summe und Pointe aller Pastoral.[42] Die Aufgaben der Pastoral sind ebenso konkret wie spirituell. Es gilt, „zur Verwandlung des Ortes in Christus beizutragen"[43], es ist ihre Herausforderung, „mit Hilfe von territorialen Strukturen Kirche als Volk Gottes hier und heute wachsen zu lassen."[44] So ist die Pfarrei kein „Verein zur Heimatpflege"[45], sondern „das Wagnis, das Christusereignis an einem Ort zur Kultur werden zu lassen."[46] Ein Glaube, der so verwurzelt ist, ist die Antwort „auf die Orientierungs- und Beziehungsfragen des 21. Jahrhunderts."[47] Nicht „Territorium, Dauer und Stabilität machen das Wesen der Pfarrei aus, sondern die Gemeinschaft der Gläubigen."[48] In ihrem Beitrag zur Pastoralreform im Bistum Trier setzen sich Andreas Wollbold und der Münchner Kirchenrechtler Stephan Haering dafür ein, „die Autonomie der Einzelgemeinde zu stärken und den Eindruck

[35] Andreas Wollbold, Abschließendes Statement, in: Sellmann, Gemeinde ohne Zukunft? 210–213.
[36] Wollbold, Statement, 213.
[37] Wollbold, Statement, 213.
[38] Wollbold, Statement, 213.
[39] Wollbold, Statement, 213.
[40] Wollbold, Grundvollzüge, 60.
[41] Wollbold, Grundvollzüge, 59–60.
[42] Vgl. Andreas Wollbold, Handbuch der Gemeindepastoral, Regensburg 2004, 16.
[43] Wollbold, Handbuch, 32.
[44] Wollbold, Handbuch, 32.
[45] Wollbold, Handbuch, 32.
[46] Wollbold, Handbuch, 40.
[47] Wollbold, Handbuch, 16.
[48] Wollbold, Handbuch, 41.

zu vermeiden, als wäre sie nur eine Filiale des Bistums."[49] Dabei gilt das Prinzip der Einfachheit: Die Zugehörigkeit aufgrund eines Wohnsitzes sowie Grundrhythmen des Lebens und des Kirchenjahres ermöglichen den Erfolg der Pfarrseelsorge, „ihre unübertreffliche Inkulturationsleistung"[50], in der sie das Evangelium in die „Örtlichkeit des Menschen, in seine Lebenswelt, seine familiären, nachbarschaftlichen und gemeindlichen Beziehungen"[51] verwurzelt. Für die anstehenden pastoralen Veränderungen im Bistum Trier empfehlen die beiden Theologen, „das gemeindliche Leben vor Ort nicht bloß einzelnen Gruppen und Initiativen zu überlassen, sondern ihm auch eine institutionelle Gestalt in einer gewissen Kontinuität zu den alten Pfarreien zu verleihen."[52] Stephan Haering und Andreas Wollbold plädieren in diesem Sinne für ein Modell, das das Zusammenspiel von Mittelpunkts- und Einzelpfarrei favorisiert. Ist dieses Modell nicht zu verwirklichen, „könnte man die alten Pfarreien als Kuratie mit einer gewissen Autonomie einrichten."[53]

Norbert Mette greift die Darlegungen von Andreas Wollbold zur gemeindekonstituierenden Funktion der drei Ämter Jesu Christi auf, weitet sie aber: Kirchliches und gemeindliches Wirken hat seinen Ausgangs- und Bezugspunkt in Jesus Christus. An ihm hat sich die Gemeinde „immer wieder neu zu orientieren."[54] Die Drei-Ämter-Lehre ist aber nicht „allein auf das kirchliche Amt und seine Vollmacht zu beziehen".[55] Mette verweist hier auf LG 10–13: Das ganze Volk Gottes ist „zur praktischen Wahrnehmung der drei Ämter Jesu Christi im Sinne seiner Nachfolge berufen."[56] Norbert Mette erweist sich hier als Befürworter der Gemeinde, die ihm zufolge „Praxisform und nicht bloß eine Sozialform"[57] ist. Die Kirche lebt aus der Beziehung Gottes und seinem Volk, sie ist Beziehungsgeschehen, ein durch „Kommunikation und Partizipation geprägtes beziehungsreiches Miteinander, das sich nicht abkapselt."[58] Sie ist offen, einladend, sie wendet ihren

[49] Stephan Haering – Andreas Wollbold, Weiterentwicklung statt Kahlschlag, in: Herder Korrespondenz 11 (2017) 23–26.

[50] Haering – Wollbold, Weiterentwicklung, 24.

[51] Haering – Wollbold, Weiterentwicklung, 23.

[52] Haering – Wollbold, Weiterentwicklung, 25.

[53] Haering – Wollbold, Weiterentwicklung, 25.

[54] Norbert Mette, Die vom Zweiten Vatikanischen Konzil angestoßene Debatte über die christliche Gemeinde – ein nicht eingelöstes Vermächtnis. Gemeindetheologischer Kommentar zu Bucher, Haslinger und Wollbold, in: Sellmann, Gemeinde ohne Zukunft? 176–197, hier: 193.

[55] Mette, Die vom Zweiten Vatikanischen Konzil angestoßene Debatte, 193.

[56] Mette, Die vom Zweiten Vatikanischen Konzil angestoßene Debatte, 193.

[57] Norbert Mette, Gemeinde – eine Wiederentdeckung des Zweiten Vatikanischen Konzils, in: Sellmann, Gemeinde ohne Zukunft? 91–102, hier: 98.

[58] Mette, Gemeinde, 100.

Blick auf die Anderen.[59] Unter dem „erhöhten Christus sind die Gläubigen geschwisterlich miteinander verbunden.“[60] Ämter und Dienste haben keinen anderen Zweck, als „solche Beziehungen zu ermöglichen und zu fördern.“[61] Wird dies nicht beherzigt, steht „sich die Kirche strukturell selbst im Wege“.[62] Die Gemeinde ist genuine Form der Kirche[63], sie dient dem Reich Gottes und steht in seiner Nachfolge.[64] In ihrem Nah- und Fernbereich engagiert sie sich für „eine Transformation der bestehenden Welt“.[65] Ihr Fokus ist die Solidarität[66] mit den von „Jesus glücklich gepriesenen Armen (vgl. Lk 6,20)“[67].

Damit sind pointiert die Grenzen abgesteckt, innerhalb derer die Debatte über die Gestalt und Zukunft der Gemeinde seit Jahren geführt wird. Für die einen ist es Zeit, den Abgesang auf die hergebrachte Sozialgestalt der Gemeinde laut und vernehmlich anzustimmen. Dies wird einerseits mit der Erfahrung einer unangemessenen Vereinnahmung des Einzelnen begründet (Haslinger), dies geschieht andererseits mit dem Hinweis auf eine eher halbherzige Modernisierung (Bucher). Perspektiven für eine Pastoral der Zukunft werden dabei eher vage formuliert: Rainer Bucher vermutet künftig in der Pastoral an Stelle der Pfarrei ein Netzwerk gleichrangiger sozialer Strukturen, Herbert Haslinger setzt auf Formen gemeindlicher Seelsorge, denen die Diakonie um der Menschen willen zu Maß und Aufgabe wird. Andreas Wollbold betont dagegen energisch den Wert der herkömmlichen Gemeinde, deren Inkulturationsleistung er ausgiebig würdigt, um daran zugleich die geistliche Herausforderung aufzuzeigen: Das, was in Beständigkeit Ordnung und Gestalt gewinnt, steht in steter Spannung zu jenem Exodus, der im Versprechen des Reiches Gottes begründet ist. Die Pfarrei und ihre Seelsorge haben dem Rechnung zu tragen[68] Norbert Mette trägt in die Debatte um die Gemeinde die große Vision einer Kirche, die sich in das Reich Gottes hineinbegibt. Als Praxisform steht sie für ein Zusammenleben aller Menschen in „Gerechtigkeit, Frieden und Nachhaltigkeit im Kleinen und im Großen.“[69] Die Positionen, wie sie von Rainer Bucher, Herbert

---

59 Vgl. Mette, Gemeinde, 100.

60 Mette, Gemeinde, 94.

61 Mette, Gemeinde, 100.

62 Mette, Gemeinde, 94.

63 Vgl. Norbert Mette, Christliche Gemeinde im Horizont des Reiches Gottes, in: Sellman, Gemeinde ohne Zukunft? 226–244, hier: 237.

64 Vgl. Mette, Christliche Gemeinde im Horizont des Reiches Gottes, 234.

65 Mette, Christliche Gemeinde im Horizont des Reiches Gottes, 239.

66 Vgl. Mette, Christliche Gemeinde im Horizont des Reiches Gottes, 238.

67 Mette, Christliche Gemeinde im Horizont des Reiches Gottes, 239.

68 Vgl. Wollbold, Handbuch, 30–31.

69 Mette, Christliche Gemeinde im Horizont des Reiches Gottes, 237.

Haslinger, Andreas Wollbold und Norbert Mette entfaltet werden, fußen allesamt auf Beobachtungen, die nicht von der Hand zu weisen sind. Das Format Gemeinde hat Ecken und Kanten, in seiner Sozialgestalt birgt es Spannungen, die theologisch zu deuten und zu thematisieren sind.

2 Gemeinde in neuer Gestalt?

An dieser Stelle drängt sich eine Vermutung auf: Wie die theologisch-inhaltliche Auseinandersetzung um die Gemeinde letztlich ausgeht, entscheidet sich nicht durch die hier vorgetragenen Gedankengänge. Gesellschaftliche Entwicklungen und Umbrüche sind es, die ihrerseits Institutionen, deren Arbeitsweisen, Aufgabenfelder und operationales Geschäft beeinflussen und prägen. Und hier ist ein neues Interesse an der Gemeinde und ihren Möglichkeiten zu bemerken. So setzt sich der Philosoph und Kulturjournalist Jürgen Wiebecke[70] für das Konzept des *Community Organizing* ein. Das Konzept besteht darin, Gemeinschaften als Netzwerke zu konzipieren. Eine wichtige Rolle spielen dabei Schlüsselpersonen, „die das Vertrauen einer Gruppe genießen, in ihrem Namen sprechen zu dürfen".[71] Dabei gilt: Beziehung geht vor Projekt. Erst dort, wo Menschen tragfähige Beziehungen entwickelt haben, gelingt es ihnen, ihre Wünsche und Bedürfnisse kraftvoll gegenüber Vertretern von Institutionen und gesellschaftlichen Einrichtungen zu vertreten.[72] Lokale Demokratie entsteht „mit aktivem Zuhören, lange bevor gehandelt wird".[73] Eine Replik auf Zeiten, die unübersichtlich scheinen?

2.1 Gemeinde in praktisch-theologischer Relecture

Die Gemeindedebatte hat zweifelsohne Konjunktur. Eine Neuauflage der heute umstrittenen Gemeindeidee, wie sie in den sechziger und siebziger Jahren des vergangenen Jahrhunderts Referenz bot, steht allerdings nicht zu erwarten. Der Gemeinde wächst gegenwärtig dort Bedeutung zu, wo sie inmitten von politischen und gesellschaftlichen Veränderungen und Ungewissheiten zum Ort der Sicherheit, zur schützenden Heimat wird. Allerdings ist auch sie dem Wandel der Verhältnisse unterworfen. Genau hier

[70] Jürgen Wiebecke, Zehn Regeln für Demokratieretter, Köln ²2017.
[71] Wiebecke, Regeln, 39.
[72] Vgl. Wiebecke, Regeln, 40–41.
[73] Wiebecke, Regeln, 40.

setzt Paul M. Zulehner an. Er stellt sich die Frage, ob suchende Zeitgenossinnen und Zeitgenossen in den Kirchen, die sie gegenwärtig vorfinden, jesuanische Gaben antreffen: „Gotteinung und daraus Heilung von Ängsten und Befreiung zur Liebe, Neuausrichtung eines in eine Sackgasse geratenen Lebens – und dies in Nachfolgegemeinschaften, die Suchende gastfreundlich aufnehmen."[74] Zulehner sieht darin einen gewandelten Auftrag der Kirche, die nicht länger eine „Erfassungskirche"[75] sein kann, sondern zu einer „Licht-und Salzkirche"[76] werden soll. Eine solche Kirche ist aber nur dann zukunftsfähig, wenn es Menschen gibt, „welche die Vision Jesu gut kennen und entschlossen sind, sich seiner Bewegung auch im praktischen Leben anzuschließen."[77] Die Vision Jesu schafft „gläubige Netzwerke. Diese sind das nächste grundlegende Merkmal einer zukunftsfähigen Kirche."[78] Paul M. Zulehner verknüpft hier seine Theologie der Gemeinde mit dem Gedanken der Konversion. Zeitgenossen, die zu Jesus Christus finden, benötigen für ihre Entscheidung eine Plausibilitätsstruktur. Eine solche Struktur bietet die Gemeinde, in der das christliche Lebenswissen, „seine Deutungen und Handlungsmuster, plausibel, unhinterfragt selbstverständlich ist."[79] In der Gemeinschaft erhält die Entscheidung Stabilität und Dauer. Der Entscheidungsweg lebt aus der dichten Kommunikation mit der Glaubensgemeinschaft, die zu neuen Lebensdeutungen bewegt.[80] Allein schon vor diesem geistlichen Hintergrund braucht es eine wachsende Zusammenarbeit „innerhalb der Gemeinschaften/Gemeinden sowie über diese hinaus."[81] Die Kirche von morgen wird „zugleich lokal *und* regional strukturiert sein."[82] Im Lokalen spielt sich das gemeinschaftliche Leben und Feiern ab, im Regionalen „werden sich pastorale Einrichtungen und professionelle Projekte etablieren."[83] Gemeinschaften, „die Dienste leisten, werden eher auf der lokalen Ebene anzutreffen sein, gemeinsame Dienstleistungen hingegen im regionalen Raum."[84] Die Gemeinde als „lokale Kirchengemeinschaft"[85] entspricht dem „Stabilitätsbedürfnis von Menschen"[86], der Sehn-

[74] Paul M. Zulehner, Neue Schläuche für jungen Wein. Unterwegs in eine neue Ära der Kirche, Ostfildern 2017, 22.
[75] Zulehner, Neue Schläuche, 34.
[76] Zulehner, Neue Schläuche, 34.
[77] Zulehner, Neue Schläuche, 81.
[78] Zulehner, Neue Schläuche, 81.
[79] Zulehner, Neue Schläuche, 163.
[80] Zulehner, Neue Schläuche, 163.
[81] Zulehner, Neue Schläuche, 167.
[82] Zulehner, Neue Schläuche, 167.
[83] Zulehner, Neue Schläuche, 167.
[84] Zulehner, Neue Schläuche, 167.
[85] Zulehner, Neue Schläuche, 170.
[86] Zulehner, Neue Schläuche, 170.

sucht nach einer Heimat, die sich in der Pilgergemeinschaft des Gottesvolkes bereits heute vermittelt: Die ausstehende Heimat, in dieser Welt ortlos, „erhält einen Ort in der Welt. Eine ‚Verortung' des Himmels ereignet sich."[87] In diesem Himmel geschieht die „Einung der Menschheit mit Gott und darin untereinander (Lumen gentium 1)."[88] Damit positioniert sich Paul M. Zulehner kritisch zu Rainer Bucher: Ihm unterstellt er einen „gänzlich unbiblischen religiösen Individualismus"[89], in der Tradition von Adolph von Harnack (1851–1913) ein individualistisches Heilskonzept, „das letztlich ohne kirchliche Gemeinschaft auskam."[90] Das individualistische westliche Konzept aber, so Zulehner, „ist zu aristotelisch."[91] Der Mensch lebt aus Beziehung: Zulehner sieht das Bedürfnis, „starke lokale Gemeinschaften"[92] zu suchen, Gemeinschaften, „die das Wort Gottes hören und feiern und einfache diakonale Dienste vollbringen."[93] Zulehner gehört damit zu den engagierten Befürwortern des Gemeindeprinzips. Er begründet dies aus der konziliaren Volk-Gottes-Theologie sowie mit dem Gedanken einer Plausibilitätsstruktur, die aus der Gemeinschaft der Gläubigen hervorgeht und dem Glaubensweg des Einzelnen Deutekategorien und Halt verleiht. Mit Herbert Haslinger teilt Paul M. Zulehner die Auffassung, dass die Diakonie eine der großen Aufgaben der Pfarrei ist und bleibt. „Es ist gut für die Menschen, wenn sie wissen, dass sie durch Menschen der Pfarrei im Blick sind, wenn sie in irgendeine psychische oder physische Not geraten."[94] Gleichwohl sind angesichts gewandelter kirchlicher und gesellschaftlicher Verhältnisse Reformen nötig. Zulehner plädiert dafür, „nicht im Rahmen, sondern den Rahmen"[95] zu reformieren. Dabei zielt er auf neue Formen der Leitung. Er erinnert in diesem Zusammenhang an die Diözese Portiers, aber auch an den Vorschlag des emeritierten Bischofs von North-Aliwal, Südafrika. Kern beider Modelle ist eine Auffassung von Leitung, die von den gesetzten Anforderungen des gegenwärtigen Kirchenrechtes differiert. [96]

[87] Zulehner, Neue Schläuche, 172.
[88] Zulehner, Neue Schläuche, 172.
[89] Zulehner, Neue Schläuche, 154.
[90] Zulehner, Neue Schläuche, 154.
[91] Zulehner, Neue Schläuche, 154.
[92] Zulehner, Neue Schläuche, 174.
[93] Zulehner, Neue Schläuche, 174.
[94] Zulehner, Neue Schläuche, 173.
[95] Zulehner, Neue Schläuche, 173.
[96] Vgl. Zulehner, Neue Schläuche, 174–183.

2.2 Eine Gemeinde, die Platz macht?

Die Debatte zur Gemeindetheologie zeigt: Kritik an der Gemeinde entsteht dort, wo ihre Vollzüge einem gewandelten Empfinden, aber auch neuformierten (theologischen, religions- oder kirchensoziologischen) Deutungskategorien nicht länger entsprechen. Bei aller Kritik erscheint jedoch ein Abgesang auf die Gemeinde als verfrüht. Die Gemeinde ist jene Weggemeinschaft von Menschen, die als Volk Gottes gemeinsam unterwegs sind – und die von Christus her Einheit untereinander und mit Gott erhoffen. Gemeinde ist darin zugleich eine öffentliche Wirklichkeit, die sich lokal und regional verortet und daher Interessen, Bedürfnissen und Erwartungen zu entsprechen vermag, aber auch den Charismen und Fähigkeiten der Menschen vor Ort auf vielfältige Weise Möglichkeiten der Entfaltung bietet. Hier ergibt sich ein ganzes Bündel an Aufgaben und Arbeitsfeldern künftiger Kräfte in der Pastoral: Diese werden zu Kundschafterinnen und Kundschaftern in allem, was sich an Neuem in der Gesellschaft zeigt. Matthias Sellmann wagt in diesem Sinne einen Ausblick auf die Zukunft der Pastoral und ihrer Arbeitsfelder, der völlig neue Perspektiven in den Blick kommen lässt.

Kerngedanke der Vision, die Matthias Sellmann skizzenhaft entwickelt, ist eine „Kirche, die Platz macht.“[97] Auftrag der raumgebenden Kirche ist, sich „selbst im Horizont moderner Säkularität neu zu lernen und in gewissem Sinn neu zu gründen.“[98] Das bedeutet: Kirche wird umso mehr Kirche, „je mehr sie sich zu je treffenderer Artikulation der Gottesrede im Dienst säkularer Freiheitswerdung versteht und antreffbar macht.“[99] Sellmann geht es um eine Kirche mit einem „nicht-integralem Raumverständnis“[100] , er fordert ein Christsein, „dessen erster Ausdruck es wird, Bürger und Bürgerin zu sein.“ [101] Waren die „Nutzerinnen und Nutzer von pastoralen Gelegenheitsstrukturen“[102] im überkommenen integralen Raumdenken die im Nahraum zu versorgenden Gläubigen, so geraten sie nun in den Blick „als aktive Ich-Unternehmer/innen; als Biografie-Konstruk-

[97] Matthias Sellmann, „Für eine Kirche, die Platz macht.“ Notizen zum Programm einer raumgebenden Pastoral, in: Sozialinstitut Kommende Dortmund, „Perspektiven für eine dienende Kirche in globaler Verantwortung.“ Dokumentation zur Festakademie anlässlich des 60. Geburtstages von Prälat Dr. Peter Klasvogt am 18. Februar 2017 in der Kommende Dortmund, Dortmund 2017, 13–24, hier: 21.

[98] Sellmann, „Für eine Kirche, die Platz macht“, 23.

[99] Sellmann, „Für eine Kirche, die Platz macht“, 20–21.

[100] Sellmann, „Für eine Kirche, die Platz macht“, 22.

[101] Sellmann, „Für eine Kirche, die Platz macht“, 22.

[102] Sellmann, „Für eine Kirche, die Platz macht“, 19.

teure; als anspruchsvolle religiöse Lead-User."[103] Für die Planung der Pastoral „entstehen damit ganz neue Herausforderungen, die aber alle getragen sind von der Idee, eine Kirche zu bilden, die sich auf den übergreifenden gemeinsamen Raum bezieht statt umgekehrt. Jetzt kommt in den Blick, wie Menschen ihren Lebensraum auch in religiöser Weise dekonstruieren und konstruieren."[104] Jetzt „wird aus Allzuständigkeit Neugier. Jetzt werden die religiösen Konstruktionen der Leute eine nicht nur dekorative, sondern konstitutive Größe. Jetzt bindet sich Kirche an diese Konstruktionen und katalysiert damit das dauernde Lernen ihrer Tradition (GS 44). Jetzt ist der große pastorale Raum ist nicht mehr notwendig der leere Raum, einfach weil Kirche fehlt – sondern der gefüllte. Denn er ist der säkulare Raum aller, voller Deutungen des Lebens, voller Versuche, das Leben zu meistern, voller Haupt-und Umwege, voller Bedarf an Tipps, Idolen, Idealen und Ritualen."[105] Matthias Sellmann sieht genau hier die „ekklesiologische Vision einer Kirche, die Platz macht."[106] Einer solchen Kirche zeigt der Blick in den säkularen Raum nicht das eigene Fehlen, „sondern die Chance einer neuen wirksamen Präsenz"[107] in Gebet, Liturgie und gesellschaftlichem Engagement.[108] Ulrich Feeser-Lichterfeld fordert in diesem Zusammenhang einen Perspektivwechsel von der religionsgemeinschaftlichen Institution hin zu einer pastoralgemeinschaftlichen Solidarität.[109] Es geht nicht allein um die Neugier einer Institution Kirche, die sich im Mit- und Füreinander neue Arbeits- und Verkündigungsfelder erschließt. Räume und ihre Anordnungsverhältnisse sind vielmehr „Medium sozialer Kommunikation"[110] und „Bausteine gesellschaftlicher Strukturierung und Identität."[111] Der Perspektivwechsel von einer raumergreifenden hin zu einer raumgebenden Pastoral ist daher „nicht nur theologisch konsequent, sondern bietet auch dringend gesuchtes ekklesiogenetisches Potenzial."[112] Denn hier geht es um den „Raum als Ort der Vielfalt, der Differenz und der Koexistenz der Subjekte."[113]

---

[103] Sellmann, „Für eine Kirche, die Platz macht", 19.
[104] Sellmann, „Für eine Kirche, die Platz macht", 19.
[105] Sellmann, „Für eine Kirche, die Platz macht", 19.
[106] Sellmann, „Für eine Kirche, die Platz macht", 19.
[107] Sellmann, „Für eine Kirche, die Platz macht", 20.
[108] Vgl. Sellmann, „Für eine Kirche, die Platz macht", 22–23.
[109] Ulrich Feeser-Lichterfeld, Pastoral (auch) vom Raum herdenken?! Wozu Theologie und Kirche das Gespräch mit der Geographie suchen sollten, in: Lebendige Seelsorge 68 (2017) 226–230, hier: 227.
[110] Feeser-Lichterfeld, Raum, 228.
[111] Feeser-Lichterfeld, Raum, 228.
[112] Feeser-Lichterfeld, Raum, 230.
[113] Feeser-Lichterfeld, Raum, 229.

2.3 Umstrittene Gemeinde

Ein erstes, eher unspektakuläres Fazit aus dem Vorhergehenden: Die theologische Debatte spiegelt das Ringen um die inhaltliche Ausrichtung dessen, was „die Gemeinde" eigentlich ist. In diesem Ringen wird der praktisch-theologische Diskurs zugleich zum Spiegel gesellschaftlicher Veränderungen und Umbrüche. Das zweite, nicht uninteressante Fazit: Alle genannten Autoren plädieren für den Erhalt der Gemeinde als Format der Seelsorge. Die referierten Beiträge leben aber aus klar identifizierbaren Voraussetzungen. Rainer Bucher und Herbert Haslinger diskutieren den Gemeindebegriff vor dem Hintergrund als fragwürdig empfundener Macht- und Autoritätsstrukturen. Andreas Wollbold und Paul M. Zulehner zielen mit ihren Überlegungen auf eine Gesellschaft, in der lokal und regional gedacht und agiert werden muss (Paul M. Zulehner), eine Gesellschaft, in der Dynamik und Statik, Aufbruch und Verharren miteinander neu auszutarieren ist (Andreas Wollbold). Rainer Bucher übersetzt den Begriff der Gemeinde in diesem Zusammenhang folgerichtig mit dem einer „höchst"[114] variablen kirchlichen Vergemeinschaftungsstruktur. Andreas Wollbold fokussiert seine Theologie der Gemeinde auf die drei Ämter Christi. Norbert Mette greift den Gedanken der Drei-Ämter-Lehre auf, wendet ihn aber zur großen Vision einer Kirche, die im Zeichen des Reiches Gottes Praxisform gelebter Geschwisterlichkeit ist. Matthias Sellmann wagt hier den Ausblick auf eine Kirche, die Raum gibt, Platz macht und sich an den Erfahrungen und an der Praxis der Menschen neu bildet. Grundsätzlich geht es bei allen Autoren um die Frage nach dem Verhältnis von Kirche und Welt und dabei immer auch um die Frage, wie es dem Einzelnen gelingt, in und mit der Gemeinde den Glauben authentisch zu leben und in seinem Handeln jenes „Mehr" aufleuchten zu lassen, in dem sich das Reich Gottes bezeugt.

3 Gemeinde im Blickwinkel von Theologie, Studium und Praxis

Community recognizing, Gemeindepastoral und ihre Plausibilitätsstrukturen, Konversion und gnadentheologische Re-formulierung gemeindlicher Gegebenheiten, Kirche und Raum: Das Ringen um eine angemessene Theologie der Gemeinde wie auch die Frage nach der Zukunft des Formates „Gemeinde" berühren Themenfelder ganz unterschiedlicher Art. Die Debatte spiegelt die gegenwärtige Gesellschaft, die in ihren Umbrüchen und Wandlungen auf eigentümliche Weise verstört und irritiert. Die Fülle ak-

[114] Bucher, Scheitern, 39.

tueller Publikationen zu Phänomenen der Gegenwart belegt dies eindrücklich.[115] Indem sie immer andere Zuwege zum Phänomen Gemeinde sucht, zeigt die Theologie sehr deutlich: Ein neues Denken ist notwendig. Und dies nicht nur in der Praktischen Theologie. Auch die übrigen Disziplinen im theologischen Fächerkanon sind involviert. Es geht um ein theologisches Denken, das der Praxis verpflichtet und damit in der Lage ist, mit einer Kriteriologie, die dem Evangelium verpflichtet ist, gesellschaftliche Prozesse zu deuten und pastorale Handlungsfelder zu benennen. Es geht zugleich um ein Denken, das diejenigen angemessen inspiriert und motiviert, – kurzum: vorbereitet –, die in der theologisch-praktischen Ausbildung stehen, um künftig als Hauptamtliche in der Seelsorge Dienste zu tun. Es geht damit also in summa um eine Theologie, die durch die praktischen Erfahrungen der Pastoral hinreichend informiert ist, vom Leben, Denken und Handeln der Menschen her den Begriff der Gemeinde und eine ihr gemäße Seelsorge zu rekonstruieren.

3.1 Praxisgeprägte Theologie

Eine Theologie, die aus der Praxis für die Praxis denkt, zeichnet sich durch Merkmale aus, die ihr ein unverwechselbares Profil geben. Drei Aufgaben, die sich einer solchen Theologie stellen, sind hier zu nennen, sollen neue Strukturen und inhaltliche Zuordnungen in den derzeit an den Kirchlichen Hochschulen und den Theologischen Fakultäten vorgehaltenen Studien- und Ausbildungswegen eingeführt und erprobt werden.

3.1.1 Erkenntnisleitende Voraussetzungen klären

Die theologische Debatte um den Begriff der Gemeinde zeigt: Um ein schlüssiges wissenschaftliches Vorgehen zu gewährleisten, hat sich die Theologie jener Voraussetzungen zu vergewissern, die den eigenen, theologisch-fachlichen Blickwinkel leiten. Ihr erkenntnisleitendes Interesse entscheidet in Formal- und Materialobjekt über die Methode wie über die Sicherung von Ergebnissen.[116] Frage- und Forschungsperspektiven ergeben sich dabei aus der fachlich-biographischen Identität von Theologinnen und

[115] Siehe dazu beispielsweise Herbert Schnädelbach, Religion in der modernen Welt. Vorträge. Abhandlungen. Streitschriften, Frankfurt/M. 2009, und Ernst-Dieter Lantermann, Die radikalisierte Gesellschaft. Von der Logik des Fanatismus, München 2016.

[116] Vgl. Jürgen Werbick, Einführung in die theologische Wissenschaftslehre, Freiburg/Br. 2010, 218–227.

Theologen.[117] Hier prägen persönliche Themen und Erfahrungen die Forschungsprojekte auf eigene Weise. Dies hat allerdings mit Willkür in der Themenwahl wenig zu tun. Die Beiträge von Herbert Haslinger und Rainer Bucher zeigen beispielhaft, wie ein persönlich eingefärbtes Fragen die wissenschaftliche Arbeit zu leiten und zu inspirieren vermag. Die Voraussetzungen theologischer Forschung bestehen möglicherweise aber auch in einem vitalen Forschungsinteresse an gesellschaftlichen Konstellationen und Herausforderungen, die ihrerseits zu Fragen an Kirche und Theologie werden. Wer Studierende auf einen Beruf in der Pastoral vorbereitet, sollte die Hintergründe und Motive seines Forschens, aber auch die gegebenen Realitäten in der Gesellschaft sowie anstehende Aufgaben und Handlungsfelder in der Pastoral zur Kenntnis nehmen – und sie benennen.[118]

3.1.2 Wirklichkeit und Theorie vermitteln

Herbert Haslinger weist auf den Radius und die spezifische Weise pastoraltheologischer Arbeit hin: Diese gestaltet sich mehr denn je in der Unüberschaubarkeit menschlicher Lebensbereiche. Auch dies sollte eine Theologie in einem Studiengang, dessen eigens ausgewiesene Aufgabe es ist, Menschen für ein Berufsleben in der Kirche vorzubereiten, berücksichtigen.[119] Dies gelingt dort, wo die Theologie beständig den Dialog mit der Wirklichkeit sucht. So findet sie in Politik, Kultur und Gesellschaft immer wieder neue Themen und Fragestellungen. Was für die Disziplinen der Praktischen Theologie längst selbstverständlich ist, sollte auch im Bereich von biblischer und systematischer Theologie verstärkt Eingang finden: Die spezifisch fachliche Auseinandersetzung mit der Realität und deren konkreten Anspruch an die Menschen, die den Raum von Kirche und Gesellschaft gestalten. Hier stellt sich insbesondere die Frage nach der Erfahrung und der Erfahrungsfähigkeit des Menschen.[120] Lebt der Mensch als Glaubender in den Realitäten sozialer Räume und gestaltet die Gemeinde Jesu ihre Gemeinschaft unter den Bedingungen konkreter Lebens- und Zeitumstände, so wird sich dies auch auf den Umgang mit Schrift, Dogma und Tradition auswirken. Der Mensch erweist sich als Hörer des Wortes: Dog-

[117] Der Moraltheologe Klaus Demmer entwickelt in diesem Zusammenhang die Idee einer theologischen Persönlichkeit; vgl. ders., Zumutung aus dem Ewigen. Gedanken zum priesterlichen Zölibat, Freiburg/Br. 1991, 57.

[118] Vgl. dazu Sekretariat der Deutschen Bischofskonferenz (Hg.), „Gemeinsam Kirche sein." Wort der deutschen Bischöfe zur Erneuerung der Pastoral (Die deutschen Bischöfe ; 100), Bonn 2015, 55–56.

[119] Vgl. dazu Herbert Haslinger, Pastoraltheologie, Paderborn 2015, 468–474.

[120] Vgl. dazu Richard Schaeffler, Erfahrung als Dialog mit der Wirklichkeit. Eine Untersuchung zur Logik der Erfahrung, Freiburg/Br. 1995, 298–329.

matik, Fundamentaltheologie wie auch Exegese können in ihrer Arbeit nur profitieren, gestalten sie ihre Forschungsprojekte im Wissen um die Kraft der Wirklichkeit, die sich in der menschlichen Erfahrung zur Sprache bringt.[121]

3.1.3 Theologie und kirchlichen Dienst spirituell verorten

In der Frage nach der Gemeinde und ihrer Zukunft zeigt sich, dass von Gemeinde nur dann angemessen geredet werden kann, wenn zugleich von der biographisch-spirituellen Verortung des Glaubens gesprochen wird. Paul M. Zulehner sieht in der Gemeinde jene tragfähige Plausibilitätsstruktur, die dem Einzelnen zu einer Glaubensentscheidung verhilft. Herbert Haslinger entfaltet dazu eine Hermeneutik aus der bekannten Trias von Sehen, Urteilen und Handeln.[122] Dem Thema Spiritualität kommt damit eine große Bedeutung zu: Theologisch-systematisch steht die Spiritualität im Kontext der Rede von der Potentia oboedientialis und der darin begründeten Fähigkeit der Vernunft zur Erfahrung.[123] Praktisch-theologisch verortet die Spiritualitätsthematik das Handeln und die Handlungsfelder pastoraler Akteure in den Kontext von allgemeinem Taufpriestertum, ekklesialer Sammlung und Sendung. Damit sind auch die Bereiche von Katechese, Sakramentenpastoral und Homilie gemeint.[124] In den Fokus einer Theologie, die im Horizont beruflicher Qualifikation steht, gehört die Spiritualität auch gerade deshalb mit großer Selbstverständlichkeit, weil sie die Studierenden darin unterstützt, in ihrer Berufswahl geistlich zu einer begründeten Entscheidung zu finden.

3.2 Fazit und Ausblick

Das Für und Wider in der Debatte um das Thema „Gemeinde" zielt auf die Frage nach dem Ort, an dem der Mensch sich und seinen Glauben beheimatet. Die gesellschaftlichen Umbrüche der Gegenwart lassen ahnen, dass der Gemeinde auch in Zukunft eine wichtige Funktion zukommt. Eine Theologie, die sich dieser Einsicht stellt, wird einerseits die herkömmlichen

---

[121] Der Theologie stellt sich hier die Aufgabe einer spezifisch praktisch-theologischen Hermeneutik. Vgl. dazu Jürgen Werbick, Theologische Methodenlehre, Freiburg/Br. 2015, 497–598.

[122] Vgl. Haslinger, Pastoraltheologie, 480–489.

[123] Vgl. dazu Erhard Kunz, Das Bewußtsein der Gegenwart Gottes als Problem heutiger Spiritualität, in: Andreas Schönfeld (Hg.), Spiritualität im Wandel. Leben aus Gottes Geist (Festschrift zum 75. Jahrgang von „Geist und Leben"), Würzburg 2002, 233–243.

[124] Vgl. dazu Werbick, Methodenlehre, 525–579.

Bilder von der Gemeinde aufgreifen, ihre Leistungen würdigen, ihre Defizite ergründen. Andererseits ist die Theologie aber gefordert, Perspektiven für eine künftige Pastoral zu entwickeln, in der die Gemeinde gut verortet ist. Die Theologie an Kirchlichen Hochschulen und Theologischen Fakultäten hat sich dem zu stellen, weil es – im gesetzten Rahmen ausgewählter Studienwege –zu ihren Aufgaben gehört, Menschen beruflich für die Tätigkeit in der (gemeindlichen) Seelsorge zu qualifizieren. So darf und muss die Theologie als Gesamt auf eine entschiedene Weise praktisch werden. Dazu gehört das Wissen um jene Voraussetzungen, die sie in ihrem Forschen und Lehren leiten. Ohne Zweifel sind eine spirituelle Verortung und die Fähigkeit, über Erfahrungen zu reflektieren, Eigenschaften, die zudem eine praxisgeprägte Theologie auszeichnen. Die genannten Eigenschaften prägen die Theologie und ihre Traktate, sie sind aber auch unverzichtbar für die, die sich den Herausforderungen eines hauptamtlichen pastoralen Dienstes in der Kirche stellen. Wie die Theologie selbst sind auch die Studierenden auf ein Sehen, Urteilen und Handeln verwiesen, durch das ihr Gehen erst zu einem Weg wird. Es ist wohl so: Berufe der Kirche sind sowohl Wanderung als auch Wegsuche. Altes, Liebgewordenes gilt vielfach nicht mehr, das Neue ist noch unübersehbar und scheint gefahrvoll. Dem sollte der Aufbau eines Studienganges der Theologie sowohl in seiner Schrittfolge wie auch in der Verzahnung von Lehrgehalten entsprechen: Die Theologie ist mehr denn je gefordert, in Forschung, Lehre und in der Begegnung mit der pastoralen Praxis jene Freiheit einzuholen, in der Gott die Menschen befähigt, seinen Ruf in und mit ihrem Leben zu beantworten. Die Debatte um die Gemeinde ist hier ein unverzichtbarer Indikator.

Verzeichnis der Autor*innen

Burke, *Andree*, Mag. Theol., Koordinator des Netzwerkbüros Theologie & Beruf an der Katholisch-Theologischen Fakultät der Universität Münster.

Caruso, *Carina*, Studium des Lehramtes für die Fächer Katholische Theologie, Pädagogik und Erziehungswissenschaften an Gymnasien und Gesamtschulen (Erstes Staatsexamen), Wissenschaftliche Mitarbeiterin am Institut für Katholische Theologie, Religionspädagogik/Religionsdidaktik, an der Universität Paderborn.

Feeser-Lichterfeld, *Ulrich*, Dr. theol., Dipl.-Psych., Professor für Praktische Theologie mit Schwerpunkt Praxisbegleitung, Praxisforschung und Pastoralpsychologie im Fachbereich Theologie der Katholischen Hochschule Nordrhein-Westfalen, Abteilung Paderborn.

Feiter, *Reinhard*, Dr. theol., Professor für Pastoraltheologie und Religionspädagogik an der Katholisch-Theologischen Fakultät der Universität Münster.

Franz, *Thomas*, Dr. phil., Dipl.-Theol., Leiter von Theologie im Fernkurs in Würzburg.

Karl, *Katharina*, Dr. theol., Professorin für Pastoraltheologie und Religionspädagogik an der Philosophisch-Theologischen Hochschule Münster, Leiterin des Pastoralseminars und Leiterin des Jugendpastoralinstituts Don Bosco in Benediktbeuern.

Labudda, *Michaela*, Dipl.-Rel.Päd., M.A., Wissenschaftliche Referentin mit Schwerpunkt pastorales Praxislernen und Praxisbegleitung der Studierenden des Fernstudiums „Religionspädagogik B. A." im Fachbereich Theologie der Katholischen Hochschule Nordrhein-Westfalen, Abteilung Paderborn, Gemeindereferentin im Pastoralverbund Unna und Vorsitzende des Bundesverbandes der Gemeindereferent*innen.

Leimgruber, *Ute*, Dr. theol., seit 2017 Lehrstuhlvertretung der Professur für Pastoraltheologie an der Universität Regensburg, zuvor Studienleiterin bei Theologie im Fernkurs in Würzburg und dort zuständig für den Pastoraltheologischen Kurs.

Ostermann, *Martin*, Dr. theol., Studienleiter bei Theologie im Fernkurs in Würzburg und Lehrbeauftragter an den Universitäten Erfurt und Eichstätt-Ingolstadt.

Peters, *Bergit*, Dr. theol., Professorin für Praktische Theologie mit Schwerpunkt Religionspädagogik im Fachbereich Theologie der Katholischen Hochschule Nordrhein-Westfalen, Abteilung Paderborn.

Reis, *Oliver*, Dr. phil. Dr. theol., Professor für Religionspädagogik/Inklusion am Institut für Katholische Theologie an der Kulturwissenschaftlichen Fakultät der Universität Paderborn.

Saberschinsky, *Alexander*, Dr. theol., Referent für Liturgie in der Hauptabteilung Seelsorge des Erzbischöflichen Generalvikariats Köln, Honorarprofessor für

Liturgiewissenschaft im Fachbereich Theologie der Katholischen Hochschule Nordrhein-Westfalen, Abteilung Paderborn.

Sander, *Kai G.*, Dr. theol., Professor für Systematische Theologie (Dogmatik und Fundamentaltheologie) im Fachbereich Theologie der Katholischen Hochschule NRW, Abteilung Paderborn.

Tolksdorf, *Wilhelm*, Dr. theol., Msgr., Domvikar, Professor für Praktische Theologie mit Schwerpunkt Pastoraltheologie, Gemeindekatechese und Theologie der Verkündigung im Fachbereich Theologie der Katholischen Hochschule Nordrhein-Westfalen, Abteilung Paderborn.

Vanderheiden, *Elisabeth*, Studium des Lehramtes für die Fächer Germanistik und Katholischer Theologie in der Sekundarstufe II (Zweites Staatsexamen), Geschäftsführerin der Katholischen Erwachsenenbildung Rheinland-Pfalz und Bundesvorsitzende der Katholischen Erwachsenenbildung Deutschland.

Wertgen, *Werner*, Dr. phil., Lic. theol., Professor für Philosophie und Theologische Ethik im Fachbereich Theologie der Katholischen Hochschule Nordrhein-Westfalen, Abteilung Paderborn.

Woppowa, *Jan*, Dr. theol., Professor für Religionsdidaktik am Institut für Katholische Theologie an der Kulturwissenschaftlichen Fakultät der Universität Paderborn.